「思想」としての大塚史学

戦後啓蒙と日本現代史

恒木健太郎［著］

新泉社

「思想」としての大塚史学❖目次

序章　大塚史学と現代……013
1　「バブルを追い求めることを拒んだ経営者の魂」　014
2　大塚史学にたいする評価の軌跡　017
3　「動員」の視角からの批判　020
4　あるべき「近代」と戦時期・戦後の問題　023
5　本書の問題意識　027
第Ⅰ章　投機批判における連続と変化……029
1　ヴェーバー研究の「戦中」と「戦後」　030
(1) 問題の焦点の書き換え　(2) 「生産力」概念の消去と国中心の発想の「隠蔽」
(3) 「全体」への貢献と「生産力」
2　「生産力」から「生産倫理」へ　036
(1) 「全体」への貢献という思想の明示的連続　(2) 「生産力」概念は消去されたか
(3) 重心の変化

3　「終戦」前後と一九六五年前後　042
(1)「生産力」から「社会的に健全な「生産力」」へ　(2)戦時統制・戦後復興と闇取引批判
(3)「戦後最大の不況」と証券恐慌批判
4　「軍事的生産増強」批判と朝鮮戦争　049
(1)「特需」批判としての書き換え　(2)「生産力か貿易か」から「貿易国家の二つの型」へ
(3)「貿易主義」と「開発主義」との論争　(4)両者の立場への批判
5　「経済的帝国」と民主主義　060
(1)ヴェトナム戦争批判と「国民経済」のバランス　(2)安保闘争と「国民的な共同の利害」の危機
(3)「コロニアリズム」、「帝国」の問題
6　「規律権力」ないし「思想の力」を支えるもの　068

第Ⅱ章　「前期的資本」から「中産的生産者層」へ　071

1　首尾一貫する「前期的」なものと「近代的」なものの区別　072
(1)「公正な」利潤と「暴利」の対比　(2)「等価交換」の「倫理」
(3)産業資本と前期的資本の峻別
2　「資本の本来の形態」としての「産業資本」　078
(1)『資本論』の方法の借用　(2)「剰余価値」の形成

(3)「等価交換」と「ノアの洪水以前の」資本 (4)「派生的形態」としての商業資本と利子付資本

3 「前期的資本」の理論 085

(1) 生産からの「隔絶」、「自立化」 (2)「非等価的」交換、「非法則的」高利

(3)「貨幣蓄蔵衝動」と「一般的利潤率」「一般的利子率」の欠如 (4)「農民・手工業者」からの収奪

(5) 封建社会への「寄生」と「媒介」としての商業

4 「中産的生産者層」の系譜学 095

(1)「産業資本」の「自由」と主体の問題 (2)「商人」の「出自」と「社会的性格」

(3) 中産的生産者層の「自由」と「封建的農奴制度」の解消 (4) 等価交換と不等価交換

5 「並んで」から「その以前に」へ 103

第III章 「大塚史学批判」から「局地的市場圏」へ……107

1 「批判」の嵐にさらされて 108

(1)「二つの道」と「なかんずく局地的分業」という加筆

(2)「自分自身の問題意識として」のヴェーバーとマルクス

(3)「悲しむべき病根」 (4)「つんぼさじき」への動揺

2 「農民分解」の理論の欠如という問題 118

(1)「農業と工業との分離」の二段階 (2)「漸進的な道」における資本―賃労働関係への分化

(3)「不等価交換」の否定と商業資本の優位
3 「問屋制度」と「商業資本」に揺さぶられる 130
(1)「問屋制度の近代的形態」 (2) 階層間の交流と近代的信用関係
(3)「前期的資本」の「哺育的」性格？ (4)「質の欠陥を量の優越がしのぐという奇蹟」
4 「大塚史学」の市場理論 140
(1)「局地的分業」から「等価交換」へ (2)「局地的市場圏」の理論
(3)「統一的な国内市場圏」への拡張
5 「総合」のなかの「緊張」 148

第Ⅳ章 「等価交換の倫理」から「社会主義化」へ(一) ……153

1 「儒教とピュウリタニズム」をめぐって 154
(1) 論語とキリスト教、「恥の文化」と「戦後民主主義」 (2)「適応」と「克服」
(3)「アジア的人間類型」と「近代的人間類型」 (4)「外面的品位」の倫理と「内面的品位」の倫理
2 資本主義的人間類型と伝統主義的人間類型 165
(1) 富にたいする評価が「楽天的」か否か (2) 南ヨーロッパとアジアの共通性への着目
(3)「営利」心と「営利」欲 (4)「主体的契機」をめぐる錯綜

3 「封建的」社会と「古代アジア的」社会・「古代奴隷制的」社会 175
(1)「家族的恭順」と「人格的誠実」 (2) 封建社会における「局地的分業」
(3)「封建的」と「古代アジア的」「古代奴隷制的」との共通点 (4)「都市」からの「農村」支配
4 「共同体」の構造的二重性と「他所者」としての前期的資本 185
(1)「内部経済」と「外部経済」 (2)「共同体」における「個人」の埋没
(3)「社会的真空地帯」にいる「敵」としての「他所者」 (4)「共同体間」分業から「首都市場圏」へ
5 構造的二重性の「克服」 198
第V章 「等価交換の倫理」から「社会主義化」へ(二)……203
1 「二重構造」の揚棄 204
(1)「経済と倫理の二重構造」 (2)「大塚史学」の理論構成
(3)「宗教的二重構造」の固定か解消か (4)「魔術からの解放」過程
2 「構造的二重性」から「二重構造」へ 215
(1)「二重構造」の起源 (2) 経済の「二重構造」 (3) 倫理の「二重構造」
(4)「農地改革」と「日本文化の根底に潜むもの」
3 農民解放と土地所有 225
(1)「末期資本主義」にある世界 (2)「封建的絶対主義」としての日本

(3) 農地改革＝平和的・民衆的建設 (4) 外見的な「衰退」と内側での「繁栄」
4 辺境革命から毛沢東主義へ 238
(1)「固有の二元性」がもたらす共同体発展のダイナミズム (2)「共同体」から「社会化」への道
(3)「辺境」革命論 (4)「シナ」から「旧中国」へ (5) 毛沢東のゲリラ戦と人民公社
5 文化大革命をめぐって 256

第Ⅵ章 「ユダヤ人」観とナチズム評価

第Ⅵ章 「ユダヤ人」観とナチズム評価……261
1 「反ユダヤ主義」をめぐって 262
(1) アダム・スミスの「誤訳」 (2)「ユダヤ人」批判と「利子隷属制」の打破
(3)〈生産の優位〉からみた「ユダヤ人」排撃の合理性 (4)「反ユダヤ主義」と日本の社会科学
2 「ユダヤ人」批判の動機と背景 273
(1)「小ブルジョア」は資本主義の外側か内部か (2)「自由」という名の「エゴイズム」
(3)「二重倫理」とオリエンタリズム (4)「二重構造」は否定的なものだけか
3 「ユダヤ人」観をめぐって 286
(1)「賤民資本主義」理解をめぐるヴェーバーと大塚 (2)「ユダヤ人」一般から「中世ユダヤ人」へ
(3)『夜と霧』にたいする「感銘」 (4)「留保条件」をめぐるヴェーバーと大塚

4 シュテファン・ツヴァイク『権力とたたかう良心』をめぐって㈠ 298
(1)「読んでいない」にもかかわらず (2) カルヴァンは「自由」の思想家か、「独裁」の思想家か
(3)「正統派」カルヴァン対「自由」カステリオン (4) セルヴェ殺害の「過誤」?
(5) 人文主義をこえたカステリオン

5 シュテファン・ツヴァイク『権力とたたかう良心』をめぐって㈡ 314
(1) 不寛容にもとづく「自由」と寛容にもとづく「自由」 (2)「もっとも純粋な真理」という名の「権力」
(3)「寛容」の復活 (4)「ユダヤ人」一般のカルヴァンへの意識? (5) 経済的合理性と政治的自由

6 大塚史学の限界 330

終章——大塚史学の残した課題

終章——大塚史学の残した課題……333

1 「資本主義の精神」がもつ「規律権力」 334
(1) ヴェーバーの結論部の「取り違え」 (2) 消された「気づいたふし」
(3)「合理的非合理性への不安」 (4) 実体の問題か学問の問題か

2 「誤訳」によるヴェーバーへの抵抗 344
(1) 予言者の出現か、思想の復活か、「それとも」機械化された化石化か
(2)「それはそれとして」という誤訳 (3) ヴェーバーの主張にたいする理解とその改変
(4)「資本主義の精神」の原理主義的「復活」とファシズムへの不安

3　大塚史学の批判的継承に向けて　355
⑴「昨日の世界」からの警告　⑵「信仰」からの突破口とその限界
⑶「自己同一性」という幻想の放棄

4　ユートピアと現実の狭間で　362
⑴「可能性への信頼」　⑵「戦後」の現実に揺さぶられて
⑶「戦中」の現実に揺さぶられて　⑷「教授方にも理解してもらえるようなワク組みを」
⑸ 結　語

註　375

あとがき　434

装幀…………犬塚勝一
ＤＴＰ………閏月社

序章

大塚史学と現代

1 「バブルを追い求めることを拒んだ経営者の魂」

大塚久雄（一九〇七―一九九六年）。一世を風靡しながら、学術的には手厳しい批判にさらされ、いまでは過去の人物として扱われることさえある一経済史家。にもかかわらず、かれの思想はいまだ議論の俎上にのせられつづける。なぜこのような事態がおこっているのか。大塚が亡くなる二日前の一九九六年七月七日に読売新聞朝刊の読書欄に掲載されたかれの絶筆、ダニエル・デフォーの『ロビンソン・クルーソー漂流記』についてのコラムのなかに、その手がかりはある。

大塚は一七一九年にイギリスで起こった「南洋の泡沫事件」（バブルの崩壊）に言及し、この事件の前年にデフォーの『漂流記』が発刊されたことを指摘する。そして、その時期には革命以前の支配層でありながら当時もまだ残存していた「貿易商人や大地主」と「神に感謝しながら勤労によって財を成しつつあった「中産的生産者層」」が対立していたと説き、デフォーはこの両者のあいだを揺れ動きながらも最後には後者のほうが大切であると悟ったと語る。そのうえでかれは、一九四二年から四四年の太平洋戦争末期、『近代欧州経済史序説』を執筆していたころのことを回顧しつつ、つぎのように締めくくる。

「近代欧州経済史序説」を執筆していた時、少年のころに読んだ「ロビンソン・クルーソー」を読み返しました。そして、この生活様式の中に近代の合理的経営の原型があるのを知って意を強くしました。それは、バブルを追い求めることを拒んだ近代的経営者の魂だったのです(1)。

関口尚志はこのコラムを紹介しながら、「「ヘッジファンド放任型」のグローバル化のなかでバブルの後始末に追われ倫理を喪失しがちな「現代」に対して、大塚は近代初期のイギリスの事件をひいて「歴史の教訓」に立ち返るよう戒めを遺されたといえるでしょう(2)」と述べている。その関口は、かつてのイギリスのように「特権的な独占や株式投機に轡をかけ、真面目にコツコツ働いている中産の、またヴェンチャー型の市民に資金が行き届き、市場機会が開けるような政策を実施」しなくてはならない、としてつぎのように訴えた。「絶筆となったあの小文で、大塚は談合やバブルを拒んだ経営者の魂と政治家の見識を語りました。そうした魂と見識を失えば、資本主義はもはや持続的に存立し得ないというべきです。「グローバリゼーションの倫理」が、いま、問われているのです(3)」。

この大塚久雄のバブル批判にたいしては、戦後の代表的思想家といわれた丸山眞男も影響を受けたという。かれは大塚への弔辞のなかでつぎのように述べている。

大塚さんには、私の徳川儒学思想史の研究において、元禄町人の社会的地位について、ヨーロッパの資本主義発展における商業高利貸し資本の暴利資本主義と、正常な利潤を基礎とする資本主義とを峻別されたことに、甚大な影響を受けた。いわゆる町人及び町人精神とヨーロッパのブルジョワ精神とを同視する風潮、したがって日本はすでにブルジョワ精神の段階を克服しているというような日本の学界の一部の見解に対して激しい違和感をもった。(4)

この箇所を引用した近藤和彦によると、「元気なころの丸山」は「大塚やウェーベリアンから意識的に距離を保っていた」が、「茫々六〇年、大塚の死を知り、みずからも死の床にあって、あの絶望的な、だが幸せな戦中の交友を想った丸山は、万感の思いをこめて本文のように口述筆記させたのである」(5)という。大塚と「距離を保っていた」丸山の「万感の思い」が近藤のいうとおりかどうか、真実を知るすべはない。(6)しかしすくなくとも、「商業高利貸し資本の暴利資本主義」と「正常な利潤を基礎とする資本主義」という区別から日本の状況を批判していこうとする大塚の姿勢に、かれが共感していたのはまちがいない。

革命前の支配層でありながら当時もまだ残存していた「貿易商人や大地主」、あるいは「暴利」をむさぼる「商業高利貸し資本」。このような資本の形態を、大塚は「前期的資本」とよんだ。道重一郎によれば、この前期的資本にかんする議論は、大塚の「戦後啓蒙」のなかで「枢要な地位を占める議論」であったという。というのも、「前近代における資本の存在形態を範疇的に近代のそれと峻別」(7)することで、「日本の近代社会形成の道筋」をあきらかにしようとするものであったからだ、と。この「前期的」なるものへの批判とは、現実としてではなく理想としての「近代社会形成」をかかげた「戦後啓蒙」という大きな思想系列の一環をなすという意味で、「枢要」であるだろう。そして、大塚が命を賭した最期の一言は、証券市場や株式会社に跋扈した一部のファンドや人物に右往左往する近年の日本の現状への痛烈な批判ともなりうるものだろう。

だが、丸山もまた、大塚の死からまもなく八月一五日に逝去する。近藤和彦はつぎのように詠嘆した。「「戦後史学」の最終的な死」[8]だと。この発言は、けっして感傷などでない。「大塚史学」は、歴史学を中心に学術界から批判の矢にさらされてきている。それをみるなら、大塚の業績にはもはやかえりみるものがないかのようである。

2 大塚史学にたいする評価の軌跡

大塚久雄は戦後の代表的思想家として丸山眞男とならび称せられる存在である。『大塚久雄著作集』[9]に集約されているかれの経済史学は「大塚史学」[10]の名をもって知られている。「封建制(=封建的生産様式)の崩壊過程のなかから生じてくる広汎な「中産的生産者層」(=中小の商品生産者としての農民層および職人層)」[11]を資本主義形成の起点とみなすその独自の「史学」は、終戦直後から「わが国における進歩的歴史理論のひとつの主潮流」として「その暗黒時代〔戦時期〕において果して来た役割は決して無視さるべきものではない」と高く評価されていた。[12]『大塚久雄著作集』の一〇巻までが刊行されていた一九七〇年代には、内田芳明から「マルクスとヴェーバーの渾然たる総合のひとつの記念塔[13]」と称賛された。また「大塚史学」は、姜尚中からも「「超アカデミック」と言いたくなるような高度な学問的論証の精緻さが、テーマの生々しさと結びつき、しかもテーマへの凝集が専門分野の閉鎖性をうち破る知の越境によって成し遂げられる、そうした希有な「総合[14]」」である、という激賞を受けている。その史学の中心をなしたマックス・ヴェーバーの「プロテスタンティズムの倫理と資本主義の精神」（以下「倫理」論文と略す）にかんする研究は、「問題の一つの側面を捉えた開拓的研究[15]」とみなされるものである。大塚が一九五五年から一九六二年にかけて梶山力による戦前の未完の訳業（一九三八年）を完成させたこと、そしてこれが文庫本のひとつに入れられたことの意義は大きい（のちにこれはさらに改訳されて一九八八年に大塚単独訳となった[16]）。また、大塚はフランス経済史の高橋幸八郎、ドイツ経済史の松田智雄らと「比較経済史学派」を形成し、マルクス主義講座派の重鎮であった山田盛太郎などとともに一九四八年の土地制度史学会（現在、政治経済学・経済史学会）設立の主要メンバーとなった。この「比較経済史学派」の成果は『西洋経済史講座』全五巻（岩波書店、一九六〇—六二年）に結実することとなる[17]。そして、荒井信一が「大塚史学には戦後の変革に歴史学のがわから対応しようとする実践的性格があり、それが多くの学生を引き付けたのだと思う[18]」と述懐するように、「大塚史学」はその「実践的性格」という魅力も兼ね備えていた。道重によれば、「少なくとも一九六〇年代までに圧倒的な影響力をもった[19]」史学だったのである。

しかし、このような高い評価とは裏腹に、大塚史学はその登場以来つねに批判の矢面に立たされてきた。終戦直後はマルクス主義陣営から「近代主義」として丸山とともにはげしい論難にあっている。また、実証史家たちからは大塚が理論構成のさいに依拠した文献の理解や実証的根拠にたいして疑問が呈された[20]。ことに、歴史学者によってなされた批判はきびしいものであった。小田中直樹によると、「中産的生産者層」を近代化の軸とみた比較経済史学派はつぎの二つの立場に実証面から揺さぶられた、という。それは、英国史における領主層出身である「ジェントリー」などの「中産的生産者層よりも上位の社会階層」を歴史の原動力とみなす立場と、かつてからフランス革命論でみられた「さらに下位の社会階層」である「民衆」を歴史の原動力とみなすモラル・エコノミー論に代表される立場である。さらに、「大きな物語」としての理論を重視したことにたいしては、理論のイデオロギー性を保持し因果的分析を放棄していると論駁された、という[21]。そして、大塚のヴェーバー研究の中心である「倫理」論文の解釈や大塚の手になるこの論文の翻訳にかんしても、安藤英治などのヴェーバー研究者から異議が出されていた[22]。近年にあって大塚史学は、歴史学においては比較経済史学派の業績もろとも言及されることがすくなくなっている[23]。大塚の「倫理」論文解釈については、「いわば大塚は、ヴェーバーの著作を自己の必要にしたがって、読みたいように読んだ[24]」などと評されるにいたっている。

3 「動員」の視角からの批判

ところが、大塚の死の前後よりこうした批判とはべつの視角から大塚史学にたいする批判がなされるようになってきた。それは、戦時の「総力戦体制」と「戦後啓蒙」の連続性を問う、というかたちであらわれている。この観点から大塚のテクストを年代ごとに時代背景とむすびつけて検討することによりかれの「戦後啓蒙」の問題点を析出したのが、中野敏男の一九九七年発表の論文「戦時動員と戦後啓蒙——大塚＝ヴェーバーの三〇年代からの軌跡」[25]である。中野によれば、大塚が近代の「超克」のために提唱した、自由で独立した「最高度自発性」を有する「主体」、という「理念」は、戦時下において「生産力」拡充への貢献にむすびつけられて結果として「臣民化」と「全体」への奉仕を強制する「規律権力」となっていた。これが「戦後啓蒙」においても引き継がれて「戦後動員」に力を貸したのである。以上のような指摘をへて、中野はこの事態にたいする大塚の無自覚を手厳しく批判する。そのさい、大塚の「戦時動員」への参与を証明するために引用されているのが、大塚の小文「最高度〝自発性〟の発揚——経済倫理としての生産責任について」（一九四四年七月）のつぎの一節である。

いまや、世界史の現実はこのすぐれて歴史的な「資本主義の精神」を批判し、その限界をうちこえて、新たな「経済倫理」（エートス）がしだいに姿をあらわしはじめているのである。そのばあい、「資本主義の精神」に固有な価値の倒錯が現実の破局に直面して、覆うべくもなくなったという消極的な事実ももとより看過すべきではない。しかし、一層積極的に、いまや新たに姿を現わしつつある「経済倫理」（エートス）が「資本主義の精神」と異なって、「全体」（国家）からの生産力拡充の要請に対する個人の「生産責任」を、「営利」による媒介などを揚棄して、直接にかつ明確に意識するものであるという事実を、何にもまして、はっきりと識別しなければならないであろう。そしてこのことは、新しい「経済倫理」の形成に相応じて、むしろそれによって主体的に推し進められながら、「経済統制」（経済計画）が急速に進展しつつあるという歴史的現実に即して考察するならば、見紛うべくもないのである。[26]

このように、一見「自由」を提唱しているかにみえる「戦後啓蒙」が「戦時動員」から連なるものである、という観点で、中野は徹底的な大塚批判を展開した。[27] 中野にたいしてはさまざまな反論があったが、これらはすべて大塚＝「戦時動員」の思想とする議論にたいして、大塚の「批判」の側面を強調するものである。前掲の道重一郎は、戦時に大塚が目指していたものは国家への「動員」ではなく「国民経済の自立」であり、それをささえる「「目的合理性」を十分に備えた自発性をもつ経済主体の形成」を語った大塚の思考は、むしろ「体制内における主体的変革の途を探るもの」であって、「戦時動員体制への主体的参加と同一視することは少なくともできない」と述べている。[28] 小熊英二は、中野が前提としている「国民の「自発性」に依拠した総力戦体制」が「戦時」に成立していたかは疑わしいとみるとともに、大塚の戦時の議論が「時局批判」であったことを重視して、大塚が「戦中の「超国家主義」に「抵抗」していながら、同時に総力戦の合理的遂行を唱える「憂国の士」〔……〕であったことは、矛盾したものではない」と主張している。[29] さらに柳澤治も、大塚が目的としたのは近代の「超克」ではなくその「批判的継承」であったとして、戦時の大塚の思想を近代の「超克」＝「動員」とみなす中野のとらえ方を、大塚の経済史研究と時代状況とを関連させる「強引な手法」である、と疑義を呈している。[30]

しかし、大塚の中心的思想である「一人一人の個人の自律的倫理に立脚した国民的生産力[31]」の建設という考えが「総力戦体制から派生した[32]」ことについては否定しようがない。中野にもっとも手厳しい批判を加えている柳澤もまた、大塚が「総力戦」の時期にほかの知識人たちの公的な発言とおなじく総力戦への「協力」の体裁をとっていたことを指摘して、「「協力」のかたちをとりつつしかも日本の現状に対してどのような批判が可能であったか、またそのような批判的な「協力」はいかなる意味をもっていたか」という観点をうちだし、大塚は「戦争協力者に対する内在的批判者」とまでは考えないとしている。つまり、柳澤は大塚の思想が「総力戦体制」から生まれたものであるという中野の観点を事実上みとめているのである。[33] したがって、大塚久雄研究においてこの点をえぐりだした中野の大塚＝「戦後啓蒙」批判は大きな意義をもっている。すくなくともこの中野の研究が、大塚史学を戦時期・戦後という時代背景とむすびつけて検討しなおす起点をつくりだしたことは、忘れるべきでない。

4 あるべき「近代」と戦時期・戦後の問題

この中野の「動員」批判が重要であるのは、その内容が日本の「戦後」そのものへの批判をも意味しているからである。中野は、大塚のみならず丸山もふくめた「戦後啓蒙」の思想そのものが「主体」の名のもと「動員」の片棒をかついでいたと批判する。そして最終的には現在の「ボランティア」という「理念」(実践ではない)もまた、国家システムがこれを宣揚するのと呼応して同様の「動員」の思想へと転化してしまう、というのである。[34] これは、自律し最高度の自発性をそなえた「近代人」という規範的な人間像として「中産的生産者層」を構想する比較経済史学派の思想の根幹にたいし、近代人的な「自律」が「システム社会化」という人間の従属を逆説的にもたらしたとする視角から批判を向けるものである。[35] こうした議論は、「大塚があるべき姿として描こうとした「近代」そのものにたいする深い懐疑」を表現したものであり、比較経済史学派を批判した「実証史家」たちにも共有されていたものでもあった。[36]

これにたいして梅津順一は、中野がもし「システムに解消されない思想の力」を信じていないのなら「ニヒリズムの表白」でしかなく、この議論に「ある説得力があるとすれば、それは戦後民主主義を受け継ぐ側に、思想の力が弱まっているからかも知れないのだが」と苛立ちをかくさない。[37]

比較経済史学派の屋台骨であった「大塚史学」は、いまや小田中が「黄昏れつつある同学派から学ぶべきことは残っているのだろうか」[38]と問いかけざるをえないような批判にさらされている。にもかかわらず、大塚を「「過去の遺物」として捨て去るのではなく、そこから「選択的継承」をおこなうことが必要ではないか」[39]という道重のような意識をもって、大塚の思想を評価しその可能性をひらこうとする論者はなお存在している。これらの人々の議論に特徴的であるのは、現在のグローバル化および日本もふくめた各国の「急激な「右傾化」」を批判する拠点を、大塚のなかにみいだそうとしている点である。[40]

大塚を「動員」の思想とみなす中野のような立場からすれば、「大塚史学」にもとづきグローバル化はともかく「右傾化」を批判するなどまったく無意味なものとなるだろう。中野は、大塚により観念的に構成された「アジア」が、戦争期に日本の「旧植民地」であった朝鮮や台湾、南洋諸島、あるいは東南アジアといった「現実のアジアそのもの」にたいする視野を「遮蔽」する機能をもったことを「オリエンタリズム」として批判している。[41]「大塚史学」にたいして激賞の言葉をおくった姜も、この点については同様の立場をとっている。大塚の『共同体の基礎理論』（一九五五年）は、「アジア的共同体」から「ゲルマン的共同体」にいたるという「文明の発展段階論」にもとづき両者を対比している。姜は、この「比較史的考察が、「西洋」の「隠された自己」である「アジア」を疎外することによって「西洋」の同一性を確証しえるようなオリエンタリズムの心象地理（imaginative geography）を反復していたことは否めないだろう」と語る。そして、大塚のいう「アジア的共同体」とは「ほかでもない、グローバルな近代的システムとしての世界資本主義が意図的に作り出した「非近代的な」制度でもあるのだ」と述べて、「近代世界」を「近代システムによって作り出される「非近代的な」制度を含んだ複合的な世界」と認識できていない『共同体の基礎理論』の「限界」を指摘する。[42] こうした大塚の「オリエンタリズム」にたいする批判は、「大塚史学」の可能性を論ずる人々のなかにも受けいれる者がでてきている。[43]「アジア」侵略への観点を欠如させ「オリエンタリズム」にもとづき「動員」の思想をかざす大塚、という見方からすれば、「大塚史学」に「急激な「右傾化」」を批判する視角をみいだすなど不可能である。にもかかわらず、なぜこうした観点が提示されるのか。

この点で注目されるのは、野沢敏治のつぎの指摘である。かれによると、「自由な学問研究」が許されず「イソップの言葉」ともいうべき窮屈な表現を強いられた戦前・戦時期の状況にあって、大塚の「アカデミックなイギリス経済史研究は、上からの合理化とは別に、そして国体観念や愛国心を強要しなくても、中産的生産者層が伸び伸びと活動しうる主体的・客体的条件を見定め、そこを起点として国民的生産力が構成されていく過程を丹念に追跡するものであった」[44]というのである。これは、柳澤の以下の発言とも重なるものがある。「二〇〇三年以降の米英の中東侵攻と、それに伴う日本の出兵、国家の再編、特定国排除のショーヴィニズム的傾向、治安・動員立法の制定、憲法の改造の動き等、これまでとは大きく異なった状況が表面化した。われわれは戦後民主主義の全面的な改変の重大な局面に直面している。戦前・戦時期の社会科学的研究は今やあらゆる意味で緊急の課題となるにいたった[45]」。

すくなくとも、大塚の思想的可能性をひらこうとする柳澤や野沢などの議論には、つぎのような意識が潜在しているとみてよいだろう。「国体観念や愛国心」が国民全体に植えつけられた戦前・戦時期の現実にたいして社会思想はどのように対峙しえたのか。この問題がいまアクチュアリティーをもちはじめている。この時期の大塚の学問的営為から、現在の「戦後民主主義の全面的な改変」に向きあう視座を導きだすことができるはずである、と。これらの論者は、いま進行しつつある「重大な局面」を意識しながら、これまでの大塚批判の枠組みにとどまらない「大塚史学」に潜在する魅力を探ろうとしている。つまり、あるべき「近代」という構想がもっていたはずの「思想の力」を掘り起こそうとしているのである。

このように、最近の「大塚史学」の評価をめぐる対立は、あるべき「近代」という思想への検討を軸として、これをグローバル化と並行して起こっている「急激な「右傾化」」現象にたいする「批判」の拠点として継承しようとする側と、その内容を「動員」の思想とみなしこの「急激な「右傾化」」の片棒をかつぐものとして批判する側との対立に収斂されている。したがって、戦前・戦時期から戦後にいたる大塚久雄の思想的な変遷を研究することは、焦眉のグローバル化にともなう「急激な「右傾化」」にいかに対処するかについて貴重な視座を提供することにもつながるはずである。

5 本書の問題意識

森武麿は、日本の「現代化」について「①第一次大戦後、②昭和恐慌期、③戦時統制、④戦後改革、⑤一九五〇年代初頭、⑥高度成長期」という六つの「時期区分」をしたうえで、「それぞれの段階と移行を社会的要素の連続面と断絶面の両面から統一的にとらえる必要があろう」と指摘する。[46]そして、「戦後歴史学の成果をふまえて、その上で戦前から戦後への展開を一貫した論理で説明する歴史像の構築」が必要であると訴え、「そのことによって、一九九〇年代の総力戦と国民国家論の問いかけに応える新たな歴史像の形成が可能となろう」と述べる。そのさいにおこなったつぎの問題提起が重要である。「現在も求められているのはこれまでのような戦前と戦後を硬直的に断絶としてとらえる戦後歴史学の構築した歴史像を批判するとともに、そのような歴史像への反発のあまり戦時と戦後の一面的な連続論に陥らないことである」[47]。

この提起をうけて、本書においてはつぎのような問いをたててみたい。「大塚史学」が「動員」の思想としてはげしい反発をうみだしているにもかかわらず、なにゆえに「成果」として継承されうるものがあるといわれるのか、さらにいえば、「思想の力」をもちうるといわれるのか。それを究明するには、「大塚史学」が「圧倒的な影響力をもった」といわれる一九六〇年代までの言説に焦点を当てた検討が必要になるだろう。しかも、「大塚史学」の内部における「段階と移行」の問題を意識しながら、これがどれだけ日本の「現代化」における「段階と移行」に合致しうるのかを、「連続面と断絶面」の両者を意識しつつ析出しうるものでなくてはならない。こうした作業をとおして、「近代」をどのようにとらえるか、という二一世紀においていまなおアクチュアルたりうる問題にたいして、「大塚史学」がどのような意義をもちえているのかをあきらかにしたい。

さきほど一九九六年に「「戦後史学」の最終的な死」をみとった近藤は、それ以降の戦後史学にかかわるかまびすしい論争をみつつ、つぎのような批判的提起をおこなっている。「あまりにも明白な時代の転換を迎えて、わたしたちじしんの知的営為をアクチュアルなものとして維持してゆくには、大塚や丸山の営みを歴史的文脈のなかに正確に位置づけ、丁重に弔う必要がある。そうするのでなければ、歴史学はただの Betrieb か懐古趣味にすぎないだろうし、批判は後知恵でしかない[48]」。「死」をむかえたはずの戦後史学は、いまだやすらかに眠ることを許されえていない。グローバル化と右傾化がパラレルに進行する危機の時代において、なぜ戦後史学が安寧の「死」をむかえることができないのか。その一端をあきらかにすることが、本書の課題である。

第Ⅰ章

投機批判における連続と変化

1　ヴェーバー研究の「戦中」と「戦後」

(1)　問題の焦点の書き換え

大塚史学は、「動員」の思想として批判されているにもかかわらず、現今を「ファシズム」に向かいかねないとみる論者によっていまなお読み直され、その可能性をみいだそうとされている。なぜか。その理由を探るべく、まずは中野敏男が大塚史学を「動員」の思想とみなした根拠に立ちかえることにしよう。

中野が大塚批判を展開するにあたりとりわけ注目したのは、「マックス・ヴェーバーの資本主義の「精神」」（以後「戦後『精神』」論文と略す）である。この論文はあの「倫理」論文における「資本主義の「精神」」の内実を検討したものである。[1] 中野はこの論文に注目する理由として、大塚のほかのヴェーバー論にくらべて「質量ともに抜群の大きさをもち、影響力という点からみても最大のもの」であることをあげている。[2] 影響力の大きさという点で中野は、この論文の収められた『マックス・ヴェーバー研究』（一九六五年）が「六〇年代の研究水準を示すものとして、戦後日本のヴェーバー研究史において最も重要な論文集のひとつ」だと付け加えている。[3] 上記の理由により、中野はこの「戦後『精神』」論文を「大塚のヴェーバー研究の〈主著〉」といいきる。しかし、中野がこれを重視する最大の理由は、この論文はある論考の改訂稿であり、しかもその書き換えが「驚くほど大きなもの」だからである[4]。

「戦後『精神』」論文は、もともと「マックス・ウェーバーの資本主義の精神――近代社会における経済倫理と近代工業力」という表題で、戦時中の一九四三年から四四年に最初の原稿が執筆され、一九四三年から四六年にかけて『経済学論集』に分載されたものである[5]（今後この論文は「戦中『精神』」論文と略す）。この論文をもとに書かれたのが、一九六四年から六五年にかけて発表された「戦後『精神』」論文である。中野が問題とするのは、この両論文のあいだにある書き換えである。すなわち両者を比較すると、「戦中『精神』」論文にみられた「生産力」という用語が、「戦後『精神』」論文では「全て消去されている」、「そのことによってこの論文は、「戦中『精神』」〔論文〕とは主題の異なるものとなった」というのが中野の主張である。このことに中野が注目するのは、「戦中『精神』」論文にたいしてほどこされた加筆訂正のほとんどが「戦中『精神』」論文の結論部に集中しているからである。そこに、中野が問おうとした、「隠蔽」されてしまっていた「戦中の大塚その人」と「その〈主著〉のもともとの主題」および「戦中から戦後への大塚＝ヴェーバーの変化あるいは連続そのもの」の核心があるという[6]。

(2)「生産力」概念の消去と国中心の発想の「隠蔽」

では、中野はどのような書き換え箇所に、この「隠蔽」をみいだしているのか。この結論部で「問題の焦点」とされているのは「資本主義の精神」に固有とされる禁欲的な「倫理」にたいする評価である。「戦中『精神』」論文（三）では、この「倫理」が「「生産力」的な性格」をもった「「生産」倫理」であるといわれる。その箇所をまず中野は引いてくる。

吾々は遂に、ウェーバーによる「資本主義の精神」の概念構成に於ける問題の焦点に到達することとなつたのである。それは、他でもない、かのベンジャミン・フランクリンにおいて其の par excellence な範例《パラダイグマ》を見出すところの個有な禁欲的「倫理」（エトス）——念のために謂ふが決して「倫理」一般などではない——が優越なる意味において「生産力」的な性格と構造を具へてゐると云ふ事実である。今少しく言ひ換へるならば、かの個有な禁欲的エトス（倫理的雰囲気）がすぐれて一つの「生産」倫理であり、而も特に近代工業力と、ヴェーバーの術語によれば、最も適合的《アデクワーテスト》な関連に立つといった歴史的性格を示してゐる事実なのである。[7]

これにたいし中野は、「戦後『精神』」論文でこの箇所から「生産力」概念が「消滅」したと主張する。そしてその意味を、以下の二つの引用を比較することであきらかにする。ひとつ目は、「『戦中』精神」論文（三）のつぎの一節である。これは、ベンジャミン・フランクリンの精神的雰囲気をよく伝えているとされる文章にたいして大塚が説明を加えた箇所である。

其処では「生産」、とりわけ「生産力」の拡充が高度な「倫理」的意義を与えられてゐるばかりでなく、その「倫理」的意義が単なる「個人」の道徳的完成の域を超えて、いな「個人」の道徳的完成が「全体」（国家・社会・公共）の福祉と関連せしめられてゐるのを見るであろう。即ち、「勤労」・「質素」・「周到」等等の禁欲的諸徳性の実践は、「生産力」の拡充を招来することによつて、結果として「全体」の福祉に貢献し、而して此の貢献に於いて自らの「倫理」性を現実に証明するのである。(8)

そして、この箇所が「戦後『精神』」論文ではどのように変わったかを中野は確認する。そこは、つぎのようになっている。

そこでは、「労働」の「社会」全体に対する倫理的意義が問題とされている。そしてそのばあいの「社会」がすぐれて「産業的中産者層」を意味することはいうまでもない。〔……〕それぞれの職業労働をとおして、人々は自己の生活物資を確保するとともに、他の人々に必要なあるいは有用な物資を供給し、これによって最高の道徳である隣人愛を実践することになる。こうして「労働」の倫理はいわば「市場経済」の倫理として現れてくる。(9)

このふたつの引用によって中野は、つぎのような見解を述べる。「戦中『精神』論文においては、「禁欲的倫理の生産力的性格は、まさに「国民的生産力」を拡充することによって全体に貢献する点で倫理的に評価されている」。この「「国中心」の思想からの評価」が、「戦後『精神』論文では「市場を通じて結びついた「中産者」たちの市民倫理という形に変えられてしまっている」。この書き換えは「戦中『精神』」論文の中核にあった「「生産力」概念とそれを支える「国中心」の思想」、すなわち「生産への「挺身」を通した「全体（国家）」の生産力拡充への貢献の倫理」を「隠蔽してしまっている」、と。(10)

(3)「全体」への貢献と「生産力」

たしかに、この引用を確認すると、中野の議論には説得性があるようにみえる。さらに、両論文にみられるつぎの箇所を対比してみると、中野の主張はよりたしかなようにおもえてくる。

併し乍ら、同時に、そこにおける「全体」への「生産力」的自覚は見らるる如く「営利」に媒介されることによってなほ間接的であり、而してその果ては、かの価値の倒錯の結果「営利」が至上善の地位に押し上げられるとともに、客観的には「個人」的にひたすら「営利」に専念しつつ而も主観的にはつねに「全体」（国家・世界）のために「生産力」的に貢献しつつありと錯覚すると云ふ、かの倒錯した「倫理」感に到達するであろうと謂ふことも亦、すでに読者の容易に気附かれるところと思ふ。(11)

もっとも、そこには、さきに述べたような独自の価値の倒錯が生じてくるのであって、その結果、「営利」が最高善の地位に押し上げられるとともに、客観的には、ひたすら私的な「営利」活動に専念しつつ、しかも、主観的には、利潤さえあれば、つねに「全体」（社会・国家・世界）

のために公的な貢献をなしつつあると確信するような、あの独自な倒錯した倫理感に到達するであろうということも、すでに注意深い読者の気づかれたところであろうと思う。(12)

「営利」を最高善とみなして私的にそれを追求することが、結局は「全体」のために貢献しているという「倒錯」した「倫理」感になってしまう。こうした「資本主義の精神」に批判的である点で両論文はおなじである。ところが、「戦中『精神』」論文において「全体」への貢献とむすびつけられてあれほど強調されていた「生産力」という概念は、「戦後『精神』」論文において完全に「消去」されてしまっている。「戦中『精神』」論文における大塚は、「生産力の拡充」によって「全体」の福祉への貢献が可能となることの「高度な倫理的意義」を主張しているのであり、ここでの「全体」が「国家」をふくむ以上、「動員の思想」でないといいきるのはむずかしい。したがって、中野が提示した一九六四―六五年段階での「戦後『精神』」論文における加筆訂正の箇所は、それを「隠蔽」してしまうものである、とみるのもむりはない。しかし、以下にみるように、中野はこの「隠蔽」の決定的証拠としてみせた引用以外はあまり検討していない。もうすこしこれらの箇所の周辺をみておく必要がある。

2 「生産力」から「生産倫理」へ

(1) 「全体」への貢献という思想の明示的連続

まず、「戦後『精神』」論文における「隠蔽」の決定的証拠とされる箇所について確認してみる。中野にしたがえば、「戦中『精神』」論文において「全体」への貢献の意義を強調した箇所に対応するのは「戦後『精神』」論文における「市民倫理」を強調した文章である。しかし、前者の当該箇所に対応する「戦後『精神』」論文の一節とは、ほんらい以下ではないのか。

この点に照らせば、「資本主義の精神」の内部においては「営利」がそれ自体として倫理的性格をおびているということの意味も十分に分かるであろう。すなわち、そこでは、「勤労」、「質素」、「周到」などの禁欲的諸徳目の実践は、「生産」を増大することによって「全体」の福祉に貢献するが、その貢献の度合は利潤の大きさによってのみ事後的に知りうるのであるから、事実上利潤の獲得においてみずからの「倫理」性を現実に証明することになる。これこそが、ヴェーバーのいう「資本主義の精神」なのである。[13]

ここをみると、中野が主張するように「生産力」という概念は消去されているけれども、「生産」の増大によって「全体」の福祉に貢献する、というロジックには変化がない。おまけに、この「全体」は直後で「社会・国家・世界」といいかえられている。だから、もしこの「生産力」概念の消去をもって「「生産力」概念とそれを支える「国中心」の思想」、すなわち「生産への「挺身」を通した「全体（国家）」の生産力拡充への貢献の倫理」を「隠蔽してしまっている」、というなら、その主張は疑わしい。むしろ、大塚はこうした生産の拡大による「全体（国家）」への貢献の倫理を一九六五年においても主張していた、となるべきであろう。ここには、中野の主張する戦中から戦後への「動員」の思想の連続性が、あからさまにしめされている。

(2)「生産力」概念は消去されたか

さらに、この「隠蔽」の証拠のひとつとされた「生産力」概念の「消滅」というのもいいすぎである。「戦中『精神』」論文には「倫理」について説明している註があるものの、その内容は「戦後」になって大きく書き換えられている。まず、「戦中『精神』」論文の説明を確認してみよう。

「資本主義の精神」の裡にはその中枢として「倫理的雰囲気」（エトス）が現存すると云っても、それが問題的意義をもつのは、固よりただ「倫理」一般などとしてではなく、個有な「生産力」的性格をもつものとしてなのである。一体、世界史の悠久な流れを省みるとき、さまざまな構造のエトス（倫理的雰囲気）が見出されるが、それらは「生産力」（とくに近代工業力）との内面的関連性てふただ一点からするとき、きはめて異なった歴史的性格を帯びて現われて来る。ウェーバーにとって究極の普遍史的・社会学的「問題」となるのは、まさしく、此のさまざまなエトスの示すかうした歴史的性格の相異（類型）なのであり、固より「倫理」一般などではない。(14)

ここでは、複数の「倫理」が相異なる「歴史的性格」をもつのは「生産力」（「とくに近代工業力」）との内面的な関連でみるばあいであるといわれている。大塚からすればこのことが、かれ自身にとってはいうまでもなく、「ウェーバー」にとっても「問題の焦点」であった。この箇所が「戦後『精神』」論文ではつぎのように書き換えられている。

この「生産倫理」という語も、ヴェーバーが用いているものでなく、説明の便宜のために私の用いるものである。このばあい、「生産倫理」の用語法について、次の二点に注意しておきたい。㈠フランクリンの場合について見たように、そのうちには消費倫理（たとえば質素、節約など）も含まれているが、それらも蓄積を促進することによって生産倫理を掩護するかぎりにおいて評価されており、全体として「生産倫理」とよぶにふさわしい構造をもっている。㈡他面それは、マルクスの用語法を借りれば、生産力と生産関係の双方に関するものを含んでおり、いわば両者の統一という姿をとっているので、この点からも「生産倫理」とよぶにふさわしい構造をもっている。ただしかし、「資本主義の精神」においては、前者に力点がおかれて、後者をも前者の視角からみるという傾向は否みがたいし、ヴェーバーもまた、本稿で問題としている論文では主として前者、つまり生産力の側面から究明しているので、ばあいによっては「生産力倫理」とよんだ方がふさわしいとも考えられる。(15)

このように、大塚はけっして「生産力」という概念を完全には「消滅」させていない。むしろ、「戦中」と「戦後」の思考の連続性は保持されたまま、「戦中」においては前面にでていた「生産力」という概念が、「戦後」には「生産倫理」の一部として扱われるようになっている、というほうが自然である。

(3) 重心の変化

じつは、この「生産力」から「生産倫理」への重心の変化のほうがはるかに重要ではなかろうか。両論文の末尾をみると、そのように考えざるをえない。「戦中『精神』」論文(三)の末尾は、つぎのようになっていた。

マックス・ウェーバーの所謂「資本主義の精神」において、何よりもまづ、その概念構成の中心に位置するものはかうした「生産倫理」(「労働倫理」)であつて、而も、それが、とくに近代的産業「経営」(「近代工業力」)をば主体的に推進する性格のものだと云ふ事実こそ、彼ウェーバーの学問的関心を問題意識の深みに於いて惹いたのであった。ただ、此の「生産倫理」(「労働倫理」）はその実現を「営利」に媒介され「営利」のうちに表現を見出しつつ、その極「営利」の至上善視てふ倒錯的事態に迄歪められてゐる事は既述の如くであつて、「資本主義の精神」の具体的な姿に他ならない。

以上のように述べ、大塚はヴェーバーの「資本主義の精神」がルヨ・ブレンターノやヴェルナー・ゾンバルトのいう「資本家精神」と意味内容を異にすることを付記してこの稿を閉じている。[16]ここでは、「資本主義の精神」にある「生産倫理」が「近代工業力」（近代的産業「経営」）を主体的に推進する性格、つまり「生産力」的な性格をもっていることがあらためて強調されたうえで、しかしながらその内容が「営利」を至上の善とみなす「倒錯的事態」へと歪められている、という点については批判的な見解を添えている。すくなくともこの時点では、「生産倫理」が「倒錯的事態」にいたる問題点を指摘しつつも、これが「近代工業力」を推進するという点で「生産力の拡充」に貢献する側面が強調されている。

ところが、「戦後『精神』」論文の末尾はつぎのように変わっている。「資本主義の精神」がつくりあげたはずの「産業資本主義」から「精神」は消えていく。もはや「精神」など必要ないからだ。[17]そして大塚は、つぎの文言でこの論考をしめくくる。

しかし、ただ一言だけ筆者の感想を追加することを許されるならば、ヴェーバーがすでに六〇年前に予測していた資本主義の機械的化石化の状態を突きぬけて、思想家によって指し示された新しい道が現実の経済的利害状況のうちにみごとに定着するならば、そのばあいには、「資本主義の精神」のうちに含まれていた「生産倫理」（「労働—経営倫理」）がふたたび目を覚まし、新たな装いのもとに、歴史の進歩の方向に沿って、人々の上に強烈な作用をおよぼすことになるのではあるまいか。また、そうあるべきであろう。[18]

つまり、「戦後『精神』」論文においては、「産業資本主義」が「倫理」をうしない「機械的化石化」していくいま、もういちど「生産倫理」を復活させよう、という主張に書き換えられているのである。たしかに、両論文の主張の基本的スタンスは「生産倫理」の実現の積極的主張という観点で連続してはいる。しかし同時にそこには、「生産力の拡充」に重点をおくという立場から「資本主義の機械的化石化の状態を突きぬけて」いくために「生産倫理」の復活を提唱する立場への変化がみられるのだ。

なぜこのようなことになったのか。大塚は「戦後『精神』」論文で「旧稿と本稿の執筆時期の距たりに照応して、われわれの直面している現実がいちじるしく変化したことの反映」である、と述べている。[19]この「現実」の変化が、大塚の書き換えの根拠であったわけだ。かれの発言をすなおに受け取るなら、その原因である「現実」の変化を検討する必要がある。さらに、中野のようにこれまでの検討でかなり問題のあることはあきらかだが、それでも——この書き換えを「隠蔽」とみるのなら、「現実」の変化をふまえたうえでなおも「隠蔽」したといえる理由を探さなければならない。大塚がここでいう「現実」とは、かれの議論が「資本主義」にかかわるものであることからして経済的な「現実」であるとみてよいだろう。そこで、ここからは経済的背景という「現実」に限定し、それと「大塚史学」の変遷との相関をみていくことにする。

3 「終戦」前後と一九六五年前後

(1) 「生産力」から「社会的に健全な「生産力」」へ

では、その「現実」の変化とは何であろうか。そのことを知るために、大塚がこのように重心を変化させたことに符合する、ある小文の「書き換え」の過程に注目してみたい。その小文とは、「経済的繁栄の幻像――投機による擬制的富の結末」(以下「幻像」論文と略す)である。この小文は一九四六年一〇月に『中央公論』に発表された。[20] そこではつぎのような議論が展開されている。近代的な産業資本のブルジョア革命に追いつめられた前期的資本にとっての「いわゆる宗教的保塁」たる「投機」により、一八世紀のイギリス、フランス、オランダにおける熱狂的な株式投機が引き起こされ、これが数多くの民衆の悲惨をまねいた。その後、「生産力」の基盤がしっかりしていたイギリスとフランスは「近代的生産力」とそれに基礎づけられた産業資本の進展、その一方での封建的な前期的資本の後退がみられたが、そうでなく前期的資本の力がつよかったオランダは没落するだけだった。そして、かれはつぎのように結論づける。

真実の「経済的繁栄」の実体を形作るものは、なによりも、「生産力」の建設と拡充でなければならない。〔……〕「生産力」の建設と拡充が健全な形で行われる場合――例の生産増強などとただちに混同してはいけない――それは必ずやつひに経済的繁栄に到達するであろう。〔……〕歴史がわれわれに与へる科学的教訓はこうである。「生産力」こそ富であり富裕であり経済的繁栄の実体である。「生産力」から遊離した富あるひは富裕あるひは経済的繁栄は、それが「生産力」の基礎から遊離してゐるかぎりにおいて錯覚であり幻像である。しかもこの富の錯覚や経済的繁栄の幻像は、それが「生産力」の基礎から遊離する程度が増大すればするほど、その社会的危険性もまた増大するのである。(21)

ここには、「「生産力」の建設と拡充」の称揚と表裏の関係として、「投機」批判がなされている。つまり、「経済的繁栄」に寄与するのは「生産力」であって、そこから遊離した「擬制的富」をねらう投機的な「前期的資本」はあきらかに排除されるべき存在なのである。この論文はその後、一九六五年に『国民経済――その歴史的考察』に収められた。そこでも、論文の趣旨は変わらない。だが、結論部をみると、そこにはおおきな変化がみられるのである。

真実の「経済的繁栄」の実体を形作るものはなによりも、社会的経済的に向上しつつある自由な勤労民衆によって担われた「生産力」の建設と拡充でなければならない。〔……〕「生産力」

の拡充が健全な社会関係の基礎の上で行われるばあい――かつての軍事的生産増強などを思い出してはいけない、まさに逆である――それは必ずや遂に真実の経済的繁栄に到達するであろう。〔……〕歴史がわれわれに与える教訓はこれである。経済的に向上する勤労民衆によって担われた、社会的に健全な「生産力」こそ現実的な富であり、富裕であり、経済的繁栄の実体である。この健全な「生産力」の基礎から遊離した富、富裕、あるいは経済的繁栄は、それが「生産力」の基礎から遊離しているかぎりにおいて錯覚であり、幻像である。しかも、この富の錯覚や経済的繁栄の幻像は、それが「生産力」の基礎から遊離する程度が増大すればするほど、その社会的危険性も害悪もまた増大するのである。[22]

一読してまず気づくのは、「生産力」につけられた修飾句の多さである。そこにみられるのは「健全な」の多用である。場所によっては、「社会的に健全な」という表現もみられる。さらには、「社会的経済的に向上しつつある自由な勤労民衆」、「経済的に向上する勤労民衆」といった修飾句までついている。これをみると、一九四六年の「幻像」論文では「生産力」の拡充と建設そのものに主眼があったのにたいし、一九六五年の『国民経済』では、むしろ「生産力」が「健全」であること、かつその担い手は「社会的経済的に向上しつつある自由な勤労民衆」であることに力点が移動している。つまり、「倫理」的にただしい「生産力」であらねばならないことが強調されているのである。この事実は、さきほどみた「生産力」の拡充から「生産倫理」の復活にいたる大塚久雄の問題意識の変化とみごとに符合している。それに付随するかのように、「擬制的富」にあたるものについては、一九四六年段階では「社会的危険性」だけが指摘されていたのにたいして、一九六五年段階ではさらに「害悪」という言葉を追加してその危険性が強調されている。

これらを総合すると、大塚のなかで前期的資本の「投機」的性格にたいする批判意識が、「生産力」から「生産倫理」への重心の移動と呼応して強まってきている、とみることができる。となると、これと相関する「現実」の変化とはなんであろうか。それは、戦時統制・戦後復興の時期と一九六五年との経済状況の相違である。そしてそれが大塚の問題意識に反映されているのである。そこで、経済史的背景と大塚の問題意識との相関をみていくことにする。

(2) 戦時統制・戦後復興と闇取引批判

戦時統制から戦後復興、とりわけ一九四〇年から四九年にいたるまでの日本の経済状況は、まさにどん底であった。とくに日常物資の不足は深刻であった。戦争末期、国民一人あたりの食料、衣料、燃料の供給量は戦時統制がつよまっていく一九三七年をピークに下がりはじめ、大塚が「戦中『精神』」論文を執筆しはじめた一九四三年には、衣料が前年の供給量の半分に減った。翌年には食料の供給量が一九三七年当時から二五パーセントも減り、衣料はほとんど供給されない状況にまでいたった[23]。そんななか、増産体制にあったはずの軍需工場は労働力不足や長時間労働の強制により労働意欲が低下し、物資不足もあって国家と企業の横領や癒着、いわば「私利私欲」の横行がひどくなっていた。日常生活も似たようなものであった。食糧の配給が不足するなか、軍人や官僚・役人といった役得者の「ピンハネ」や縁故にたよった闇取引が横行した[24]。こうした戦時の状況下で、大塚が「営利」の揚棄を謳い、「生産倫理」の直接的実現として「生産力」の拡充を主張したのは無理からぬことであった。「全体」の福祉を破壊する「私利私欲」を、かれはけっして許さなかったのである。

その状況は戦争が終わっても変わらない。国民一人あたりの食料・衣料・燃料供給量は、総合でみても一九四六年に一九三七年の半分以下にまで落ち込んでいた。[25]鉱工業生産の回復は遅々としてすすまず、食料などの生活物資の生産もままならない状況だった。その結果、悪性のインフレが進行し、敗戦直後でさえ物価は戦前の三・五倍だったのに、その後、日に日にインフレはひどくなり、一九四九年には二〇八倍にまで達した。食料の二〇パーセントはインフレ価格で売り買いされるヤミ市で買わざるをえなかった。[26]そんななかで、占領軍と癒着する「闇商人」がいた。[27]こうした状況について、都留重人が執筆した『第一次経済白書』(一九四七年七月)の「総説」では、「業者の中でも、まったく不釣合な黒字をあげてきたものが少なくない」という指摘がなされていた。[28]「戦中『精神』」論文の結論部が『経済学論集』に掲載されたのは一九四六年一月であり、「幻像」論文が書かれたのは一九四六年一〇月である。このふたつの論文が「生産力」の拡充と建設を謳い、一方では「営利」を、もう一方では「投機」を批判したのは偶然ではない。両者とも、「全体」の福祉に貢献しない、闇で暴利をむさぼる者たちへの批判を含意していたからである。経済的にみれば、戦中と「終戦」直後が連続している以上、[29]大塚の言説が連続性をもっているのは当然であった。

(3) 「戦後最大の不況」と証券恐慌批判

一方、一九六五年は香西泰の有名なことばを借りれば「高度成長の踊り場」であった。高度成長が加速し、一九六三年から「金融膨張」とともに好景気をむかえていた日本経済は、東京オリンピックの終わりとともに「戦後最大の不況」に突入する。インフレがつづくなかでサンウェーブ（一九六四年一二月）、山陽特殊鋼（一九六五年三月）、山一證券（同年五月）と企業破綻がつづき、信用収縮がおこった。[30]とりわけ山一證券の倒産は、「証券恐慌」と評されている。一九六二年ごろから新株公開ブームや投資信託の急膨張が起き、それにたいして流通市場が追いつけず、最終的に株価が下落して証券会社の財務状況が極度に悪化するという事態をまねいたのである。そして、一九六五年五月二一日に山一證券倒産の問題が表面化すると、流言飛語がとびかい取り付け騒ぎが起きることとなった。[31]じつは、大塚が「戦後『精神』」論文を発表したのは一九六四年一〇月と翌一九六五年一月であり、かれが『国民経済』の「まえがき」を書き終えたのは、この一九六五年の三月であった。[32]つまり証券市場でバブルがはじけ、「戦後最大の不況」へと落ち込んでいく過程にあったときなのである。

当時マルクス経済学で主流の一角をなしていたとして、近年アメリカの歴史学者によって再評価されている「大内グループ」[33]の主要メンバーは、この不況を「破滅への道」（美濃部亮吉）ととらえていた。大内兵衛の診断では、現今の「インフレという不健全通貨流通制度は、本来からいえば決して資本主義的ではない。必ず非生産的で、ついには資本主義を亡ぼす」というものであった。それに相槌をうつように、脇村義太郎にいたっては「状況も、資本家の見通しもとにかくお先真っ暗であるということですね[34]」と突き放した表現をしていた。「大内グループ」は、「破滅への道」以後の未来をいわば「ポスト資本主義」とみて、「野放図な資本主義が長続きすることはない、そして健全な社会発展が要求するのは、そういうやっかいな段階をとおりすぎ社会的・経済的・政治的諸関係のもっと平静で公正なシステムへと達することである」[35]という確信をもっていた。その後、このグループの一人であった美濃部が東京都知事となって「革新」の旗手となる。このように「大内グループ」の発想は、この時期において基本的に支持をえていたといえよう。

大塚もまた、バブル全盛から凋落していくこの状況を「破滅への道」ととらえてはいた。しかし、「戦後『精神』」論文において彼は、バブルを引き起こした「前期的資本」とされる商人層や金融業者層の「投機」的性格を批判しながら、その末尾で「機械的化石化」した日本の現状を憂いつつ、「資本主義の精神」にほんらい備わっていた「生産倫理」の復活を祈念した。つまり、「お先真っ暗」などと現状をシニカルに嗤い、確信をもって「ポスト資本主義」への行きかたを展望する、ということはできなかった。かれはむしろ、資本主義の原点である「生産倫理」にたちもどって現状を変革することを訴えたのである。これをみたばあい、大塚と先の「大内グループ」、この両者の「現実」の変化にたいする姿勢はあまりにも対照的である。

以上より、つぎのようにいうことができよう。大塚は、モノがなかった戦時統制・戦後復興の時期にかけては、闇取引・闇商人への批判意識と表裏の関係で「生産力」の拡充を謳い、「投機」の「社会的危険性」を非難した。これにたいし、一九六五年前後の段階においては、「証券恐慌」にたいする批判意識からバブルにより発展している倫理なき資本主義に「生産倫理」を復活させることを謳いつつ「投機」の「社会的危険性」のみならず「害悪」までも強調した、と。

4 「軍事的生産増強」批判と朝鮮戦争

(1) 「特需」批判としての書き換え

ところで、この「幻像」論文にかんしては、もうひとつ重要な書き換えがなされている。それは、「幻像」論文では真の「経済的繁栄」をもたらすはずの「生産力」の建設と拡充を「例の生産増強などとただちに混同してはいけない」とされていた箇所である。ここが、『国民経済』においては「かつての軍事的生産増強などを思い出してはいけない、まさに逆である」と書き換えられている。[36]ここでは、一九四六年の段階で「例の」といわれていたのが、「軍事的」と明記されるようになっている。かつ社会的に健全な「生産力」が「軍事的」生産増強と「逆」であることがより強調されるようになった。なぜ、このような書き換えがおこなわれたのか。

じつは、この「幻像」論文は、初出から『国民経済』にいたるまでさまざまな論文集に収められてきたものである。具体的には、以下の過程をたどっている。「幻像」論文は初出後、一九四八年に『近代化の歴史的起点』に収められた。一九四九年に『近代資本主義の起点』に再録されるが、出版元が倒産。一九五二年に『富――その実体と幻像』のなかでもういちど発表される。そして、一九六五年『国民経済』のなかに落ち着くことになる。この過程をみるだけでも、「幻像」論文が大塚にとってどれだけ大事な論考であったのかがよくわかる。そのなかで、『近代化の歴史的起点』の段階では加筆がまったくなされていない。したがって、加筆訂正にかんしては『近代資本主義の起点』と『富』のふたつをみていけばよいことになる。

まず、『近代化の歴史的起点』と『近代資本主義の起点』両者の結論部を比較すると、そこでの加筆は、「生産力」に「社会的に健全な」と「政治的経済的に向上しつつある勤労民衆によって担われた」という修飾句が付け加わった程度である。それにたいして、『近代資本主義の起点』と『富』を比較すると、膨大な加筆がおこなわれている。前述した「軍事的」などの書き換えがおこなわれたのも、このときである。しかも、この『富』から『国民経済』にいたるまで、加筆はいっさいなされていない。[37] したがって、この『富』が出た一九五二年前後の事情が問題になってくる。

そこで当時の経済的な「現実」の変化をもたらした要因とはなにか。それは朝鮮戦争であった。一九五〇年に戦争がはじまってから、日本では警察予備隊が発足し（一九五〇年七月。朝鮮戦争勃発は前月の六月二五日）、アメリカからの再軍備要求や軍事的な経済協力の要請がつよまるきざしをみせていた。「一九五〇年代前半は、アメリカの臨戦体制に巻き込まれそうな状況があった」[38]。ドッジ・ラインのもと不況にあえいでいた日本は、戦争の「特需」に沸いた。米軍への軍需物資の輸出による好景気で、不況にあえぐ資本家たちは「天佑神助」とよろこんだ、という[39]。そんなおり、世界は軍拡ムードとなり、海外グレイ・マーケットで取引価格が上昇し、生産財価格も高騰した。これに手をだす投機筋もあらわれた。が、「一九五一年四月の主戦論者マッカーサー元帥の解任、六月のマリク国連ソ連代表の和平提案によって、世界的軍拡ムードは退潮となり、市況が崩落して投機筋に手痛い打撃を与えた」。これにより、商社で整理されるものもあらわれた(40)。

この朝鮮戦争のうごきをみながら、大塚は『富』におさめる「幻像」論文に加筆をしていた。大塚からみれば、この「特需」で「生産力」は拡充できたのかもしれないが、「健全」ではなかったのである。その結果、「投機」とその崩壊が起きた。しかも、現状の日本は「かつての軍事的生産増強」の途へと疾りつつある。大塚がこの書き換えをおこなったのは、日本がこうした「軍事的生産増強」という「健全」ではない「生産力」により「投機」と結びついているとみて危機感をつのらせたからだといえる。だからこそ、これとは「まさに逆である」「社会的経済的に向上しつつある自由な勤労民衆」にささえられた「社会的に健全な「生産力」」の建設と「投機」の「害悪」を強調しなければならなかったのである。ここに、「生産倫理」ということばはないものの、大塚の「生産力」重視から「生産倫理」重視への転換をみることができるだろう。

(2)「生産力か貿易か」から「貿易国家の二つの型」へ

ところで、『富』の「あとがき」において、大塚はつぎのような発言をしている。

学説史的にみて、市場あるいは販路の理論、正確にいえば国内市場論が学問上自生的に提起されるときには、歴史的現実の一定の発展段階がつねに対応しているようであるが、私には、終戦後のわが国が、まさにその時点に立っているように思われるのである。それなのに、種々の画期的な改革ののち、たといか細くとも国民経済の内への深まりの可能性が現われつつある現在、国外市場の重要性もさりながら、旧態依然として、販路といえば直ちに国外市場を考え、たまたま国内市場に論及するときにも、それをつねに新資源の発見というような事実と結びつけてしか考えることができないというような傾向がつよいのは、一体どういうことなのか。われわれ日本人は、いま、こうした旧来の観念から自生的に抜け出しうる理論的突破口を見つけ出さなくてはならないと思われる。(41)

このときの「国外市場」が朝鮮戦争の「特需」を示唆しているのはまちがいない。いっぽうで大塚は、「国内市場」にかんして、「新資源の発見」だけを重視する論調があるとも批判している。つまり「国外市場」偏重論と「新資源の発見」を軸にした「国内市場」論の双方を批判しているのである。

この大塚の批判に関連して検討すべき重要な論考がある。それは、現在「近代社会の生産力的基盤——貿易国家の二つの型」の名でしられる論文である。初出は一九四七年二月であり、さきの「幻像」論文とともに、その後一九四八年の『近代化の歴史的起点』、一九四九年の『近代資本主義の起点』にも収録されているが、そのときまでは「経済建設の実体的基礎——生産力か貿易か」となっていた。だが、これが一九五二年の『富』に収録されるとき現在のタイトルに書き換えられ、一九六五年の『国民経済』に再録されるまで一貫して変化していない。(42)「幻像」論文とともにこの論考もまた戦後の大塚にとってひじょうに重要なものであったのはまちがいないが、しかしなぜ大塚はこのようなタイトルの変更を考えたのだろうか。そこで、まずはこの論文の摘要を確認することにしたい。その趣旨は、つぎのテーゼにしめされている。

　すなわち、農→工→商（国内市場→国外市場→中継貿易）、こういういわば構造的順序をもってすすめられるところの、つまりイギリス型こそがおよそ経済建設の健康な、またいいうべくんば、正しい構想であるということがそれである。

　大塚は、このテーゼをダニエル・デフォウやアダム・スミスの表現のなかから導きだし、そこに「粗野な形」であれ今なお「動かしがたい真理」があるとした。そして、かれらの記述は「単に素材的な側面においてのみでなく、さらに十分に歴史的・社会的な側面からも理解される必要があるように思われる」と説いた[43]。

　では、大塚が注意をうながした「歴史的・社会的な側面」とは何か。そのことは、つぎの経済建設の二つの構造類型である「イギリス型」と「オランダ型」との対比にあらわれている。その内容を端的にしめしているのが、「独立工業」と「トラフィーク」の対比である。大塚は一八世紀イギリスの毛織物工業の特徴を、「独立工業（independent industry）」すなわち「その循環の起動点を自国の再生産構造のうちにもつような類型の工業」とみた。いっぽう、同時期のオランダの工業は「トラフィーク（trafiek）」と呼ばれた。これについて大塚は、「中継貿易」に依存する工業、という「従属的部分工程にすぎない」と断じている[44]。この「独立工業」と「トラフィーク」のちがいがイギリス型とオランダ型にいかなるちがいをもたらすのだろうか。まず大塚はアダム・スミスの「自然の径路」論に依拠しつつ、「イギリス型構造の成立過程」を以下のように要約する。

まず、古い封建的土地所有制が弱化するなり分壊するなりしつつ、そのなかから高い労働生産性をもつところの独立自由な自営農民層が成長してくる。この自営農民層はまず社会的分業、したがって国内市場形成の豊穣な起点を形づくる。そして、こうした社会的基盤のうえで、さらに農業であれ、工業であれ、近代的な生産諸力がすくすくと建設されてゆく。さらに、こうした構造に従属しかつそれを掩護しつつ、外国貿易の取引網が展開される。こういう「自然の順序」であった。

これにたいして、オランダでは「封建的土地所有制の圧力は重苦しく農民を圧しつづけていた」ために「民衆の購買力、つまり国内市場はきわめて狭小であったばかりでなく、彼らのうちから、「独立産業」としての工業が成長してくる可能性もまた極度に小さかった」ので、「南ネーデルラントから来住した農民＝小市民たち」による一定の「独立工業」の展開も一七世紀後半に「押し潰されてしまった」。以上のように述べて、大塚はオランダの経済はつぎのような「型」をもつことになったと結論する。

そしてその結果は、国内の勤労民衆の生活（したがって国内市場）とはいちおう無関係に、いな、むしろその低さを踏台として、古い封建的支配者層の利害と結びつきつつ、国際的な中継貿易がますます広汎に展開され、さらにこの国際的中継貿易に依存しつつ、「独立工業」の衰退をよそに、あの根無し草的な「トラフィーク」工業がかえって繁栄するにいたったのである。そして、実はこれこそが、スミスのいう「不自然な」また転倒した順序ないし径路の歴史的・社会的な内実であったことは、もはや説明を要しないであろう。

そして、イギリスとオランダ両国の「歴史的・社会的条件の相違」が、経済政策のうえで「重商主義」と「自由貿易論」という「対蹠的な乖離」をひきおこしたというのである。(45)つまるところ、この論考において大塚が重視した「歴史的・社会的な側面」の核心とは「国内の勤労民衆」の生活水準の高さであった。かれによれば、「独立工業」が「独立的」であるために不可欠な条件は、「資源ないし原料がすべて自国内で産出されるといういわば素材的自存性」にあるのではなく、たとえ「資源ないし原料」を外国にたよっているとしてもそこからできあがる製品の生産と消費は「自国内」だけでおこなえるという「社会的な自存性」にある。このように、重視されたのは国民生活をたかめうるような「自存的な拡張再生産」であった。(46)

上述の論旨は、一九四七年の初出以来ほぼ変化していない。しかし、さきにみたタイトル変更は読み手につぎのような印象のちがいをよびおこすことになる。もともとこの論文は「経済建設の実体的基礎」を「生産力」と「貿易」のどちらに求めるかというものだった。そして、おおむね「生産力」を基礎にしていたのがイギリス型、「貿易」を基礎にしていたのがオランダ型とみていたわけである。ところが、一九五二年段階のタイトルからは、「貿易国家の二つの型」としてのイギリス型とオランダ型との比較をしているかのような印象をうける。つまり、イギリス型とオランダ型の経済発展の「構造的順序」のちがいが強調されるようになっているのである。

(3) 「貿易主義」と「開発主義」との論争

この背景には、朝鮮戦争直前からでてきた「貿易主義」と「開発主義」(「国内開発主義」あるいは「資源主義」ともよばれる)をめぐる論争があるとみられる。この論争においては、中山伊知郎が外国貿易の活発化による工業化と資本蓄積を重視する意見を出したのにたいして、有沢広巳(かれもまた「大内グループ」のひとりである)や都留重人などは国内資源の計画的開発に重点をおくべきとする議論を展開した。後者の根底には、世界市場の分裂によって貿易に期待をもつことができないという見方があった。その背景には冷戦や朝鮮戦争などによる国際経済情勢の不安定化という状況が横たわっていた[47]。

両者の議論を比較すると、ここで注目すべき論点は以下のように整理できよう。こんにちの経済史的な知見からすれば、この時期は消費水準が急激に回復して戦前の生活への復帰に希望をもちうる状況になりつつあったといわれる[48]。その点からみれば、「勤労民衆」の生活水準は敗戦の直後にくらべればけっして低くなかったはずである。ところが、同時代の認識はそうではなかった。論争を開始した一九四九年末から一九五〇年初頭(朝鮮戦争がおこるまえ)における両者の現状認識はつぎの点で一致していた。人口増加に比して生産が回復しないために、日本の「勤労民衆」の賃金(および消費)が低水準に抑えられている。それゆえ、これらの人々の生活向上のためには、輸出にたよらざるをえない。

そして、朝鮮戦争がおきてからも、両者はそれぞれの立場から民衆の「生活水準」の低さを問題にした。中山は鉱工業生産の拡大にくらべて消費の伸びがにぶいことに注目して、「生産水準と生活水準の背反」がつづいていること、さらには過剰人口の収容先となっている農業や中小企業が低所得にとめおかれていることを指摘した。いっぽう有沢は、生産される兵器が国民の生活に必要ではないためにその実質的所得の増加にはつながらないばかりか、このような「再軍備」の負担は「民衆の生活程度の低下」をもたらすと警告していた。

以上のような背景のなかで、重点を「貿易」と「国内開発」(「資源」開発)のどちらにふりむけるかが喫緊の問題となっていた。そのさい、GATT体制による「協定貿易」やアメリカによる対世界援助がもたらした貿易量の増大をどのように評価するかで、とくに対立がみられた。

両者とも冷戦体制のなかで完全な自由貿易体制が成立せず「協定貿易」にとどまっている現状を問題視していた。国内開発主義にたつ有沢や都留は二つの世界に市場が分断され縮小しているとみて、これ以上の貿易増大には悲観的であった。とくに都留は、外国との交易条件が日本に有利なものにできるかどうかに疑問を呈しつつ、優先的に国内の資源開発や代替品の生産、さらには原材料利用の合理化を「計画経済」的におこなうことを推奨した。有沢もまた「後進国」の工業化の進展やアメリカへの財の集中によって日本の輸出はのびないとして計画的な国内総合開発に希望をたくすと同時に、この状況の打破のためにとくに「中共貿易」(中華人民共和国との貿易)の復活の重要性を強調し、講和問題では全面講和論をとなえていた。しかし、中山は経済建設のさなかにある

「中共」との貿易が戦前の水準にもどるとは考えにくいとした。加えてかれは、冷戦のために全世界的な自由貿易体制が成立していないこの状況を一時的なものとみなし、自由貿易の理想を捨てようとしなかった。人口過剰という「国内の問題」を「世界の問題」として解決するために、そして複雑な現実をつらぬいているはずの「経済の論理」にしたがうために、貿易主義を維持せねばならないと主張したのである。(49)

(4) 両者の立場への批判

大塚はこうした論争を意識して、『富』を編集するさいに論文のタイトルを変更する必要があると感じたのだとおもわれる。その根拠はつぎのように考えられる。もともと大塚は「経済建設の実体的基礎」が「生産力」にあるのか、それとも「貿易」にあるのかという二項対立を意識してこの論考を書き、その基礎を「生産力」においていた。さらにその基底を「社会的な自存性」に求めて、「貿易」に依存しつつ「勤労民衆」の生活水準の低さを利用したと「トラフィーク」を批判していた。しかし、朝鮮戦争期の「加工貿易」による輸出増加という「現実」に直面した大塚は、たんに「貿易」に依存しており「生産力」を基盤としていないということだけを批判するのではたりず、むしろ「貿易」というかたちで「生産力」をあげようとしている現状に問題点があることを指摘せねばならないと考えるようになった。「貿易」を介して資源や原料を輸入しつつ付加価値をつけて輸出する「工業」が発展しても、「民衆の購買力」が上昇せず、ますます「貿易」への依存度をたかめていることに危機感をいだいたのである。

そこでまず大塚にとって、中山のごとき貿易主義は「国外市場」偏重論としてつぎのように批判されねばならなかった。貿易主義の議論は「国内市場」を充実させるという課題を「世界の問題」にすることで「貿易」への依存性をつよめる考えであった。大塚にとってこれはまさに「自国内」だけで「自存的な拡張再生産」をおこない国民生活をたかめるということの放棄であり、むしろ「勤労民衆」に低水準の生活をおしつける「トラフィーク」的な工業を延命させるものでしかなかったのである。

いっぽうで開発主義もまた問題であった。開発主義では「資源」やその利用の合理化といった物的な要素、つまり「素材的自存性」ばかりが重視されている。有沢や都留などの市場論は、つまるところ「新資源の発見」に頼った「国内市場」論であった。「社会的な自存性」を重視する立場にとって、これは誤謬以外のなにものでもなかった。というのも、たとえ「資源」がなくとも「民衆の購買力」を向上させることで「自国内」で完結する「自存的な拡張再生産」をおこないうる、と大塚は考えていたからである。つまり、「社会的な自存性」こそ重要であり、そこで「素材的自存性」にこだわってはことの本質をとりちがえてしまうとみたのである。

要するに、大塚のなかでは「国内市場」を支えるべき主体の「自国内」での再生産とその生活水準の向上が重要であったために、貿易主義と開発主義は「社会的な自存性」という問題を無視した議論として批判されたのであった。だから大塚は、もともと「経済建設の実体的基礎――生産力か貿易か」としていたタイトルを一九五二年の段階で「近代社会の生産力的基盤――貿易国家の二つの型」へと変更することにしたと考えられる。

こうしてみてくると、逆説的ながら、すでに大塚が一九五二年よりまえの一九四七年の段階から貿易主義的なものと開発主義的なものにたいして批判的な視座をもっていたことをみとることができるだろう。(50) しかし、こうした批判の素地がいっきに前景化してきたのは、朝鮮戦争における「特需」に浮かれさわぐ日本の現状があったからである。大塚はそれへの適切な対処を模索していた。そのなかで、貿易主義と開発主義の政策提言をみたとき、かれには両者の議論が「社会的な自存性」への認識を欠いているために「軍事的生産増強」へと向かいかけている日本をおしとどめえないようにおもわれた。だから、「旧来の観念から自生的に抜け出しうる理論的突破口を見つけ出さなくてはならない」と危機感をつのらせたのである。

5 「経済的帝国」と民主主義

(1) ヴェトナム戦争批判と「国民経済」のバランス

話は一九六五年にもどる。「戦後最大の不況」が到来したこの年、「軍事的生産増強」の危険をおもわせる事態が起きていた。ヴェトナム戦争の激化である。(51) 『国民経済』の「まえがき」執筆とほぼ同時期に、大塚は「世界史的な激動のなかで」(一九六五年四月)という小文を書いている。この年の一月、アメリカはヴェトナムへの地上兵力による直接介入をはじめた。これにたいして大塚は、広範な地域が武力行使にまきこまれ、また「われわれ日本国民がふたたび、ばあいによっては前回以上の、戦禍に巻き込まれる可能性さえ現に存在する」と憂慮した。そして、「大げさかも知れぬが、世界と日本はいま千仞の断崖のふちに立たされているという観がないではない」と危惧の念をしめし、日本がアメリカにたいして「即時に軍事行動を停止するよりほかに道がない」と「勇断」をせまるように訴えた[52]。

このとき、大塚は「このような武力紛争が大小さまざまな形で繰り返されるのは、いったいどういうわけなのか」と問いかけ、その根本の原因を「いわゆる南の国々の経済的貧困の問題」に求めた。そこで、「そうした国々における経済的貧困の解決、いいかえれば、それに有効な経済開発の遂行」の必要性を主張して、つぎのように警告した。

だとすれば東と西は軍事行動をさしあたって話し合いに振り替えるだけでなく、さらに根本に遡って、それを、南の国々における経済建設のための援助の闘争にまでもっていくことこそが、理性的でかつ現実的な道だということになるのではないか。そうした経済建設の有効な援助とその成功は、おのずから、それらの国々を自己の側につかせることになるはずだからである。それと反対に、経済建設が意のままにならないからといって、いきなり軍事行動に切りかえていくことは、ますます経済建設を阻害するだけでなく、かりに軍事的に成功するとしても、獲られるものは戦禍によって荒廃し、民衆の憎悪や呪詛にみちた国土だけということになるだろう[53]。

一九六五年六月に発表されたインタビュー「経済の論理と倫理」においては、望ましい「援助」のあり方が提示されている。大塚は一八世紀のイギリスを例にとって、当時において毛織物工業だけが極大化した結果「販路」がなくなって不景気になったことを指摘したうえで、「そのときには、戦争や植民地主義に訴えてまで海外市場を拡大したわけですが、逆に毛織物工業の発展のテンポを一時おくらせても国民経済全体のバランスをとるという方法もあったわけです」と述べている。そして、前者の「戦争や植民地主義」にまかせる方法をつぎのように批判する。

つまり、毛織物工業のように強大になった産業が国民経済のなかでバランスをくずしてしまったときに、それを外国貿易や植民地貿易に転化していこうとする。そうすると、内外ともに困ることになるわけでしょう。それが資本の暴力といわれることではないですかね。〔……〕自国の国民経済のアンバランスを、外国貿易を通じて、よその国に転化する、つまりよその国をひきずりこんで大きく自国のためにバランスをつくり上げるという行き方もあり、それを革新系の人々の用語ではインペリアニズムというのでしょうが、そうすると、大きな国としてはバランスがとれるかもしれませんが、引きずり込まれた国のバランスは無残にもこわれてしまいます。

そして大塚はつぎのように主張する。「国民経済のバランスをお互いに自国の責任においてとっていく」ことができるようにせねばならない。「後進」諸国にたいする「援助」もそのためのものでなくてはならない。「モノカルチャーみたいな形をあくまで押しつける」ことであってはならない[54]。つまり、大塚にとって「戦争」にかかわるということは、「外国貿易や植民地貿易」によって「国民経済」バランスの回復をおこなう行為とほぼ同義であった。

(2) 安保闘争と「国民的な共同の利害」の危機

こうした観点を大塚はすでに一九六〇年からもっていた。このとき、大塚がみたものとは「民主主義」の危機だった。安保闘争を目の当たりにした大塚は、直後に発表された「経済の国民的自立を」(一九六〇年七月)において、「国民経済の構造は、オランダ共和国の経済のように他国の利害に従属し、引きまわされるようなものではなく、それ自体、基本的に広汎な国民層の上に立って、できるだけ経済的自立の条件をその内部にそなえているようなものでなければならない[55]」と述べたうえで、「投機」にふりまわされて没落したオランダと日本の現状を重ねあわせている。そして、「国民経済の自立的構造というものが失われているかぎり、真の意味の民主主義は根を下ろさない[56]」と日本を批判している。

「経済の国民的自立」がなければ「真の意味の民主主義」はなりたちえない、と大塚が主張する理由は、『国民経済』にのちに収められる「民主主義の形成と経済構造――とくに議会制民主主義の形成期のばあい」(一九六〇年一一月、のちに副題削除)の末尾において定式的にしめされている。

ある国の資本主義の発達は、世界的な規模においては、互いに対立し競争しあうさまざまな国民経済の絡み合いのただ中で、自国の産業構造をたえず正常的な形に保ちつづけうるばあいにのみ順調に進行しうるのであり、また逆に、そうした絡み合いのさなかで自国の産業構造に歪みを生じ、正常的な形をたもちつづけえなくなるならば、その程度に応じて資本主義の成長が停滞するばかりか、民主主義の形成を支える国民的な共同の利害も失われ、さらにひいては、国民経済そのものが自立性を喪失して、徐々にあるいは急激に、全般的な経済的衰退を招来することになる、というのである。(57)

つまり「民主主義の形成」というものは「国民的な共同の利害」に支えられているのであり、「自国の産業構造をたえず正常的な形に保ちつづけうる」こと、すなわち「国民経済」が「自立性」をもっていることがその条件となっているのである。そして「自国の産業構造に歪み」が生じたときには、この「共同の利害」に亀裂が入り、「国民経済の自立」も「民主主義」も危機にさらされる、ということになる。それは、「世界的な規模」での「競争」によっておこるのである。こうした「歪み」のいきつく先に想定している「国民経済」の型が、「植民地型」(ひとつの典型が「モノカルチャー型」)と「オランダ型」にほかならない。(58) 大塚は、日本が形式上は「民主主義」を保ちつつ復興してきたようにみえて、その実「オランダ型」の道をすすみつつあると認識していたのである。

(3) 「コロニアリズム」、「帝国」の問題

ここで注目すべきは、国際競争のなかで「自国の産業構造に歪み」が生じることに着目している点である。大塚はこの「歪み」のあらわれる大きな原因を「ある国民経済の独自な階級構造」にみているが、それ以外にもつぎのようなケースを想定している。「強力な国民経済のばあいには、自国の正常的な産業構造を維持するため、むしろ他国の、とくにいわゆる後進国の産業構造を歪めることになり、とくに集中と独占によって特徴づけられる現段階の国際経済にあってはその傾向がつよいといえよう[59]」。

こうした認識を具体的に展開しているのが、おなじく『国民経済』の一節をなしている「政治的独立と国民経済の形成」(一九六一年六月)である。そこではつぎのような見解がうちだされている。

> 経済の自然成長性は、産業諸部門の不均等な発達を促すことによって、たしかに産業構造を歪め、均衡を失わせ、その結果外国貿易を必然化するのであるが、この関連を総体としてみるならば、「国民経済」はより大きな規模において、産業構造の均衡を回復する結果になっている。つまり、いわばいっそう大きい規模において「国民経済」の再形成がおこなわれるのだといってもよかろう。しかし、すでに明らかなように、このばあい、「国民経済」はすでに単なる「国民」的な規模をこえて国外の経済をもその産業構造に捲きこんでおり、またそうすることによって、はじめて独立な、ある自給自足への傾向をもつ産業構造として存立しうるようなもの(いわゆる「経済的帝国」)となってしまっているのである。十八世紀のイギリスの「国民経済」とはまさしくそれであり、重商主義がこうした「国民経済」の膨張を支える政策体系であ

り、また、あの旧植民地制を含むいわゆる重商主義帝国がその政治的骨格をなしていたことは、おそらく説明するまでもないだろう。[60]

したがって、アメリカをのぞき他のイギリス植民地は、「単一栽培経済（モノカルチャー）」として「母国の「国民経済」の分業体系のなかにがっちりと組みこまれて」しまった。さらに、いくつかの国々もまた「イギリスの重商主義体制の触手にふれて、その支配下に組み入れられたために、その「国民経済」の構成を歪められ、あるいは解体せしめられて、ついにはその国力を失墜するにいたった」。「これがいわゆる国際分業の成果だった」。[61] 大塚において、この「国力を失墜するにいたった」国のひとつがオランダであったことはいうまでもない。

大塚は『国民経済』という書名にこだわった理由をつぎのように述べている。「コロニアリズム」や「帝国」といった概念がつかわれるようになってきたなかで、「私にはこの「国民経済」という概念の意味内容を、とくに経済史家の立場から、いま一度学問的に十分検討しなおしてみる必要があるのではないかという考えが、次第に強まってきた」。[62] 大塚の「国民経済」認識は、安保闘争への反応であるのみならず、アジア・アフリカやラテンアメリカでの民族＝社会主義運動の興隆、南北問題の出現、さらにはキューバ危機やヴェトナム戦争といった出来事に象徴される一九六〇年代の世界情勢にたいする応答であり、かつそこにみられた「コロニアリズム」と現代の「経済的帝国」を問うものだったのである。[63]

そうした観点からみたとき、日米安保協力のかたちでアメリカに従属しているとみえた日本のあり方は、けっして望ましいものでなかった。そして、このような「経済的帝国」のなかに巻きこまれながら「軍事的生産増強」につながる「生産力」の拡充をおこなう「国民経済」がバブル状態に陥るのは必然であった。このような健全でない経済の証左として、「擬制的富」の消失による「戦後最大の不況」が現に目のまえで進行している。「他国の利害に従属し、引きまわされる」ことで「国民経済」の「自立」がそこなわれ、「民主主義」の基盤である「国民的な共同の利害」さえも失われている。それが日本の「現実」なのだ、と大塚は認識していた。

だからこそ、かれは「民主主義」の先進国イギリスにみいだした「国民的な共同の利害」の担い手、「広汎な勤労民衆を底辺として共同の利害につらなる農・工・商の社会諸層」の重要性を一九六〇年代において強調せねばならなかったのである。[64] まさに、それは朝鮮戦争の「特需」に浮かれる世相に突きつけた、「民主主義の精神を絶えず反省する努力をも」（一九五一年一二月）におけるつぎの発言の再臨であった。

何らかの形で民衆（ピープル）とその勤労（生産労働をそっちのけにして賭事やスポーツ見物に夢中になることではない！）を道徳的にもまた経済的にも尊重し、政治と社会生活における価値判断の中心に置くこと、これこそがおよそ民主主義が正しい意味で民主主義であるためにぎりぎりに必要な、いわば最大公約数であることには変わりないはずだと思う。したがって、問題はむしろ、そうした民主主義にとってもっとも大切な点を、現在のわが国の具体的な諸条件のなかで実現（現実化）してゆくこと、そして、どうすればその外形ばかりでなく精神を現実化（実現）することができるかということにある、ということになろう。要するに、生命にみちて成長しつつあった頃の民主主義、そこにこそ最も生き生きと現れていた民主主義の精神をばわれわれの目標から見失わないようにする、その努力をも今後われわれはみな続けていきたいと私は思うのである。(65)

6 「規律権力」ないし「思想の力」を支えるもの

大塚は、戦中から戦後にかけて提唱した「生産力」の拡充と建設が、朝鮮戦争以降の日本経済において実現されなかったとみていた。いわば、「生産倫理」なき「国民経済」の建設だったわけである。そして、あいかわらず「擬制的富」獲得への欲望は生きのこっていた。一九六〇年代になると、これが「金融膨張」という名のバブルと化し、それが崩壊して「戦後最大の不況」となってしまった。それは「軍事的生産増強」につらなるものであり、「民主主義」を危機に陥れるものだった。日本経済は「機械的化石化」しつつある。だからこそ、かれは「生産力」という概念ではなく「生産倫理」を前面におしだし、その復活を訴えたのだった。

そのさい、大塚がめざしていたものとは、「現実の経済的利害状況」にかなう「生産倫理」の復活であった。かれがこの時期に「圧倒的な影響力」をもちえた背景のひとつには、そのつどの危機におうじて「経済的利害状況」にかなう思想のあり方をつねに提示しながら「現実」を批判したことがある。そこには、こうした時代状況の変化へ即応していた大塚の姿がしめされているともいえよう。これを大塚史学の「思想の力」とみることも可能である。

しかし、これほど逆説的なこともない。なぜなら、かれの言説の「圧倒的な影響力」は批判対象であるはずのそのつどの「現実」に承認されることなしには生じえないからだ。そのようにみたとき、「思想の力」と「規律権力」は背反しない。それどころか、前者は後者へと転化して「現実」のなかに組みこまれてしまう。中野のような批判者が大塚流の「戦後啓蒙」こそ「戦後動員」の思想だとみなす根拠のひとつはここにある。こうなると、大塚のいう「現実の経済的利害状況」にかなう「生産倫理」は、こうした隘路から逃れられないのではないか。

ところが、こうした問いかたはつぎのような「大塚史学」への評価を招来することになりかねない。大塚史学が「思想の力」をもち「規律権力」たりえたのは、ヌエのごときこの表面上の柔軟性を有していたからだ、と。それだけなら、「大塚史学」は一種の流行思想として時代の過ぎさるままに葬り去られ、二度とかえりみられないものとなるのが必至だろう。だとすれば、大塚史学はもう議論の俎上にのせなくともよいはずである。しかし、大塚はこんにちにいたるまで賛否両論を巻き起こすような存在である。その理由を探ろうとするとき、思想の評価を時代状況のみに還元するようなやり口は、あまりに一面的であるといわざるをえない。

むしろ、大塚史学が議論の対象とされてきたのは、時代の変化に柔軟に対応しうるような理論構造があるとみられたからではないのか。梅津のいう「システムに解消されない思想の力」とは、

「大塚史学」のなかにひそむ簡単には覆しえない一種の強度のことであろう。中野とてこうした強度の問題を無視はしていない。そのなかに「規律権力」をささえる強力な理論装置を読みとったからこそ、大塚を徹底的な批判の対象としたのである。

ともかく、時代状況にむすびつけて「思想の力」か「規律権力」かを問うだけでは、中野や梅津のごとき問題意識からはるかにかけ離れた皮相なレッテル貼りにしかならない。同時代の状況を意識しながらも、この大塚の柔軟性に富む理論の核心部を検討し、どうして「思想の力」あるいは「規律権力」とみなされうる強度をもちえたのかを探り当てねばならない。

第Ⅱ章

「前期的資本」から「中産的生産者層」へ

1　首尾一貫する「前期的」なものと「近代的」なものの区別

(1)「公正な」利潤と「暴利」の対比

第Ⅰ章でみたように、「生産」の増大が「全体」の福祉に貢献するという主張は、「戦中『精神』」論文においても「戦後『精神』」論文においても変わっていない。だが、双方の引用箇所をあらためて比較すると、「戦中」にはみられない要素として、「資本主義の精神」における「営利」の「倫理的性格」、という論点が「戦後」にはでてくる。これは、「資本主義の精神」の「倫理」性は、これと一見すると対立するかにみえる「利潤」の獲得(「営利」)によって「事後的に」だが証明される、ということにかかわるものである。

この論理を、大塚はつぎのように述べている。「隣人愛」の実践のためには有益な職業を選択する必要があるが、そこでは「道徳的基準」以外にも、生産する財が「全体」にとって重要かどうかが大事になる。とうぜん重要であれば、この生産する財は売れゆきがよいわけだから「利潤」も大きくなる。この「利潤」の大きさはどれだけ多数の人々の福祉に貢献したかをしめす「事実」である。だから、「私経済的な収利性」がもうひとつの基準となる。だが、市場経済のおびる本来的な性質からすれば、この多数の人々の福祉への貢献という「事実」はこの「利潤」の大きさで「事後的に」確認するしかない。このようにして、「私経済的な収利性」がもっとも重視されることになってしまう。

もちろん、このばあいの利潤が、古い型の商人の非合理的な掛け値や値切りによる暴利（営利慾）とははっきり相違し対立するところの、「公正な」fair 等価交換に基づく「公正な」fair 利潤であることは忘れるべきではないが、ともかく、「資本主義の精神」とそれに照応する経済的利害状況のなかにおいては、「営利」活動はこのようにして、それ自体、隣人愛の実践を意味することになるのである。[1]

このあと、「資本主義の精神」において「営利」という要素がつよまることを暗に批判している点は、「戦中『精神』」論文の結論部と変わりない。しかしいっぽうで大塚は、この「営利」の基盤である「利潤」は「「公正な」fair 等価交換に基づく「公正な」fair 利潤」であって「古い型の商人の非合理的な掛け値や値切りによる暴利（営利慾）」ではない、として「利潤」と「暴利」をはっきりと区別するのである。

(2)「等価交換」の「倫理」

ここで、中野が「戦後『精神』」論文において「隠蔽」の決定的箇所として引用していた一文をもう一度確認すると、この箇所では「隣人愛」の実践が「市場経済」の「倫理」となっていく過程が記されている。そこで〔……〕とした部分（本書第Ⅰ章第1節(2)参照）は、中野が引用しなかったところである。この中略された内容をみると、大塚の「戦後『精神』」論文における「問題の焦点」がより明白になる。

こうした〔「産業的中産者層」の〕社会のうちにあっては、社会的な分業を展開しつつ、それぞれが、たとえば農夫、鍛冶屋、大工、轆轤《ろくろ》工、織布工、鞣皮工、靴屋など、さまざまな仕事を営み、そして、自己の労働の成果を商品として互いに交換しあいながら、全体として「公共の福祉」common good を形づくることになるのであるが、そうした商品交換にさいしては、古い型の商人（つまり非合理的資本主義）におけるような掛け値や値切り、つまり「営利慾」はきびしく批判されて、等価物の交換すなわち定価どおりの売買が倫理的に推奨される。(2)

ここでは、「古い型の商人（つまり非合理的資本主義）におけるような掛け値や値切り」という「営利慾」と「産業的中産者層」のなかで「倫理」的に推奨されている「等価物の交換」とが対置されている。大塚は「戦中『精神』」論文でも引用されていた「フランクリン」の精神的雰囲気をしめすとされる文章から、「戦後」になって新しい論点を導きだしたのであった。(3)「社会的な分業」によって「産業的中産者層」それぞれが、「自己の」労働の成果を「等価」で交換して「自己の」生活物資を確保するとともに、「ほかの人々」に必要とする物資を供給すること、これが「隣人愛の実践」であり、産業的中産者層の「労働」倫理は「市場経済」の倫理となる、というわけである。

さらに大塚は、フランクリンがこの「等価交換の倫理」を「国際貿易」にまで拡張すべきだと考えていたことを指摘したうえで、ヴェーバーが「倫理」論文ではこの論点を「正面からほとんど問題とすることなく」、「プロテスタンティズムのゼクテと資本主義の精神」という論文ですこしふれているだけであると述べる。そして、これが「ヴェーバー批判の主要な論点の一つ」となるのではないか、と問うのである。[4] このように、大塚にとって「等価交換の倫理」は大きな論点であった。

これらの記述を「生産力」から「生産倫理」への重心の変化ということとむすびつけると、この書き換えは以下のように理解できる。「戦中」においては「等価交換」の問題じたいが「生産力」の問題に明確なかたちでむすびつけられてはいなかった。ところが、一九六五年前後では、「生産倫理」の復活に重心がおかれており、「等価交換の倫理」はこれとはっきりと関連づけられている。したがって、「戦後」になって「産業的中産者層」の「等価交換の倫理」の擁護と「古い型の商人」の「非合理的資本主義」による「暴利（営利慾）」への批判という論点があらたに大幅に書き加えられたこと、これが「戦中『精神』」論文と「戦後『精神』」論文との大きなちがいの一つとなる。

(3) 産業資本と前期的資本の峻別

そうなると、この「書き換え」もまた「現実」の変化に即応するものだったということになりそうである。だが、大塚の発言をみると、こうした発想の原点はすでに戦前にあったことがわかる。大塚は東京大学退官直前の最終講義（一九六八年三月）で、「経済史家としての私の研究は、ある意味では、「前期的資本」の問題をもってはじまり、またたえずそこへ立ち返ってきたといってよいかと思います」[5]と語っている。この証言がしめすとおり、かれのなかで「前期的資本」の問題は大きなウェイトを占めていた。

「前期的資本」の概念を大塚がはじめてうちだしたのは、一九三五年一月に発表した「いわゆる前期的資本なる範疇について」（以下「前期的資本」論文と略す）においてである。かれは「私はいかにして世界を捉えたか――その運動法則の究明」[6]（一九六七年五月）で「前期的資本」論文の要旨と意義をつぎのように語っている。

特殊近代的な資本主義の発展にとって本来的な基礎ないし推進力となったものを「産業資本」の形成とみ、それとそれ以前の資本諸形態（つまり「前期的資本」）を峻別する。後者は特殊近代的な資本主義が確立されていく過程で没落するか、あるいは「産業資本」への範疇的転化を余儀なくされるのであって、したがって資本主義発達のための独自な歴史的条件をなすものは、単なる商業資本の繁栄ではなく、産業資本の形成それ自体である。――この論文にあらわれているこうした見解は、後に「大塚史学」などとよばれるようになった学説の中心点をなすもので、それ以後の私の学問的追究のなかでは、これが一面では発展しつつ、他面ではいろいろ形をかえて出てくることになる。そういってよいと思う。[7]

前期的資本と産業資本を峻別し、後者の形成を資本主義の発達のための独自な歴史的条件をなすものとみなす思考。これが一九三五年から「大塚史学」の核となってきた、というのである。

「前期的資本」論文においてかれは、前期的資本から「初期資本」という形態で産業資本が成長してくるルートをみとめていた。そのことは、大塚が「前期的」な問屋制度を「商業資本が、「商業資本の生産支配」という仕方で、産業資本と「事実上」同様に生産過程から余剰価値を抽出する機能・機構」[8]と定義していることからも読みとれよう。だが、一九三八年の論文「農村の織元と都市の織元」を画期として、この「初期資本」という概念は放棄され、産業資本の形成は前期的資本と「対抗的」なものとしてとらえられるようになった[9]。正確にいえば、明白に「産業資本的」なものと「より商業資本的」なものとの峻別がしめされた[10]。ここで「産業資本的」だといわれるものが、のちに「中産的生産者層」として概念化される。戦前の大塚史学の展開については、通例こちらの変化のほうを重くみる。

だが、大塚の証言をよくみると、産業資本と前期的資本の峻別というかれの「学説の中心点」は、「一面では発展しつつ、他面ではいろいろ形をかえて出てくることになる」と述べられている。かれの意を汲むなら、先行研究が指摘する「初期資本」から「中産的生産者層」への変化は、学説上の問題点を補正したにすぎず大塚自身の思考をより首尾一貫させるためのものであったとも考えられる。その点に留意したとき、大塚史学の理論構造はどのようにみえてくるのだろうか。

そこでこの章では、「等価交換の倫理」を問題化していく大塚の理論的基礎を見定めるべく、かれみずからが原点と考える「前期的資本」論の構造を検討し、のちの「中産的生産者層」論との関係を考察していくことにする。

2 「資本の本来の形態」としての「産業資本」

(1) 『資本論』の方法の借用

このように課題を設定すると、これは過去の研究の通いなれた道ではないのか、という疑問も生じよう。近年においても、「大塚史学」の理論構成およびその学説的な発展過程を詳細に検討したものが存在する。[11] にもかかわらず、検討すべき論点は残されている。ここで取りあげるのは、「大塚史学」における『資本論』の剰余価値学説の影響である。[12]

大塚は「前期的資本」論文の冒頭で「資本家的生産様式」の一般化した「資本主義社会」における「資本の本来の形態」を「産業資本」とし、このなかに「その循環の一部が自立化せしめられた近代的商業資本ならびにそれらの再生産・流通過程を媒介する利子付資本」をふくめている。これにたいして「前期的資本」は、「資本主義社会の成立以前にのみその本来の生存の地盤を有する」商業資本および高利貸資本であると定義される。[13]

なぜ、大塚は「産業資本」を「資本主義社会」における「資本の本来の形態」であると考えたのか。これを理解する手がかりは、かれが「産業資本」を「生産過程から余剰価値を抽出する機能・機構」としていたところにある。この認識は、マルクスの『資本論』の中核をなす剰余価値学説をふまえていなくてはでてこないものである。

大塚によれば、「前期的資本」論文は「『資本論』の方法を借用し、それを再解釈するという形で発表した覚え書き」[14]であるという。この点にかんし、大塚が『資本論』の第三部のなかにある、「資本主義社会」の成立以前から存在している商業資本や高利貸資本を分析した章（第四編第二〇章と第五編第三六章）の読解をつうじて「前期的資本」の理論を構築していったことは、すでに指摘されている。[15]しかし、「近代的」資本たる「産業資本」の体系的把握は、『資本論』第一部の剰余価値論にある。その内容もふまえねば両者の「峻別」を大塚がマルクスからどのように受け継いだのかを理解できない。したがって、マルクスの剰余価値学説の基本的な内容をみておく必要がある。[16]

(2)「剰余価値」の形成

マルクスによれば、商品の「価値」は、究極的にはその生産に必要とされる「社会的平均労働力」（＝「社会的に必要な労働時間」）である。貨幣の「価値」もまた「社会的平均労働力」に根拠をもつものとされる。[17]そして、商品の交換にあっては、「商品占有者」どうしが「商品の私的所有権者」として承認されあうようでなければならないとされる。[18]この点は、資本家と労働者とのあいだの「労働力」という商品の売買においても同様である。

資本家は、みずからが商品を生産するために、他の生産諸手段（建物その他の設備、機械や道具、原料など）とともに、「社会的平均労働力」を供給する労働者から「労働力」という商品を買おうとする。それにたいし、労働者は、たとえば日雇いというかたちで期間をくぎってみずからの「労働力」を売る「自由」をもつ。[19] そして、資本家と労働者が一日八〇〇〇円という額面でしめされる「価値」で「労働力」という商品を売買することに合意する。この八〇〇〇円が労働時間で四時間分に換算されうるとするならば、労働者はその金額にみあう四時間分だけ働けばよいようにみえる。ところが、マルクスによればそれではすまないという。

資本家は、たとえば労働力の日価値を支払う。それゆえ労働力の使用は、他のあらゆる商品、たとえば一日のあいだ資本家が賃借りした馬などとおなじように、その一日のあいだ資本家に帰属する。商品の使用は商品の買い手に帰属するのであり、そして労働力の占有者はじっさい、自分の労働を差しだすことによって、自分が売りわたした使用価値だけを差しだすのである。労働力の占有者が作業場にはいった瞬間から、この占有者の労働力の使用価値、すなわち労働力の使用、労働は、資本家のもとに帰属した。資本家は労働力の購買をつうじて、労働そのものを生きた酵素として、おなじく資本家のもとに帰属している死んだ生産物形成要素に併合したのである。[20]

つまり、マルクスによれば、労働力をどのように「使用」(＝「消費」)するかについては、資本家の好きなようにできるのである。これは、労働力の「価値」の多寡とはまったく関係ない。したがって、もともと労働力の「価値」＝労働者への支払分を超えて、この者の労働力を「使用」してもかまわないのである。だから、さきに挙げた例でいえば、資本家は倍の八時間「労働」させてもよい、ということになる。ところで、「労働」というものは、「価値」を形成する。つまり、ここでは労働力を「使用」することによって形成された〈八時間分＝一万六〇〇〇円〉の「価値」が資本家の懐に入ることになる。したがって、〈四時間分＝八〇〇〇円〉の価値が「増殖」し、かつ資本家のものとなる。「手品はついに成功した。貨幣は資本に転化した」[21]。そして、ここで〈四時間分＝八〇〇〇円〉の「剰余価値」が形成されることになる。

(3) 「等価交換」と「ノアの洪水以前の」資本

ここで重要なのは、マルクスがこの「剰余価値」の形成を究極的には「生産過程」においておこなわれるものとみていることである。その理由は「等価交換」のなかに求められる。かれは「資本」の運動過程を、「価値を資本に転化する」、すなわち「最初に投下された価値が、流通において自己を維持するばかりでなく、流通においてその価値の大きさを変える、ある剰余価値を付加する、つまりは自己を増殖する」[22]運動過程ととらえている。これは、G－W－G'、つまり貨幣（Geld＝G）を投下して商品（Ware＝W）を買い、その商品を売ってより多くの貨幣（G'＝G＋⊿G）を得る過程として定式化されている。ならば、手元の貨幣で商品を買ってそれをより高値で売ればより多くの貨幣が手に入るので価値が増殖する、と考えたくもなる。

ところが、マルクスはつぎのように主張する。「商品交換は、その純粋な姿態においては、等価物どうしの交換である、だから価値を増殖する手段ではない」。もし商品をその「価値から乖離した価格」で売るのであれば、それは「商品交換の法則に反すること」である[23]。それでも「非等価物どうしの交換」という「純粋」ではないものを想定することはできる。[24]しかし、そのばあいは交換した者どうしのもつ価値の「配分」が変化するだけで、交換した者たちすべてのあいだで流通する価値の全体が「増加」することはない。だから「等価物どうしが交換されたとして、剰余価値は生じないし、非等価物どうしが交換されたとしても、剰余価値はまたしても生じない。流通つまり商品交換はなんの価値もうみださない」。[25]以上のようにかれは、そもそも「流通つまり商品交換」なるものは「価値」をうみださないのだから、「価値」の一範疇である「剰余価値」もまたうみださ れるはずはない、とする。だから、マルクスはつぎのようにいうことができたのである。

こうしたことから、資本の基本形態、すなわち資本が近代社会の経済的組織を規定するさいにとる形態についての私たちの分析において、卑近な、いわばノアの洪水以前の（antediluvianisch）姿態、商業資本や高利貸資本、これらをなぜさしあたりまったく考慮にいれないのかが、わかってもらえるだろう。[26]

なぜなら、「本来の商業資本においては、G－W－G'という形態、つまりより高価に販売するための購買がもっとも純粋にあらわれる」けれども、その「全運動は流通部面の内部でおこる」ため、「等価物」どうしを交換するかぎりこの運動は「不可能であるかにみえる」し、また「高利貸資本」にいたってはG－G'という形態が「商品交換の立場からは説明できない形態に短縮されている」からである。[27]

⑷「派生的形態」としての商業資本と利子付資本

このようにマルクスは、「流通部面」の外部である「生産過程」から「剰余価値」が形成され、そのために必要な生産諸手段(「労働力」をふくむ)の購入と商品の販売が「流通部面」でおこなわれることによって、「価値」の増殖運動つまり「資本」の運動が起こるというのである。この「生産過程」における「資本」の運動に注意をむける必要を、かれはつぎのように説いている。

販売するための購買、もっと完全なかたちでいえば、より高価に販売するための購買たるG―W―G'は、なるほど、資本の一種である商人資本にのみ独自な形態のようにみえる。だが、産業資本もまた、貨幣――みずからを商品に転化し、そして商品の販売をつうじてみずからをより多くの貨幣に再転化する貨幣――である。たとえば購買と販売とのあいだで、つまりは流通部面の外部においておこなわれるさまざまな行為があっても、これらの行為はこの運動形態をいささかも変化させはしない。(28)

要するに、商人資本のみならず産業資本もまたG―W(購買)とW―G(販売)という形態をとって「価値」を増殖させている、ということである。そして、究極的に「剰余価値」の形成は、産業資本による商品としての「労働力」の購買、その使用、そして生産された「商品」の販売によっておこなわれるのだ、とマルクスは考えている。そうなると、商人資本のごときは、そのままでは

「剰余価値」をうみだせないので、「資本」の運動ができないことになる。では、「近代」における商人資本あるいは商業資本、および利子付資本はどのように利潤を得ているのか。この点について、マルクスは明快に答えている。

剰余価値を生産する、すなわち不払労働を直接に労働者から巻きあげて商品に固定させる資本家は、たしかにこの剰余価値の最初の領得者であるが、けっしてその最終的な所有権者ではない。資本家は、社会的生産の全体において他の機能をはたしている資本家たちや土地所有権者などに、この剰余価値をあとで分配せねばならない。したがって、剰余価値はさまざまな部分に分裂する。その諸々の破片はさまざまな範疇の人々に割り当てられ、利潤・利子・商業利得・地代などのように、互いに独立したさまざまな形態をうけとる。(29)

つまり、生産過程で形成された「剰余価値」が、商業資本には「商業利得」のかたちで分配されるのである。さらにいえば、大塚のいう利子付資本にも剰余価値の一部が「利子」として分配される。だからマルクスは、商業資本も利子付資本も「派生的形態」である、といいきれたのである。(30)

さきにみたように、大塚は「資本主義社会」における「資本の本来の形態」を産業資本とみなし、そのなかに商業資本および利子付資本をふくめていた。このときかれは、「等価交換」のもとで「剰余価値」が形成されるのは産業資本の運動においてのみであり、「剰余価値」の一部が分配される商業資本や利子付資本は「派生的形態」にすぎない、という『資本論』の議論をふまえていたのであった。そして、この「産業資本」との対比において定義された「前期的資本」概念がさきに引用した『資本論』の言葉にある「卑近な、いわばノアの洪水以前の姿態、商業資本や高利貸資本」に由来するのは明白であろう。[31] この観点をふまえたとき、「前期的資本」の理論はどのようにみえてくるのだろうか。

3 「前期的資本」の理論

(1) 生産からの「隔絶」、「自立化」

大塚によれば、前期的資本の存在する客観的な条件とは、「単純な商品流通および貨幣流通」は存在するものの、「近代的生産」が発達していないために、「「商品流通および貨幣流通」が本来の価値法則どおりの完成した姿を示さずして、なお生成の状態 (in statu nascendi) にあることである」。[32] つまり、「資本主義社会」における産業資本のような「労働力」を基礎にした「資本」の形成が不可能である。したがって、前期的資本は「近代的」商業資本や利子付資本のように「剰余価値」の割り当てを期待できないのである。[33]

この事態はまたべつのことを意味する。「近代的生産」が未発達な状況では、さまざまな産業資本間による「生産」の営みが「流通」をつうじて「連続」していくことがない。マルクスの言葉を借りれば「連続における産業資本の循環」がもたらす「流通過程と生産過程の統一[34]」がない。そのため、「流通」を活動の場とする前期的な「商業取引資本」の循環形態は「交換の両極をなすところの「生産」そのもの」にたいし「自立化」し「隔絶」された姿をとる。「貨幣取引資本」や「高利貸資本」の循環形態にも同様のことがいえる[35]。したがって、前期的資本は「生産」から「隔絶」されたかたちで利益を求めざるをえなくなる。以上のように大塚は考えていた。

(2) 「非等価的」交換、「非法則的」高利

では、前期的資本はどのようにして利益を得ているのか。前期的な「商品取引資本」についての叙述に、大塚の認識が端的にあらわれている。

> 前期的商品取引資本はいかにして余剰価値を作出するのであろうか。直裁に表現すれば、それはまず流通行程の内部でのみ行われる取引、換言すれば購買および販売によって作られ、最終の取引たる販売によって実現されるのであって、いわば商人の「譲渡利潤」として獲得されるのである。他の語をもってするならば、生産物の交換される量的比例関係が偶然的・投機的であり、いわば非等価的であることによって、異った諸地方における価格組織の間の差額をば、商人は自己のものとして抽出するのである。この故に「商業上の利潤なるものは単に商略および欺瞞として現れるのみでなく、大抵これらの原因から生ずる」ことになるのである。いわば一つの法則的欺瞞である[36]。

わかりやすくいえば、一方の売り手から低い価格で買いあげ、他方の買い手には高い価格で売りわたす、というかたちで、その値鞘を「譲渡利潤」として「抽出」し懐におさめている。これが前期的な「商品取引資本」の「余剰価値」[37]を獲得するやり口だ、というわけである。さもなければ、この資本は生きのびられないからである。

前期的な「商品取引資本」の存立条件とは、「交換の両極をなす生産者たち――農民であれ手工業者であれ――」の生産物が「商業」によってはじめて「商品、特に遠隔地向けの商品」となる状態である。[38]前期的な「商品取引資本」は、「偶然的・投機的」にならざるをえない「商品」の交換を仲立ちすることによって、「非等価的」な交換にもとづき「譲渡利潤」を得る。このことは、「中世都市」あるいは「地方的市場圏」における自給自足をこえた過剰生産物の取引にかんしても、また、それが発達した「中枢的市場圏」における大市での取引においても変わりがない。[39]この延長線上に、大塚は前期的な「貨幣取引資本」についてもつぎのような認識をしめす。「各種地方的鋳貨間の交換比例は多かれ少なかれ偶然的・非等価的である」から、これを利用して「貨幣取引資本」もまた「商略および欺瞞」によって利潤を「抽出」したのである、と。[40]

「非等価的」な交換は、こうした「交換の両極をなす生産者たち」の「双方を収奪する」[41]。ゆえに、「「貨幣」はつねに流通の内部で機能する商人の掌中に集積されてゆき、農民であれ、手工業者であれ、領主であれ、新たに貨幣経済に捲きこまれつつある人々にとっては、恒常的に貨幣が不足する」[42]ということになる。

そこでこれらの人々の「富」を貨幣形態に転化するのが「高利貸資本」である。そのさいの「利子」は「人々の抵抗力たる支払能力以外に何らの制限をも知らない」ものとなる。さきほどの「近代的生産」の未発達に相応して「信用取引」もまた未発達であるために、「利子率」が「偶然的・非法則的」になるからである。「「欺瞞」ないし法則的「掠奪」以外の何ものでもなく、近代的利子に対して「高利」の「高利」たるゆえんはまさにここに存する」[43]。つまり、「等価交換」の法則が浸透しているならば、それに相応した「利子率」が「法則的」に設定されるはずだが、「近代的生産」の発達していない段階では、それに相応した「非法則的」な「高利」が設定されることになる、というのである。

(3) 「貨幣蓄蔵衝動」と「一般的利潤率」「一般的利子率」の欠如

これらの事実整理を大塚はつぎのように経済理論的に関連づける。生産から「自立化」ないし「隔絶」している前期的資本は、つねに商品が貨幣にかわるときしか利益を獲得する可能性をもたないため、「貨幣形態に還ろうとする傾向をおびる」。こうした傾向をより先鋭にしたものが「貨幣取引資本」や「高利貸資本」である[44]。したがって、前期的資本においては、「貨幣蓄蔵・貨幣財産の集積がその本質的特徴となる」。これは「「貨幣蓄蔵衝動」の外在化」にほかならない[45]。「主観的」にみるならば「黄金への憧憬」であり、「貨幣のための貨幣の蓄積」という自己目的化した致富活動となる。それは「いうまでもなく「利潤のための利潤追求」として表現されるところの資本家的精神の野蛮的形態である[46]」。

そして、こうした前期的資本のありようは、一般的利潤率および一般的利子率の不成立という事態を導く、と大塚は理解する。ここでの記述はやや不十分であるが、大塚のいわんとすることを汲めば以下のように解釈できよう。もし「資本主義社会」であるなら、商品取引資本は「生産過程」で形成された「社会的平均労働力」にもとづく「剰余価値」を最大（つまり限界）として、その枠内でいかほどかの「利潤」を得ることになる。そのかぎりでこの利益は「等価交換」にもとづく法則的な「利潤」である。しかし、「前期的」である商品取引資本の得る「余剰価値」には、そうした「剰余価値」の上限がない。逆にいえば、「生産」に束縛されぬ際限のない、「商略および欺瞞」を駆使した「非等価的」な交換にもとづく「利潤」の獲得が可能である。こうした「利潤」にまったく法則がないのは当然である。この認識は貨幣取引資本や高利貸資本にも適用される。これらの資本の循環形態すなわちG－G'には「資本の生産過程」が介在しておらず、「剰余価値」という上限は存在しない。むしろ「生産」からは「隔絶」されているのだから、これらの資本は「生産」と無関係に両替比率や利子率を設定することになる。このことを説明するために大塚は、前期的資本においては「資本主義社会」であれば成立しているはずの「社会的平均労働力」にもとづく一般的利潤率あるいは一般的利子率が存在しないことを強調した。(47)

(4) 「農民・手工業者」からの収奪

このように、前期的資本の利益は「生産」から隔絶した「流通」において抽出された、と考えられている。それでは、大塚にとってその利益はまったく「生産」に根拠をもたないものだったのか。

そうではない。この「利潤」が「農民や小市民」たちからの「収奪」によるものだった、とみなされていたことを忘れてはならない。かれはつぎのように述べる。「封建的生産者——農民・小市民——の手によって生産された余剰生産物」が「前期的資本における余剰価値の源泉」である。高利貸資本が「封建領主」から収取する「余剰生産物」にしても、「究極には農民・小市民に由来する」。前期的資本は、「封建的余剰生産物を貨幣形態で抽出することによって、封建的土地所有から独立した、むしろこれに対立した貨幣財産を形成する」。すなわち「一方の極に貨幣財産を集積せしめる」。そして、「前期的資本は、封建的生産様式を積極的に改変することなくして、その社会の基礎過程ならびに支配体制を締めつけ、その余剰生産物の圧倒的部分を占有し、それによってこれを荒廃せしめ、分壊させる(48)」。その実態を大塚はつぎのように叙述する。

前期的資本は直接に封建社会の基礎過程を締めつけ、余剰生産物を吸いつくし、それをますます悲惨なものにするが、封建的権力者を締めつけることによって、また間接に農民・手工業者を締めつける。封建的権力者は、前期的資本の側圧によって、特に農民をますます隷属的状態におとしいれて貧窮化せしめ、さらに前期的資本に隷従させる。こうして一つの悪しき循環関係を作り出す(49)。

以上のように、「前期的資本の余剰価値の源泉」は「封建的生産者——農民・小市民——の手によって生産された余剰生産物」であると、大塚は理解している。そのかぎりでは、「流通」はまったく「生産」と無縁なわけではない。ただし、この「余剰価値」は「資本主義社会」におけるように「等価交換」の法則にもとづいて得られたものではない。あくまで「非等価的」な交換などで得られたものである。つまり、「資本主義社会」で商業資本や利子付資本が得る「利潤」は、「等価交換」にもとづいて「剰余価値」の枠内に限界づけられたものであるのにたいし、「前期的資本」の「利潤」にはこうした枷がなかった。これが大塚の基本的な考えである。

(5) 封建社会への「寄生」と「媒介」としての商業

では、「封建社会」から「資本主義社会」が形成されようとするとき、「前期的資本」はどのような対応をするのだろうか。かれによれば、前期的資本の活動は「商品・貨幣経済」の「範域を拡大し密度を増大する」けれども、そこで「商品・貨幣経済」は「他ならぬ等価交換関係すなわち一市場一価値法則の確立への傾向」をしめす。[50] そうなると、「前期的資本の存在自体の地盤が消失する」ため、前期的資本は「旧来の生産事情および未発達な市場形態を維持しようとする反動的な傾向をも示すのである」。具体的には「等価交換」の象徴である「個別資本間の競争」にともなう「一般的利潤率」や「一般的利子率」の成立を阻止しようと「独占」を形成し、「専制主義・Absolutismus という政治的性質」をおびるにいたる。[51] また、みずからの蓄積した「貨幣」でもって「封建的権力者」すなわち「領主・封建地主へ転身しようとする」。そこにあらわれている「封建的性格、保守性と反動性」は、「前期的資本」が「いわば封建社会に「寄生」し、いわばその「脂肪」として上層に凝固するものだ」ということをしめしているとされる。[52]

つまり、「前期的資本」というのは「封建社会」なしでは存立しえないため、その維持に執着するにもかかわらず、この社会をささえる「生産」という身体にとってみれば、この資本は「脂肪」にすぎないばかりか「寄生」して身体をむしばむ存在なのである。この「寄生」なる観点が、大塚の「前期的資本」理解においてはひじょうに重要である。その根拠は、大塚が「前期的資本」の「封建社会」にもたらす影響について述べているつぎの箇所にしめされている。

> 前期的資本は、一方の極において莫大な貨幣財産を集積し、また封建社会の基礎ならびに体制を締めつけることによって、他の極に、封建的生産過程から分離され、したがって生産手段から隔離されたルンペン・プロレタリアないし遊離した労働力を生み出す。いうまでもなく、これは資本家的生産様式成立の前提条件たるべきものである。しかしながら、かような条件の上に資本家的生産様式が展開するか否かの決定条件は、生産過程そのものの事情如何に依存するのであって、流通過程の媒介をのみうけもつ商業資本や、単に富の形態転化の媒介者たるところの高利貸資本の、単にそれ自体としての前期的資本のかかわり知るところではない(53)。

まず注目すべきは、前期的資本が貨幣財産の集積と遊離した労働力の産出という「資本家的生産様式成立の前提条件」をつくりだす、とみている点である。大塚は「非等価的」な交換を前提とする農民の「ルンペン・プロレタリア」化理論をつくりあげていた。だが、それ以上に無視できないのは、「資本家的生産様式」が展開される「決定条件」は「生産過程」にあって、けっして「前期的資本」ではない、と主張していることである。「生産様式」を決定するのは「生産過程」であり、「流通過程」や「富の形態転化」は「媒介」にすぎないのである。これが『資本論』の考えと一致していることは、いうを俟たない。かれはマルクスから商業や金融を「媒介」とみなし「生産」に重きをおく発想を受けついでいたのであった。

大塚は一九四〇年七月発表の論文「近代資本主義発達史における商業の地位」[54]（以下「商業の地位」論文と略す）において、産業資本の形成を前期的資本と「対抗的」なものとしてとらえる一九三八年以来の考えを定式化する。そこでは、前期的資本による農民の「ルンペン・プロレタリア」化ではなく、「中産的生産者層」の資本家と労働者への「分解」が「資本家的生産様式成立の前提条件」とされるようになる。

かやうにして近代資本主義（産業資本）成立の基本的過程において、産業資本家層も賃銀労働者層も共に中産的生産者層に由来してゐる。いま少しく詳述すれば、中産的生産者層の主として富裕な一部が産業資本家に上昇し、ことに産業革命期に至ると少数の幸運にして有能な（!）一部が工場主・captains of industry 層を形成するに至り、而して他のすべて——勿論近代的商業資本家・銀行資本家や近代的地主に成上つた一部ならびに新しい中間層を形造る人々を除けば——が終局的に賃銀労働者群へ化し去つたのである。事態がかやうであるとすれば、上来縷説し来たつたわれわれの見解は、かく表現されるであらう、近代資本主義（産業資本）の形成過程はこのような中産的生産者層の分解過程に他ならない、従つて他面より見れば、それは特殊歴史的範疇としての中産的生産者層の消失過程であり、近代資本主義の完成は中産的生産者層がその分解の極完全に消失する点に一致する、と。(55)

しかし、この論文の末尾にみられるつぎの表明は、さきほどの「生産」重視の発想が、産業資本の形成における「中産的生産者層」の役割の強調というかたちでストレートに表現されたものにほかならない。

経済史上、商業及び商業資本は方向決定の主体性を自らのうちに内包してはゐない（所謂無概念性！）のであつて、それはつねに現存の客観的な生産事情（生産倫理をも含めての）によつてその歴史的性格を規定されつつ、中産的生産者層の自己分解による産業資本の形成過程を、或ひは阻止的に或ひは促進的に媒介する。要するに商業及び商業資本は近代資本主義の成立過程における媒介的契機に過ぎないのである。(56)

ここでとくに強調されているのが、「媒介的」と「現存」および「倫理」である。ここでは「媒介」と「現存」に注目したい。この時点で大塚はすでに「初期資本」の概念を放棄し、「中産的生産者層の自己分解」を「産業資本の形成過程」の本質とみるようになっている。だが、これはさきほどみた「生産過程」に「資本家的生産様式」を成立させる「決定条件」をみいだす思考のコロラリー以外のなにものでもない。いっぽうで「商業および商業資本」は「現存」する客観的な生産事情を変える「主体性」をもっていない（「無概念性」）とされる。これは、前期的資本は封建社会へと「寄生」するだけで資本主義的生産様式の「前提条件」をつくりだす「媒介」にすぎないとする認識を、「経済史」一般に拡張したものである。「現存」する客観的な生産事情を決定しうる「主体性」は「生産過程」にしか宿らず、「流通過程」は「媒介」でしかない。この思考が「大塚史学」の根幹であった。

4 「中産的生産者層」の系譜学

(1) 「産業資本」の「自由」と主体の問題

「生産」にのみ「主体性」をみとめる思考様式は、そのまま産業資本形成の議論に反映される。一九三六年一月の「初期資本主義におけるいわゆる「独占」について」において、大塚はすでに産業資本と前期的資本とを「対抗」関係においてとらえている。というのも、前期的資本は「封建的な」生産諸事情を維持しようとする点で、「資本制生産」を前提とする産業資本と対立するからである。[57]

かれによれば、前期的資本の集中・独占は産業資本の蓄積・集積を抑止する「反動的な」方向に傾いて絶対王制と緊密にむすびつき、両者の間に「乖離」と「相剋」を生じ、ついには前期的資本の「独占」は産業資本の「自由」と対立することとなる。最後は「反独占運動」にいたって産業資本の「自由」が勝利し、前期的資本の「独占」は消滅する。ピュウリタン革命と名誉革命によって早期にこれを達成したイギリスは「いちはやく産業革命のゴウルに踊り込む」のと対照的に、オランダは「前期的資本の専制的・独占的支配を体制的に揚棄しえず」、「絶対主義」を長く維持した。[58]以上のように大塚は論じるのである。

ここに、近代資本主義の創成期にかんして、〈前期的資本＝独占〉、〈産業資本＝自由〉、前者にたいする後者の勝利という構図が描かれている。「生産過程」の「主体性」と「媒介」としての「流通」という対立図式をそのまま政治の次元に反映させたものだといえよう。しかし、ここで疑問が生じる。「流通」に棲まう前期的資本は「媒介」であるのだから、ほんらい「主体性」をもたないはずである。そうすると、産業資本を形成するような「生産過程」に由来する「主体」はどこに存在するのだろうか。「流通」に「主体性」をみとめないような設定から出発している以上、大塚にとってこれが理論的に問題となるのは必然であった。だからこそ、大塚は「商業の地位」論文において、産業資本の「端初」の問題にかんし、「近代資本主義の焦点を形作るこの産業資本はいかなる社会層のうちから、またいかなる社会層の中に主体的推進力をもちつつ発生し展開して来たか」[59]という問いを提示したのであり、「中産的生産者層」という概念が必要となる理由も、ここにしめされているのである。

(2)「商人」の「出自」と「社会的性格」

「商業の地位」論文において大塚は、産業資本を形成する「主体的推進力」にかんして「商業の発達」つまり「経済社会の商業化」を重視するのが「通例」の説であると考える。その説は、かれによれば以下のようなものである。「主体的推進力」となるのは「商業資本」である。ここには、「小規模な生産者たちに原料その他生産手段を前貸し、これによって彼らを自己に隷従させる」前貸人である「問屋制商業資本」もふくまれる。そして、同一または相互に関連づけられた作業場での協業（ただし機械は導入されていない）による資本―賃労働関係、これにもとづく「マニュファクチュア乃至工場制度」が、商業資本から成立する協業のない「問屋制度」から発展する。この「マニュファクチュア」が機械技術を根幹とする「産業資本」へと成長するので、図式としては「商業資本→問屋制商業資本→産業資本」が「産業資本形成の社会的系譜」となる[60]。

先述したように、もともと大塚は、一九三八年以前において前期的資本が産業資本に転化していく事実をみとめていた。その理由はつぎのとおりである。まだ資本制生産がマニュファクチュア段階にとどまっている初期資本主義のころ、とりわけその早期においては、国内市場が未成熟で資本主義以前の「前期的市場形態」がひろく残存しているために、産業資本は商品の「販路」にかんして前期的資本の存在を不可欠の前提とせざるをえなかった。また前期的資本の利潤抽出の可能性と地盤の拡大にとっても、産業資本（マニュファクチュア）のある程度の展開はいちおう有利にはたらく。以上から産業資本と前期的資本は「和解」し、両者の機能が密接に連係した「共生体」、つまり「初期資本」があらわれてくる[61]（問屋制度内部におけるマニュファクチュアの包摂がその一例）。大塚は、「前期的」である問屋制商業資本がマニュファクチュアと結合してある種の産業資本（初期資本）を形成することをみとめていたのである。

しかし、いまやかれはこの「通例」の説を退け、つぎのように断言する。

> 即ち、通例の見解とは異り、産業資本形成への構成的主体的な推進力は商業資本（問屋制商業資本をも含めて）のうちにでなく中産的生産者層の中にこそ求むべきである、と。(62)

そういえるのは、産業資本形成の主体がもともと「半農半工の小生産者層」の出自だから、という「系譜学《ヂェネアロジー》」的な根拠のゆえである。(63) そして大塚は、「全くの小生産者（自営農民および小親方）」にかなり小規模のマニュファクチュアの経営者もふくめた生産者層を「中産的生産者層」と定義している。(64) これだけだと、「中産的生産者層」とは、「小生産者」（農民・手工業者）層を単にいいかえたものにすぎないことになる。ひいては、「商業」と無関係な産業資本形成を考えているかのようにみえるだろう。

ところが、大塚はこの「系譜学」にさらに厳密な検討を加えるとして、つぎのような記述を始める。かれは、イングランド北部ヨークシャーでの「産業革命」において「工場主」層を形成した人々の先頭に立ったのが「商人」たちだった、という史実をみとめる。しかし、そのうえでかれは以下のような指摘をするのである。

> かかる性格の商人たちの家系をさらに一二代遡るならばしばしば例の半農半工の農村毛織物業

者、所謂ヨーマンに到るのであつて、つまり彼等は農村の中産的生産者層の出身であり而してかかる社会層の利害とつねに結びあひつつ取引を行つてゐた商業資本なのであつた。此の点のみからでも推測しうるやうに、彼等は、〔イングランド〕南部の問屋制商業資本、即ち一般に旧き毛織物商層《ドレイパーズ》の出身であり従つてこれと緊密に結びあつていたかの問屋制商業資本とは著しく異つた社会的性格をもつていた。(65)

この箇所をみれば、大塚の「中産的生産者層」を「小生産者」の単なるいいかえとして理解することはできない。「中産的生産者層」は「商人」もふくんでいるのである。しかし、これ以上に重要なのは、かれがこの事実から得た示唆である。

ここで、ひとしく商業資本とよばるべきものであり乍ら而も産業資本の形成に関して——促進的と阻止的と——性格を全く異にするところの、少なくとも二つの類型が存在しうることを、事の序に、銘記しておくべきである。(66)

つまり、商業資本のなかに産業資本の形成にたいして「促進的」なものと「阻止的」なものがあるというのである。そして、ヴェーバーに拠りつつ、この「促進的」な商業資本の社会的性格が「中産的生産者層就中ヨーマン」の「経済倫理（エトス）」と符合する、と論じているのである。(67)大塚は、おなじ「商人」であっても「産業資本」の形成において「促進的」な社会的性格（「エトス」）

のもち主と「阻止的」な社会的性格（「エトス」）のもち主に分かれると理解する。そして、そのちがいは先祖が「中小生産者層」なのか「問屋制商業資本」なのかによるのだ、と考えている。「中産的生産者層」のなかに「商人」をふくめるばあい、かれは商人の「出自」を重視した。このような「系譜学《ゲェネアロジー》」は、前期的資本の「独占」と産業資本の「自由」という、かの対立と関連づけられて掘り下げられていく。

(3) 中産的生産者層の「自由」と「封建的農奴制度」の解消

大塚によれば、一六世紀および一七世紀においては「都市の商業資本家」と「農村の中産的生産者層」とのあいだに深刻な対立がみられたという。ここで旧来の「ギルドや独占の束縛」を維持しようとしていたのが「都市の商業資本家」だったのにたいし、これを破砕し「産業の自由」を確立しようとしたのが「農村の中産的生産者層」だった。この「農村の中産的生産者層」たちのなかには、もともと「都市の中産的生産者層」を形成した「小親方」（ヨーマンリ）の富裕層がいたが、かれらは「ギルドや独占の束縛」を逃れて「自由な農村」へと移動し（「urban exodus」!・）、農村の「自営農民」と結びついた。「而してイギリスでは都市商業資本のかかる意図が早くも十七世紀半ばに基本的に画餅に帰した〔ピューリタン革命の〕のちは、旧きギルドや独占の束縛は加速度的に衰退しゆき、十八世紀に入るとともに『単なる局地的な遺制』と化し去つたのである」。それは、商業資本の成長と密接に結びついていた封建的な「マナー（荘園）」制度が崩壊したからである。この過程を大塚はつぎのように要約する。

即ち、封建的農奴制度が解消しゆくに伴ひつつ多かれ少かれその束縛を脱した独立の「自営農民層」が成立し来るが、農村に於けるより自由な生産事情はまさにかやうな社会的条件の成立の裡に現はれて来るのである。近世史上イギリスはかかる農村事情の最も典型的に成立した国（他ならぬヨーマンリ）なのであつて、従つて此のイギリスに於いて歴史上他の何れのヨーロッパ諸国にもその比を見ない程の農村工業の繁栄が見出されるのもまさしく偶然ではないのである。[68]

こうして、「封建的農奴制度」の崩壊を客観的な条件として、「自由な農村」における自営農民、そこへと脱出（exodus）した小親方、この両者により構成される「中産的生産者層」の形成こそが、「都市」に巣くう前期的資本の「独占」をうちやぶる「産業の自由」の核とみなされる。前期的資本の「独占」と産業資本の「自由」との対抗、および後者の勝利という構図の根拠は、このようにしめされることとなった。

(4) 等価交換と不等価交換

さて、「商業」そのものにも産業資本の形成において「促進的」なものと「阻止的」なものがでてくるという主張は、「等価交換」と「不等価交換」との対比にまで発展する。大塚は件の「中産的生産者層」の資本家と賃金労働者への「分解」について、その「究極的契機」が「商業」であるというなら、それは「一応然り」といってもよいとする。しかしかれは、ここでの「商業」が「中産的生産者層のもつ商品生産者としての規定性」によって「新しい近代的な性格」を「決定」されているのであるとして、つぎのように述べる。

> 併し乍ら、此の場合には、一応等しく「商業」とよばれるものであり乍ら、ここでの「商業」はかの前期的商業資本の営みとしての商業と凡て歴史的性格を異にした近代的なもの――勿論初期においては前者と互に縺れあひつつも――である事が注意さるべきである。即ち、マックス・ウェーバーの用語を借れば、前期的商業の非合理的＝投機的（経済学的には不等価交換）に対して合理的＝経営的（経済学的には等価交換）な近代的商品流通への志向と展望をもつ商業である。[69]

ここで大塚が強調するのは、「近代的商品流通への志向をもつ商業」が「経済学的には等価交換」であり、「合理的＝経営的」な性格をもっていること、およびこれが「経済学的には不等価交換」でおこなわれる「前期的商業」の「非合理的＝投機的」性格とは本質的に異なっていることである。そして、前者が「中産的生産者層」の「経済倫理（エトス）」と重なりあうとみている。つまり、一九四〇年の段階でかれは、「商業」における「等価交換」と「中産的生産者層」の「エトス」とのあいだに関連をみいだそうとしていた。これはすなわち「等価交換の倫理」の考え方の原型にほかならない。前期的資本と異なる独自の「経済倫理」をもつ「中産的生産者層」が形成されなければ

「等価交換」の商業はありえないし、それなくして「自由」たる産業資本の形成もない、というわけである。こうした観点から、「中産的生産者層」のなかにこれとおなじ「出自」をもつ「促進的」な性格の「商人」を組み入れ、かつこの「商人」によって展開される「等価交換」の商業を産業資本の形成の重要な要素として前面におしだした。これが大塚の「中産的生産者層」論の内実であった。さらにいえば、「等価交換」のなかに封建制の崩壊した「農村」に由来する「自由」を読みこんでいる。これによって、大塚は「生産過程」の「主体性」という主張をかれなりに根拠づけたのだといってよい。

5 「並んで」から「その以前に」へ

ここまでの大塚の議論を俯瞰すれば、産業資本と前期的資本の峻別の意味もわかってくる。すなわち、両者の峻別は「等価交換」と「不等価交換」との峻別であり、それを「経済」（客観）の観点と「倫理」（主体）の観点とで検証することにほかならない。じっさい、大塚は「商業の地位」論文でつぎのように述べている。

この両種の商業〔「前期的」商業と「近代的」商業〕の範疇的差別を、マックス・ウェーバーは倫理《エトス》の対抗といふ点から解明しようとするのである。しかし吾々はその他に之を経済学的見地から析出することを試みねばならない。(70)

「等価交換」と「不等価交換」という二つの「商業の範疇的差別」を、「エトス」や「出自」という観点から、そして「経済学的見地」から解明する。大塚にとってこの発想は「生産過程」にのみ「主体性」があり、「流通」は「媒介」でしかない、という「大塚史学」の根幹となるテーゼを裏づけるために不可欠なものだった。いうなれば、客観的なものと主体的なものとの総合・統一が必要だったのである。かれは「生産過程」がうちに孕んでいる「主体性」の問題を、ヴェーバーと結合することによって解決しようとした。「マルクスとヴェーバーの渾然たる総合」の基礎は、すでに一九四〇年にできあがっていた。

ここまでくれば、すでに「等価交換の倫理」という考えは一九四〇年に提示されていた、と考えたくもなる。だが、ここでしめされているのはあくまでテーゼである。なぜ「等価交換」をおこなうにあたり「倫理」が必要とされるのか、その理論的根拠はしめされていない。それ以上に問題なのは、この箇所における書き換えである。「商業の地位」論文は、その後『近代資本主義の系譜』(一九四七年四月刊)に「前期的資本」論文(同書第一章)や「初期資本主義におけるいわゆる「独占」について」(同書第二章)とともに収録され、この書の第三章をなすことになる。そして一九五一年九月に本書の前半だけが『増訂　近代資本主義の系譜　上』として上梓されるにいたる。そのさい、この論文はさまざまな書き換えをこうむっているが、(71)なかでも重要なのがこの箇所である。

書き換え後はつぎのようになっている。

この両種の商業の範疇的差別を、マックス・ウェーバーは倫理《エートス》の対抗という点からいきなり解明しようとするのであるが、われわれは、その以前に、これをまず経済学的見地から析出することを試みねばならない。(72)

まず、「解明しようとする」の直前に「いきなり」という表現が入った。つづいて、「その他に」が「その以前に」という表現に変更された。さらに、「経済学的見地から」の直前に「まず」という表現が加筆された。ここでは、「経済学的」な解明を前提としなければ、「倫理《エートス》」の観点から「いきなり」二つの「商業」の対抗関係を議論の対象としても意味がない、という趣旨になっている。これは、大塚にとって重大事であるはずの方法論の書き換えではないのか。前者では「倫理《エートス》」の観点と「経済学的見地」は並列的に必要なものと表現されていた。

この註記のあと大塚は、「経済学的見地」からの解明を試みた自著のひとつとして、かの「初期資本主義におけるいわゆる「独占」について」を挙げている。(73) この論文の内容は「前期的資本」論文の延長線上にある。したがって、ここでいう「経済学的見地」とはマルクスに依拠した「見地」にほかならない。これでは、大塚からじかに聞いた証言をもとにかれを「マルクス主義者」ではないとみなす評価(74)と齟齬をきたすことになる。はたして、この書き換えはなぜおこなわれたのか。大塚が「マルクス主義」へと傾斜したことをしめすのか、それともかれの「マルクス主義」にたいするなんらかの考慮があっての表現なのか。それが、「等価交換の倫理」という考えを鮮明にうちだすにいたった背景をしめしているのである。

第Ⅲ章

「大塚史学批判」から「局地的市場圏」へ

1　「批判」の嵐にさらされて

(1)　「二つの道」と「なかんずく局地的分業」という加筆

「商業の地位」論文における「中産的生産者層」論の主張は、戦後においてより簡潔なかたちで表現されることになる。そのひとつが、「近代化の歴史的起点――いわゆる民富の形成について」（初出一九四七年四月）である。これもまた、その後一九四八年の『近代化の歴史的起点』、一九四九年の『近代資本主義の起点』、さらには一九五二年の『富』、一九六五年の『国民経済』にいたるまで、ずっと収録されつづけてきたものである。この論考は、大塚の「富」認識の基礎をなす、戦後の「大塚史学」の思考様式を端的にしめしたものとして注目に値する。

この論考において大塚はまず、『資本論』からのつぎの引用によって論点をしめす。

「封建的生産様式からの推転は二重の径路によって行われる。生産者が農業上の現物経済と中世都市のギルドに束縛された手工業に対抗して、商人となり資本家となる。これが真に革命的な変革をひきおこす径路である。いま一つは、商人が直接に生産をわがものとする。このの径路は歴史上いかに推転して作用するとはいえ、即自かつ対自的に旧来の生産様式を革命するにいたるものではなく、むしろそれを保存し、自己の前提条件として維持してゆくことになる」〔傍点は大塚による〕。

これは『資本論』第三巻第二〇章（「商人資本にかんする歴史的検討」）のなかにある一節で、封建的生産様式から近代資本主義にいたる「二つの道」を提示したものとして知られる箇所である。大塚はこのテーゼから「いうところの「生産者」がいかにして産業資本家に転化しえたのか、それを可能かつ必然たらしめた歴史的社会的条件は何であったのか」(1)を問題にする。

その結論とは以下のとおりである。「近代社会（＝近代資本主義）が社会的な規模で自生的に、すなわち、真に変革的な径路をとって成長を開始するためには、その出発点において、あらかじめ、中産的生産者層のもとに貨幣形態をとった富（トレジャー）の蓄積がある程度まで行われているという事態が必要だということなのである」。そしてそれを歴史上可能にした条件（つまり「近代化の歴史的起点」）とは「コモンウィールあるいはコモンウェルス」、すなわち「独立自由な「中産的生産者」、とくに自営「農民」たちの精神的・物質的な繁栄を根幹として組み立てられているところの社会」(2)だった。

大塚にとっては、「中産的生産者層」とりわけ自営農民が産業資本家となりうる道こそ「革命的」である。それがかれなりにマルクスから受け継いだ思考だったことは、この「二つの道」にかかわる引用との照応関係からも読み取れるだろう。つまり、「生産者」の「精神的・物質的繁栄」にもとづく「革命的」な「径路」こそ、つぎの時代をつくる「近代化の歴史的起点」なのであった。かれの主張の基本線は、戦後にいたってもなんら変化していない。

さて、大塚はこの論考の末尾近くのある箇所で、「民富（コモンウィール）」の形成が「中産的生産者層」のもとでの「新しい生産諸力（つまり労働生産性）の高まりを表示している」として、つぎのような補足を加えている。

ところで、この新しい生産諸力の高まりは、とりもなおさず、社会的分業（なかんずく局地内的分業）の一段の進展であって、具体的には商品生産＝流通という形をとって現れてくる。したがって、「民富」は「貨幣」形態をとった富であり、中産的生産者層のもとに蓄積されるところの「貨幣」treasure にほかならない。(3)

ここには、目立たないけれども重要な加筆がある。それは「なかんずく局地内的分業」という表現である。これは初出論文においても『近代化の歴史的起点』にもみられず、一九四九年の『近代資本主義の起点』において「なかんずく局地的分業」という表現ではじめて登場するものである。(4)「なかんずく」という言葉づかいをみると、大塚が一九四九年の段階になって、「中産的生産者層」の生産諸力が高まったことについて「社会的分業」というだけでは足りず、さらに「局地的分業」をとくに強調しなければならないと感じていたようにも見受けられる。なぜこのような加筆をする必要があったのか。

(2) 「自分自身の問題意識として」のヴェーバーとマルクス

この論考を出したころについて大塚は、「ヴェーバー社会学との出合い」(一九六四年六月)においてつぎのように回顧している。「終戦直後」に本郷の東大から疎開先に帰宅する途中、デモ参加者と話す機会をもち、それをきっかけに「近代化の人間的基礎とか、近代化と人間類型とか、エートスと経済とかいった問題について論考を発表することになった」。

専門外のことでもあり、いまからみるとお粗末きわまるものであるが、当時は一所懸命に書いたのである。ところが、これが革新陣営の一部の人々からの激しい批判をうけて、近代主義(いまだに何のことだかよく分からない)の烙印を押され、経済史に関する学説をも含めて、「いわゆる大塚史学批判」の嵐におそわれることになった。しかし、この嵐がはじまったころには、私はすでに病臥して生死の境にあり、それから三、四年は学問活動を中止しなければならなくなっていたのである。(5)

つまり、大塚の主観によれば、「何のことだかよく分からない」という「近代主義」なる批判をぶつけられ、それが自身の経済史学説への批判にまでおよんだのである。大塚はさらにつぎのようにつづける。

病床にあって、私は、こんどは少し身をいれてマルクスを勉強してみようと思った。それは、決して、マルクス主義の側からの批判をはねかえしてやろう、そういった気持からではなく、むしろ、〔……〕自分自身の問題意識からして、マルクスとヴェーバーがまったく別個の理論的枠組をもちながら対象の内実からみてどこまで重なり合っているか、あるいは、そういった意味で、マルクスの理論的枠組とヴェーバーのそれとが、どのように対応しあうか、ということを見極めてみたかったのである。(6)

この時期に大塚は、ヴェーバーの「資本主義の精神」論とマルクスの「価値論」とが「対照的内実において大きく重なり合い、したがって理論的枠組みとして対応し合う」という想定のもとでマルクスの「価値論」を読み返した、というのである。内田芳明はこうした彼の記述を視野にいれながら、つぎのような理解をしめす。「マルクスとヴェーバーは大塚久雄の学的形成のなかで一つの大きな「緊張」(Spannung)の関係に立ちながら、真理探究と問題追究におけるより深い掘り下げをおこなう過程で、緊張しつつ互いに牽引し、対立しつつ互いに結合し合う関係に立つ理論として受けとめられている様相が垣間みられる」(7)。これらの記述は、二つの「商業」の範疇的差別の解明における「経済学的見地」(マルクス)と「倫理《エートス》」の観点(ヴェーバー)との結合、というさきにみた大塚の問題意識と重なる。ということは、この時期に内発的に練り上げられた議論が、のちの「等価交換の倫理」という表現へと結実していく具体的な「起点」となっているのではないか、と考えることも可能ではある。

しかし、ここで気になるのは、「マルクス主義の側からの批判をはねかえしてやろう、そういった気持からではなく」という文言を挿入することによって、マルクスの「価値論」を読み返した理由が内発的な動機にあることを強調している点である。そればかりでなく、「いわゆる大塚史学批判」のなかにあった「近代主義」という批判にたいしては、わざわざ「いまだに何のことだかよく分からない」とこき下ろしており、逆に「いわゆる大塚史学批判」をつよく意識していたことがうかがえる。そこで、まずは「大塚史学批判」なるものの外観を確認しておきたい。

(3)「悲しむべき病根」

さきの「前期的資本」論文やこの「商業の地位」論文など、大塚が戦前・戦時期の論考をあつめて論文集『近代資本主義の系譜』をだしたのは、一九四七年四月のことである。このころから「大塚史学批判」が日本資本主義論争における「講座派」への批判とともに澎湃としておこってきた[8]。この本がでた直後に服部之総が『帝国大学新聞』一九四七年五月一日号に掲載された書評で「大塚史学批判」をおこなう[9]。その後、この本にたいする批判はいっきにひろがりをみせ、一九四八年に『大塚史学批判』という一冊の論文集にまとめられるまでにいたった。その批判の急先鋒ともいえたのが、豊田四郎や浅田光輝などのマルクス主義者たちである。「大塚史学」を「反動的思潮」ときめつけた浅田のつぎの批判が、その内容を端的にしめしている。

マルクスによって自己を粉飾しているかかるブルジョア・イデオロギーの批判はかえつてこれ

からの小ブルジョア層もふくめた広い国民大衆を民主戦線に結集せしめるための大きな役割を果しうるであろう。[10]

戦後すぐにおいて「マルクス主義の教条から大塚を「小《プチ》ブル史学」とやっつけるものが少なかった」[11]ことは、服部以外の論文がなべてみな「大塚史学」を教条主義的に糾問している点にあらわれている。「「大塚」史学においては、資本は工業と農業との、生産者と生産条件との「幸福」な結合としてかずかずの「徳性」のにない手として讃美されつつ、プロテスタンティズムのバラ色の祝福と共に生誕する」[12](豊田四郎)。「生産力概念をマックス・ウェーバー流に神秘化して資本主義を神聖なもの、清いものに描いたのがいわゆる大塚史学である」[13](井上清)。「「牧歌的」以外のありとあらゆるものを含むといわれる原始蓄積の過程は西欧にあつては「牧歌的」そのものとして表象されてくる」[14](中村秀一郎)。なかには伊豆公夫のように、「暴言もすくなくないであろうと思う」と謝罪し、当時病いにふせって反批判できない状態にあった大塚に「その快癒をいのると同時に、この非礼な批判を他山の石とされて、今後ますます実証的なすぐれた研究を進められ、われわれを啓発されんことを切望するものである」と礼儀をつくし、また大塚自身について「民主革命に積極的な熱意を有せられているものと想像している」としつつも、「大塚史学」を「魔術の歴史学」ときめつけ、それを自己の批判対象である「近代主義」のなかに括りこんで「生産力としての大衆の革命的な力をみとめない」思考である、と難詰するものもいた。[15]

こうした姿勢は、「大塚史学批判」の出発点ともいえる記述をなした服部に、異例ともいえる二度目の『近代資本主義の系譜』の書評（一九四八年九月）を書かしめた。そこでかれはつぎのように嘆いた。豊田や浅田などのやり口は「他のすべてにたいして不当にイントレラントであることでかえって自己のみのうちに百％のマルクス主義者を過信する仕方」であり、それは「いさましくはあるが悲しむべき病根」である、と。[16] 大塚がのちに刊行した『近代資本主義の系譜』の改訂版の「上巻」（一九五一年五月）の「序」において、こうした決めつけや非難の嵐にたいしつぎのような怒りをぶつけたのには、このような背景があった。

社会科学とはいわず、およそ科学の公約とも云うべき抽象（捨象）の操作自体に何らかの疑惑を表明するがごときは何とも無意味なことであるし、さらにまた無内容な悪罵や単なるレッテル貼りなどは生産的な学術論争を不可能にさえしてしまうので、この際ぜひ止めにしたいものとここでお願いしておく。[17]

(4) 「つんぼさじき」への動揺

しかし、その内容にまったく学問的な論点がなかったわけではない。これについて、マルクス主義史学の泰斗である遠山茂樹はつぎの五点にまとめている。①マルクスおよびレーニンの「二つの道」理解の問題、②産業資本形成における商業資本の歴史的役割を認めないことへの疑問、③市場理論と農民分解の視角の欠如、④類型論に階級闘争の観点がないこと、⑤〈近代的＝典型〉と〈前期的＝変種〉の対置が機械的・非弁証法的であること。[18] これらのなかで止目すべきは、③の論点にかんする服部の記述である。

服部は大塚における「市場理論即農民分解の理論」の欠如が「致命的」だと断じ、「敗戦後の「大塚史学」にたいする豊田、浅田氏的批判が、その方法においてセクト主義的欠陥をどんなにもっていても、その内容において致命的な正しさを含んでいるのは、そのためである」といいきる。[19]もっとも、服部は、さきに引用した「中産的生産者層の自己分解」テーゼを見落としていたわけではない。かれはこの箇所を「氏やマックス・ヴェーバーのいわゆる中産的生産者層＝ヨーマンリー＝独立自営農民の分解について、氏が書かれているきわめてめずらしい事例にぞくしている」と評価し、もしここを「発見しなかったとすれば、わたしは「大塚史学」においては総じて農民分解の理論が完全に欠如していると断定したことであろう」としている。しかしながら、服部は「この一節の存在にもかかわらず」さきのように「農民分解の理論が完全に欠如していると断定してさしつかえはない」と述べて、つぎのようにいい放つ。

> 右の一節〔「中産的生産者層の自己分解」テーゼ〕は大塚史学の一貫せる主題たる「近代資本主義の系譜」のための理論的キー・ノートたるべきものでなければならぬにかかわらず、前後を通じてたった一ヵ所、それも氏の長大な第三論文「近世資本主義発達史に於ける産業の地位——西洋近世経済史序説」のつんぼさじきともいうべき場所に、居候然と置かれているにすぎないからである。[20]

「つんぼさじき」などという穏当ではない表現を学問的論争につかうばかりか、そもそも論文タイトル「近代資本主義発達史における商業の地位」を正確に転写していないところに、服部が「大塚史学」において「農民分解の理論」が欠如している点にたいしつよい不満をおぼえ、これをきびしく論難しようとしている姿勢が読みとれる。さすがにこのような批判をされては大塚も黙ってはいない。『近代資本主義の起点』の「序」（一九四九年九月）におけるつぎの表現は、あきらかに服部のこの不躾な言辞への反応だといえよう。

旧版『近代化の歴史的起点』が出版後まもなく多くの方々からさまざまな批評をうけたことは、ひじょうに有益であり有難かったと思っている。しかしなかには、もちろん私の表現のつたなさも大いに手伝っていると思うが、かなり的はずれと思われるものもあったようである。たとえば、資本主義の発達は農民層の分解として捉えられねばならないにもかかわらず、著者「である私」がそれを黙殺し「資本主義発達史をつんぼ桟敷へ入れた」というような類である。旧版の序文でも、「起点」という語についてある程度の説明を加えておいたが、やはり問題はこの点にかかっていると思われるので、ここでもいま少しこの語の意味するところを説明しておきたいと思う。[21]

この箇所をみると、まず「資本主義発達史をつんぼ桟敷へ入れた」などといわれるのは心外だという苛立ちがみられる。いっぽうで、「私の表現のつたなさも大いに手伝っている」という反省の弁もみられる。これは、けっして強気一辺倒の反発ではない。そこには反論だけでなく――大塚の発言を信じるなら、「表現」のうえで、ということだが――なんらかの修正をせざるをえなくなったことがわかるのである。しかも、この文言のある『近代資本主義の起点』という本のなかで、「近代化の歴史的起点」という論文の一箇所に「局地的分業」という一語が書き入れられた。これは、マルクス主義者たちの「大塚史学批判」によって余儀なくされた「表現」の修正の内容を示唆してはいないか。「大塚史学批判」のなかには「何のことだかよく分からない」などと軽侮してすませられないものがあったのではないか。

やはり、この「局地的分業」という「表現」の加筆の意味するところは、たんなる一語の加筆を超えた意味をもっているようにみえる。これを追究することが本章の課題である。

2 「農民分解」の理論の欠如という問題

(1) 「農業と工業との分離」の二段階

まず、服部のいう「市場理論即、農民分解の理論」を確認しよう。服部は「農民分解の理論」をつぎのように要約する。「「分解」とは、中世的な農家家内においてかたく統一され農村を一様化せしめていたところの農業と工業との分離であり、農民の貧農層と富農層への分解であり、貧農層が半農半労働者の形で「家内労働者」すなわちデ・ファクト〔＝事実上〕の賃労働者、やがてマニュファクチュアの賃金労働者となってゆき、富農層が半農半商（問屋制家内工業の親方）または半農半工（マニュファクチュア経営者）の二つの道、ないしはその統合のうえに立つデ・ファクトのまたは名実ならび存する最初の資本家に、なる過程である(22)」。

ここで目をひくのが「農業と工業との分離」である。この用語は資本主義経済の仕組みができあがる以前の経済発展を説明するさいに使われていたものであった。当時、都留や有沢とともに行動していたマルクス経済学者である鈴木武雄の「市場理論」の教科書（一九四八年三月）をみると、「農業と工業との分離」は、「自己経済」から「商品経済」へ移行する段階と、「商品経済」における「単純商品経済」から「資本家的商品経済」へ移行する段階の二つに分かれている。

前者の段階については、以下のように語られている。家父長制農民家族、原始農村土地共有体、封建領地などの「自己経済」ないし「自然経済」においては、自給自足的な消費を直接の目標とした組織的で意識的な生産——すなわち、各種原料の獲得（農業）から消費のための加工（工業）にいたるまでのあらゆる経済活動——が営まれていた。そこでは「社会的分業」が成立していない。だが、「商品経済」においては貨幣を媒介にした交換（市場）を目標とする無組織的で無意識的な生産がおこなわれるので、そのためには「社会的分業」（専門化）があるていど発達している必要がある。この「社会的分業」の基礎をなすのが、「都会と田舎との分離」、つまり農業（原料産業）と工業（加工工業）との分離であり、そこからさらに工業内部のみならず農業内部における分業が発達していく。「そのような産業部門の分化がすすめば、交通、運搬、商業などのような本来生産に附属した部門までが独立の産業部門に特殊化して行くのである」[23]。

こうした市場形成論は、「農民と職人が分離すれば、それぞれの側に農具と工芸品に関する市場的需要が生まれるように、分業の進展は市場を同時に創出する過程でもある」という、現在の社会経済学の認識にも受けつがれている[24]。しかし、ここでいわれているのは、「資本家的商品経済」が成立する以前の「農業と工業との分離」であり、「農民分解」と直接的な関連はない。「分解」がおこるのは、つぎの「単純商品経済」から「資本家的商品経済」へと発展していく段階の「農業と工業との分離」においてである。

鈴木によれば、「単純商品経済」において小生産者（農民・手工業者）は独立した直接的生産者である。しかし、「資本家的商品経済」にいたる「資本の原始的蓄積」の過程において、その一部は土地、労働用具、作業場といった生産手段をうしない、生産もできず労働力以外に何も売るべき商品をもたぬ賃金労働者となってしまう。いっぽうで小生産者のなかからはこれらの生産手段を自分の手元に集中する資本家も出現する。こうした資本家と労働者への「分解」の過程は農業でも工業でもおなじように起こるが、とくに農工分離の観点で重要なのは農村副業（農村家庭工業）の破壊である。つまり、かつて可能だった糸や毛織物の自家使用のための自家内での生産が、生産手段をうしなうことにより不可能になるのである。こうして直接的生産者が生産手段から分離されることで、かれらの「労働力」が「商品」となるばかりでなく、分離された「生産手段」も「商品」となる。また「没落」した労働者たちは「消費資料」（かつては自家生産できていた食料などの日常品）を買い求めないと生きていけないから、これも「商品」となる。この「分解」が商品経済のいっそうの浸透と「市場の拡大」をもたらす。[25]

ここでいわれているのは、「単純商品経済」から「資本家的商品経済」にいたる発展の過程における「農民分解」、すなわち資本家と賃金労働者への分解であり、そこでの農村家庭からの工業的生産手段の剝奪による「市場形成」（市場の拡大）である。服部は「農業と工業との分離」を「農民分解」に結びつけているが、ここで想定されている「農業と工業との分離」とはこちらの段階である。「市場形成」と「農民分解」を鍵概念としたこのような「資本主義発達史」の理論が大塚史学には欠けている、と服部は批判したのであった。

(2) 「漸進的な道」における資本―賃労働関係への分化

この「農民分解」の理論の欠如は、さきほどみた「大塚史学批判」の主要な五論点のうちの③以外とも密接な関連をもつ。まず、わかりやすいのは類型論に階級闘争の観点がないこと（④）である。マルクス主義者からすれば、資本主義的生産様式は資本家と労働者との階級的分化にもとづいて成り立っており、その両者の闘争なしに社会主義という理想は実現できない。そして、こうした階級闘争が起こる原因は、資本主義的生産様式が成立する以前の時代における資本家と労働者の分離に求められる。その点を論じていないことは、服部により不寛容なマルクス主義者と名指された豊田や浅田からすれば許しがたいことであった。

この論点は実践的であるとともに学問的な問題であった。それは、さきにみた「二つの道」の解釈（①）にかかわっている。ここでは大塚の引用したマルクスの文言に注目したい。その箇所の原文はつぎのようになっている。

封建的生産様式からの移行は二重の仕方でなされる。農業における自然経済および中世都市的産業におけるツンフトに束縛された手工業とは反対に、生産者が商人かつ資本家になる。これは実際に革命をおこす道である。そうでなければ、商人が直接に生産をわがものとする。後者の道は、これがどれほど歴史的に移行として作用するとしても、――たとえば、十七世紀イギリスの織物商たちが、織工たちを、かれらが独立したままではあるものの、自分の統制下において、かれらに羊毛を販売し毛織物を買い取る、というように――、即自的かつ対自的に古い生産様式をひっくり返すにいたらず、むしろこれを保守し自己の前提として維持する。(26)

重要なのは、大塚がここで「商人が直接に生産をわがものとする」道の具体例である「十七世紀イギリスの織物商」の事例を中略していることである。大塚は、「織工」(生産者)を「独立」させたまま「織物商」(商人)の統制する「道」(問屋制度)を、「革命的」ではないとして重視していなかった。だから中略したのである。だが、この中略した箇所こそが「大塚史学批判」においては重要だった。

ここでのマルクスの趣旨は以下のとおりである。前者の「革命をおこす道」では、自給自足的である封建的な農業や手工業とは異なって「生産者」が「商人」も兼ねる。そして、後者の「商人」が「生産」をわがものとする「道」も、歴史的には「移行」の役割をはたす。ただし前者とはちがって「実際に革命をおこす道」ではない。
「革命をおこす道」なのか、ただ「移行」なのか。これを「急速」に資本主義を発達させる道と「漸進的な道」という「二つの道」と解して大塚を批判したのが豊田であった。かれはイギリスの資本主義の発展において前者の「革命的道」が後者の「漸進的な道」を圧倒していることをみとめつつ、しかし「商人」が「マニュファクチュア分業」にもとづき協業を組織したのみならず、機械制大工業の段階にいたっていることを強調する。さらに西ヨーロッパ以外の諸国における資本主義発展の経路が「漸進的な道」を通っていることを指摘し、「二つの道」理論が「世界の労働者階級の、社会主義のための闘争の具体的条件を究明するに著大な意義をもつている」と主張する。[27]
ここから読みとれるのは、大塚が「革命的」でないとして切り捨てる「漸進的な道」を西ヨーロッパ以外が辿っており、そのなかで「社会主義のための闘争」をおこなわねばならない、としている点である。これはレーニンにおける「アメリカ型」(革命的)と「プロイセン型」(漸進的)の区別を意識したものであるが、[28]豊田においてとくに強調されているのは、「型」の区別よりも、むしろ「漸進的な道」における「労働者階級」の搾取状況である。その内容の要旨をいえば、以下のようなものである。
「漸進的な道」における「問屋制度」(「商人」による「生産者」の統制)は、「家内大生産」なる事実上の資本家(商人)と労働者(生産者)への階級的分化をうみだす。しかも、この「商人」にはもともと「富裕な農業者」がふくまれており、その点では「農村の商人」だろうが「都市の商人」だろうが関係ない。ここで問題とすべきは、わが国日本のように「一見独立しているように見えるところの、孤立的な分散的な小商品生産者・『家内労働者』・町工場など」が「チープ・レイバア」として土地に縛りつけられ「独占資本のために収奪され、圧迫されている」状況なのである。(29)

「大塚史学」はさきの「二つの道」のいずれが「革命的」であるか、これに論点を集約させている。そして、——大塚の『資本論』引用にもとづけば——「商人が直接に生産をわがものとする」道を「前期的」であるといい、「生産者」が「商人となり資本家となる」道を「革命的」（近代的）などとのたまっている。しかし、そんなことは重要でなく、実質的に「労働者」となっている人々への「収奪」こそ問題なのだ。そう豊田はいっているのである。産業資本形成における商業資本の歴史的役割をみとめないことへの疑問（②）、近代的＝典型と前期的＝変種の対置が機械的・非弁証法的であることへの批判（⑤）、これらもふくめ、さきに挙げた「大塚史学批判」の五つの論点はすべて、この「労働者階級」の問題を大塚の議論が「隠蔽」してしまうという批判の一点にかかっている。

このようにみれば、さきの引用において服部が、「農民層の分解」において、「家内労働者」を「デ・ファクトの賃労働者」とよんで、「マニュファクチュアの賃金労働者」とおなじ「賃金労働者」として括り、「半農半商（問屋制家内工業の親方）」と「半農半工（マニュファクチュア経営者）」は統合されて「デ・ファクト」であれ「名実」であれ「資本家」になるとして両者の区別をほとんど無意味化しているのも納得できる。だから服部は、「二つの道」は「形式」でしかなく、「農民層の分解」が「内容」である、と主張したのである。

商業資本から産業資本への転化の過程としての、『資本論』にいう二つの道は、「形式的」な面である、内容的にはこの過程は、商業および商品生産の発展に不可避的に伴うところの農民層の分解過程として把握されている〔……〕[30]

(3) 「不等価交換」の否定と商業資本の優位

ところで、この「農民層の分解」の過程を、服部は「商業資本から産業資本への転化の過程」と要約している。一見すると、これは「大塚史学」と正反対の理解である。大塚にとって「産業資本」に転化するのは中産的「生産者」層だからである。もし「商業資本」が「産業資本」へと転化されるというなら、その「商業資本」とは中小「生産者」層に出自をもつものである。これは「前期的資本」と明確に区別されねばならない。だが、服部にとってこの区別は意味がない。マルクスの「二つの道」テーゼによれば、「商人」が「生産」をわがものとする「道」はもちろんのこと、たとえ「生産者」が「資本家」となる「道」であっても、そのさいにはいったん「商人」にならねばならない。だから、これはどちらであっても「商業資本から産業資本への転化の過程」として把握しうる、と服部は判断しているのである。しかし、服部は形式論理的な根拠のみによって「産業資本」が「商業資本」から転化してくると理解しているのだろうか。

さきにみた「農民分解」の理論によれば、資本主義的生産様式が成立するためには一定の「商業」の発達が必要条件になっている。しかし、そればかりでなく、もうひとつは「生産様式」の状態いかんもまた問題となる。これは当のマルクスがすでに言及していたものであり[31]、大塚はこの論点から「生産過程」のなかに「主体性」をみいだす議論を展開したのだった。ところが、豊田はこの議論に反対して、「商業資本」の主体性とその「生産者」にたいする優位を説いた。その根拠は、つぎのように記されている。

商業資本も産業資本も、ともに価値を増殖する資本として同型の経済現象であり、同一の経済法則に服するのである。つまり、商業資本の『利潤』は単なる『掠奪』や『偽瞞』の結果ではなく、やはり価値法則を前提として説明されねばならない。それにもかかわらず商業資本が産業資本の形成を『阻止し』、『反動的』であるかのようにみえるのは、商業資本と産業資本との発達は反比例し、したがつて、孤立的分散的な小商品生産の段階（小規模な生産とこれに照応する小規模な立場）においては小商品生産＝産業資本にたいする商業資本の純経済的な意味での圧倒的独占的な支配がふるわれるからである、また依然として手工業生産の技術の上に止まっているマニュファクチュアの段階においては、産業資本は小経営を駆逐することができず、商業資本と密接不離に結合しているからである。(32)

「産業資本」と「商業資本」との密接不離の関係についての指摘は、「家内大生産」のことを指している。ここで問題となるのは、小商品生産にたいして商業資本が「純経済的な意味での圧倒的な独占的支配」をふるうのはなぜか、ということにある。豊田は、レーニンの『ロシアにおける資本主義の発展』からの引用をもってその説明を試みているが、これをまとめれば以下のようになる。

商品生産の発展程度が低いばあい、小生産者は消費者への「偶然的かつ不規則な」直接的販売しかできないことが多い。こうして「分散的な小生産」に対応する「分散的な小販売」が成立する。けれども、このかたちは市場の拡大によって不可能になる。というのも、市場が拡大すると販売は大規模化せざるをえないからである。このとき「小生産者」から「小販売」が取り上げられ、いちぶの富裕者（商業資本）のもとに販売が集中する。そして、販売コストが下げられることでここから「商業資本」は利潤を得るとともに、販売は「規則的」なものとなる。この「大販売」がもつ「純粋に経済学的な」優越性ゆえに、「小生産者」は「大販売」をとりしきる「商業資本」にたいし無力な存在と化すのである。これは、「等価交換」を前提としても「商業資本」の利潤があがることをしめしている。[33]

こうした主張の前提には、マニュファクチュア段階での技術水準にたいするマルクスの理解がある。鈴木が『資本論』の引用をもって紹介しているマルクスの理解はつぎのとおりである。「農村家庭工業と農業との完全な分離」、すなわち「農民の驚くべき多数」が受ける「根本的な収奪」（生産手段の剝奪による賃金労働者化）は「機械制大工業」によって完成する。しかし「厳密な意味のマニュファクチュアの時代」では、かの「農村家庭工業」や「都市の手工業」が排除されるにいたらず、むしろ「原料の加工生産」のために必要とされるのである。[34] そこでマルクスは、「厳密な意味のマニュファクチュア時代」にかんしてつぎのような興味ぶかい指摘を残している。

> だからこの時代は、土地の耕作を副業とし、生産物をマニュファクチュアへ――直接に、ない

し間接に商人を介して――販売するための産業労働を本業とする、新しい小農民階級を作りだすのである。[35]

「土地の耕作」をしながら「販売」のための「生産」もおこなう、この「新しい小農民階級」をどう理解するか。これまでみてきた大塚史学の理解で考えれば、これは近代資本主義における「産業資本」形成の「主体的な推進力」たる「中産的生産者層」であろう。そして、もしここで「商業資本」がこの「小農民階級」のおこなう「生産」をわがものとするような優位性にたっているのだとすれば、それはまだ「不等価交換」のおこなわれる封建的な世界が残存し、これに存立基盤をもった「掠奪」する「欺瞞」に満ちた「前期的資本」が「独占」をともない力をふるっているからだ、ということになるのだろう。

だが、豊田のばあいはその逆であった。なぜならかれの認識では、マニュファクチュア段階で「等価交換」を前提としても、「大販売」によるコスト低下が「商業資本」に利潤をもたらすからである。したがって、これは「掠奪」でも「欺瞞」でもない。そればかりか「商業資本」は、「小生産者」自身の手から「小販売」を取り上げることで、これらの人々にたいして圧倒的な支配を築く。これは、「小生産者」が兼ねていた「販売」が分離されて「商業資本」のもとへと集中するという、「商業」の発展にともなう「分業」の過程である。それと同時にこの事態は、「商業資本」の「小生産者」にたいする支配が「純粋に経済学的な」優越性からくることをしめしている。要は、「商業資本」の支配なしに「小生産者」は生きていけない状況にあった、ということである。

したがって、その後の「家内大生産」のもとで「小生産者」が「商業資本」に支配され「生産手段」を奪われて没落していくこと、それにより資本家（商業資本→産業資本）と賃金労働者への「分解」がすすんでいくことは、豊田にとっては必然であった。このように豊田において「二つの道」は、「商業資本」の圧倒的優位によって「小生産者」が没落する過程として理解されている。これが、服部のいう「商業および商品生産の発展に不可避的に伴うところの農民層の分解過程」の内容なのである。したがって、服部が「前期的資本」論文における「致命的欠如」を「市場理論即農民分解の理論」のないことに求めていた意味が、ここにあきらかとなる。服部からすれば豊田の批判は、「マニュファクチュア」時代における「商業資本」の圧倒的優位と「小生産者」の没落を「等価交換」の前提より主張する立場からの、「前期的資本」の存立基盤を「不等価交換」に求めた大塚史学にたいする「致命的」な批判なのであった。そして、こうした認識のもとで服部は、「産業資本」に転化するのは「商業資本」であり、その転化の過程は「小生産者」（農民）の「分解」していく過程、すなわち大半の「農民」たちの生産手段を剥奪する過程である、ととらえたのである。

このように、服部の「大塚史学批判」を理解すると、その中心点がみえてくる。それは、〈商人→産業資本〉というルートの強調と、「前期的資本」論そのものの否定である。これらの批判は、大塚の「戦中」までの議論と比較したばあい、どのように評価しうるだろうか。

3 「問屋制度」と「商業資本」に揺さぶられる

(1) 「問屋制度の近代的形態」

最初に注目すべきは、「生産者」が「商人かつ資本家」となる道のなかに「生産者」の「問屋制商業資本」となるルートがある、という服部らの示唆である。「農村の商人」であれ「都市の商人」であれ、問屋制商業資本は産業資本となって「デ・ファクトの賃労働者」を搾取し、資本主義的生産様式を構築した、と主張しているわけである。さきにみた「近代化の歴史的起点」論文での要約や「商業の地位」論文の内容からすると、大塚の「中産的生産者層」論にはこうした道についての想定がなかったようにみえる。服部（および豊田）の批判の焦点のひとつはここにある。

　このような批判は、現在でもみられるものである。それによると、マルクスの提示した「二つの道」は、第一の道(「生産者」が「商人かつ資本家」となる道)にかんしても、大塚の参照した実証的研究書にもとづいてこれを解釈すれば、大塚の「中産的生産者層の両極分解」説を支持するものではない。「産業革命以前においては、独立小生産者出身のものも、商人へと上昇し、問屋制商業資本として生産を支配せざるをえなかった[36]」からである。つまり、実証的にみても「マニュファクチュア」の時代は独立小生産者が問屋制商業資本となるほかない状況なのであった。この認識をもとに、大塚はそのことを考察の外においているのではないか、という疑問が提示されるのである。
ところが、大塚はすでに一九四二年一一月に「問屋制度の近代的形態——特に十八世紀のイギリスについて」を公にし、「独立小生産者」が「商人」となるルートのもつ「産業資本」形成上の意義について論じていた。この論文は、かの服部や豊田が批判した『近代資本主義の系譜』に収められているものである。そこでは、つぎのような問題提起がなされている。

イギリスにおいては「都市の織元」（前期的資本）が主導する問屋制度の支配下におかれた織布工が、都市外に逃れ「農村の織元」（中産的生産者層）となって産業資本を形成する。そして、こうした成長を問屋制度は阻止する方向にうごき、この制度が全面的に破壊されることで「産業革命を指向する産業資本の躍進」ははじまる。このテーゼはヨークシャーの毛織物工業には妥当する。しかし、ランカシャーの綿織物工業についてはそう簡単にいえない。なぜなら、ここでは「いわゆる問屋制度の支配がより広汎でありまたより強固であった」と推定されるだけでなく、「十七世紀末から産業革命前夜にかけて農村工業を地盤に問屋制度の支配網がかえってますます拡大され、産業革命に近づくに従って独立の「農村綿織布工」（大体毛織物工業における農村小織元に当るであろう）がますます独立性を喪失してゆくという、一見前述の見解と正に逆のように見える史実がほぼ確実に指摘されるからである」。では、これはさきの見解とどのように整合的に理解しうるのだろうか[37]。

このように、大塚は綿織物工業における「問屋制度」の拡大という問題をすでに検討していたことがわかる。ここに、服部や豊田の「大塚史学批判」の論点のひとつである、産業資本形成における商業資本の歴史的役割をみとめないことへの疑問、これをある種の「的はずれ」と大塚が非難した根拠が潜んでいるのではないか。以下、その行論をみていくことにする。

(2) 階層間の交流と近代的信用関係

まず、大塚はこの綿織物工業における「問屋制前貸人」に三つの類型があったことを指摘する。第一類型は都市の大「商人」。第二類型は「中間前貸人」。農村に本拠をもつ、都市の大「商人」と農村の「小生産者」とをつなぐ代理商である。第一類型の「商人」に原料の前貸しをうけつつ、「小生産者」たちに原料の前貸しをしていた。かれらはしばしば「織布工」でもあった。第三類型は「農村の織元」型の「小産業資本家」(マニュファクチャー所有者)。かれらは兼業で、「自己の仕事場のいわゆる外業部」として、自営の「小生産者」に原料の前貸をおこなっていた。[38]

ここで大塚がとりわけ重視するのは、この三類型のあいだに(のみならずそれらとジェントルマン(=地主)とのあいだでも)、人的な交流が存在したことである。その内容は、つぎのように定式化されている。

いわば「農村工業」を基底として、世代を経るごとに、絶えず第三類型・マニュファクチャー→第二類型・中間前貸人→第一類型・商人→地主という形で下から上へと人的要素の上昇と再編制が行われていたのである。[39]

この記述からもはっきりとわかるように、大塚にとっては、綿織物工業において都市の大「商人」となった者たちも（さらにはそこから「地主」へ転進した者たちも）、世代を遡れば元来は「小産業資本家」（農村の織元）であり、その出自は「小生産者」なのである。大塚は、イギリスの「マニュファクチャー」時代の綿織物工業においても「問屋制度」は維持・拡大されており、その主体が「小生産者」出身の「商人」だったことをみとめている。

そして大塚は、この「商人」たち（第一類型と第二類型）が「一方で「問屋制前貸」の支配網を広汎に拡げつつも、たんに「農村の織元」すなわち近代的産業資本（マニュファクチャー）の発達を阻止しないというだけでなく、かえってその発達を促進するという性格をさえ具えていた」[40]と主張するにいたる。その根拠は、かれらが商業資本や銀行資本の業務を兼営しながら「近代的な商業信用」をおこなっていた、というものである。これをかれは「問屋制度における商業信用とは正に逆の近代的な信用関係」と理解し、その内容を以下のように述べている。

> すなわち、問屋制度のもとにおける典型的な信用授与の順序が、輸出商→問屋制前貸人→生産者、であるのに対して、ここで見られるのは正に逆の、生産者→卸売商→小売商、という信用授与の順序である。生産者が商人に信用を与えるという近代的な商業信用である。[41]

つまり、前近代的な問屋制度では信用貸付が「商人」から「生産者」へとおこなわれるのにたいして、ここでは——問屋制度ではあるが——信用貸付が「生産者」から「商人」へとおこなわれる、と述べているのである。後者のケースにおいて力関係のうえで優位にたっているのは「生産者」である。ここに、さきの「生産過程」に近代的「産業資本」の形成という「方向決定の主体性」をおく大塚の思考様式がつよく反映されていることはあきらかだろう。さらに、「近代的」といわれている商業信用の前提に、あの「等価交換」を軸とする近代的商品流通への志向が含意されていることはいうまでもない。

では、このような状況下でなぜ「問屋制度」は拡大されたのか。大塚の回答によれば、それは「機械」が登場していなかったからである。すなわち、「マニュファクチャー」時代の技術的制約で「小生産者」がまだ競争力をもっており、マニュファクチャー経営者による労働力の統制が困難だったからである。だから、この時代の「生産者」は「商人」へ、そして「金融業者」や「地主」へと転ずるほかなかったのである。そして、「機械」の登場後は第三類型のみならず第二類型や第一類型も「産業資本家」をめざすようになる[42]。

したがって大塚は、「等価交換」を前提としても「問屋制度」が拡大する理由を、「マニュファクチャー」という技術的制約のなかで、こうした「生産者」の力による階層的上昇がおこったことと、それにともなう近代的商業信用の成立したことに求めていたのである。そして、「生産者」(第三類型)のみならず、そこから上昇した「商人」(第二類型や第一類型)までもが「産業資本家」となっていったことを、「中産的生産者層の両極分解」説の枠内でだがみとめていたのであった。この論文にかんする服部や豊田の言及はない。この論点にかぎれば、産業資本形成における商業資本の歴史的役割をみとめない、というかれらの批判は、この「問屋制度の近代的形態」論文の精査を欠いた「的はずれ」の部分があるといえる。

(3)「前期的資本」の「哺育的」性格？

だが、大塚のここでの議論は「マニュファクチャー」段階の「等価交換」を前提とした社会にかんするものである。そこでの「問屋制度」における資本は、すべて「近代的」なものの萌芽とみなされており、「不等価交換」に存立基盤をもつ前期的資本とは区別されている。しかし、とくに豊田の批判に顕著だが、かの「大塚史学批判」において問題とされたいまひとつの論点とは、〈「近代的」なもの＝「等価交換」〉と〈「前期的」なもの＝「不等価交換」〉とを峻別する思考であった。

すでにみたとおり、豊田が「マニュファクチュア」時代における商業資本の「純粋に経済学的な」優越性の必然を「等価交換」の前提で説いたのは、大塚が前期的資本の利潤を「掠奪」や「欺瞞」とみなしたことを批判するためだった。そして、この時代の商業資本において「等価交換」を前提とする「近代的」なものと「不等価交換」に存立基盤をもつ「前期的」なものがあるという仮定はありえない、と論駁したのである。したがって、この考えでいけば、「マニュファクチュア」の時代は「等価交換」の世界だったのであって、大塚による「等価交換」と「不等価交換」という区別は意味をなさず、〈問屋制商業資本→産業資本〉というルートのなかに「近代的」なものと「前期的」なものとをみとめる議論も成立しないことになる。さらにいえば、この時代に産業資本の形成において主導権を握っていたのは、どんな出自であろうと「商業資本」だったということになる。つまり、「大塚史学」の否定にほかならない。

大塚がこれに反論するためには、「等価交換」の成立する世界はかならず「近代的」である（つまり絶対に「前期的」ではない）理由を説明しなければならない。そのためには、「等価交換」の成立において主導権を握っていたのが「中産的生産者層」（およびその出自をもつ商業資本）であって「前期的資本」（およびその出自をもつ商業資本）ではなかったことを説明する必要がある。

ところが、ここで大塚のこれまでの説明に大きな困難が立ちはだかる。かつて大塚は、前期的資本による「商品・貨幣経済」の活発化が「等価交換関係」の成立をもたらし、みずからの存立基盤（「不等価交換」）を掘り崩していく、と説明していた。とすると、「前期的資本」が「近代的」な市場関係をつくりだす、ということになる。つまり、前期的資本の逆説的な貢献なしには「中産的生産者層」の成立による産業資本形成はなかったことになるのである。

それればかりではない。道重が的確にも指摘しているように、大塚はときに「中産的生産者層」が「前期的資本」の支配する「販路」の助けを借りていたことを『近代欧州経済史序説』（一九四四年二月刊）の段階でみとめてしまっていた。(43) 大塚はこの本で、「問屋制度」において支配的地位を占めていた前期的資本のひとつとみなされている「毛織物商」たちが「国民的」利害を代弁していた、と述べている。さらには、かれらやその系譜を引く「都市の織元」たちが「中産的生産者層」を「哺育」する機能を果たすこともあった、とまで記している。

ある箇所では、「毛織物輸出商の特権的独占団体」であるマーチャント・アドヴェンチャラーズ組合がイギリスの「国民的」商人層と位置づけられ、この組合に属する商人たちが外国商人を駆逐して自国産毛織物の国外市場を拡大していった——すなわち「中産的生産者層」の主要生産物の国外市場を創出していった——ことが指摘されている。(44) かれによれば、「イギリスの「国民的」商人層は、その利得の追求において、金融業者（なかんずく高利貸）として国内に寄生し内訌するよりも、外国貿易業者として外国ないしいわゆる植民地の収奪を目指す方向をより多くとったのである」[45]。このように「国民的」商人層の活動がかつてのフッガー家のような前期的資本の「非国民的行動」とは異なることを強調したうえで、大塚はつぎのように主張する。

この「国民的」商人層の利害もまた、まもなく、中産的生産者層のそれと乖離し衝突するようになるが、〔……〕ここでは、何よりも、彼らがほぼ十六世紀の前半ころまでは中産的生産者層の成立という生産事情に即応し、したがってそれを掩護しようとする態度に出ていたものであることを強調しておきたいと思う。[46]

この記述に沿うように、かの「都市の織元」と「農村の織元」（すなわち「中産的生産者層」）との関係も論じられる。イギリスで「農村の織元」層は「都市の織元」層の原料前貸による問屋制支配と鋭く対立」しつつ「農村」において形成されてきたものだが、一六世紀にいたるまでは「都市」と「農村」はかならずしもこのような対立関係になかった。むしろ「「都市の織元」が農村工業の展開を哺育するという類型的事実」もみられた。だが、その後のエンクロージャー（第一次囲い込み運動）の進展により「毛織物工業が著しい躍進を遂げる」なかで「農村の織元」が成長してくると、「都市」の商人層（「毛織物商」やマーチャント・アドヴェンチャラーズ）およびその系譜をひく織元たちの生産的基礎と利害が脅かされるにいたった。これによりかれらは「農村の織元」と対

立することになり、おのれの「国民的」な性格を失ってしまった。(47)

これらの議論を道重はつぎのように評価する。『近代欧州経済史序説』での「大塚の前期的資本像」には「農村工業に対する哺育的部分」という側面と「農村工業とは対抗的な存在」という側面の二つが同居しており、「一貫性の欠如」がある。それは、「前期的資本」論文における「初期資本」概念のなかにふくまれていた「販路問題」が未解決のままだったことに起因している。これを解決するために、大塚は「中産的生産者層が前期的商人を媒介とせずに販路を確保する道筋」をしめす必要があった、と。(48)

(4)「質の欠陥を量の優越がしのぐという奇蹟」

このように大塚は、「産業資本」の成立において「前期的資本」の支配する「販路」が不可欠だという認識をもっていた。いいかえれば、「不等価交換」を前提とした市場関係と、そこにたいする「前期的資本」のプレゼンスが必要だった、というのである。そうであるなら、「中産的生産者層」の育成は「前期的資本」の確保する「不等価交換」的な市場(販路)によってなされたことになる。これでは、服部や豊田の主張する「商業資本」の優位という「マニュファクチュア」時代認識を覆せない。

それだけではない。たとえ前期的資本の関与していた市場(販路)が「不等価交換」を前提としていたとしても、それはいずれ「等価交換関係」へと変化する。その理由が、「前期的資本」の取引の活発化によるのなら、これまた「商業資本」の優位を証明しているにすぎないことになる。そうではなく、「中産的生産者層」が産業資本を形成する「主体的な推進力」だというのなら、これが前期的資本の助けなど借りずにおのれの生産物の「販路」を切りひらいていく――「市場」を創出していく――、そしてみずから「等価交換関係」を成立させる、というように議論をすすめねばならないはずである。ところが、『近代欧州経済史序説』をみるかぎり、その論理は貫徹できていない。

服部は、『近代欧州経済史序説』のなかに「質の欠陥を量の優越がしのぐという奇蹟」をみている。そこには、「商業資本」の優位性を実証的には記述しているにもかかわらず、「中産的生産者層の両極分解」を基軸としているために理論的な整合性はとれていない、という本書への批判が含意されているのかもしれない[49]。服部は、これらの表現によってある意味で大塚をポジティヴに評価したのだが、大塚自身にとっては屈辱的な表現以外のなにものでもなかっただろう。

かくして、前谷和則の説明を借りれば、つぎのことがいえよう。「商業の地位」論文から『近代欧州経済史序説』までの大塚は「産業資本家の社会的系譜」を問題としており、「すでに多かれ少なかれ商品生産者化しているとはいえ、「中産的生産者層」が、いったいどのような市場関係のもとで、「両極分解」するのか、という問題、即ち、いわゆる市場問題が、その問題意識からは、基本的に欠落していたのである」。とくに、「「中産的生産者層の両極分解」説を主張するためには、この独立小生産者が、市場で常に商人と接触しながら、しかも彼らから独立を保ち続けえるということを、論証しなければならない[50]」。つまり、大塚は「中産的生産者層」がいかにして独力で「等価交換関係」を成立せしめたのかを理論的に説明する必要に迫られたのである。

この点をみるかぎり、服部のいう「市場理論即農民分解の理論」の欠如を問題とした「つんぼさじき」という批判は、「何のことだかよく分からない」ではすまされないものであった。では、大塚はこうした批判にどのように対応したのであろうか。それが、「なかんずく局地的分業」というわずかな加筆の示唆するところにほかならない。

4　「大塚史学」の市場理論

(1)　「局地的分業」から「等価交換」へ

一九四四年二月（『近代欧州経済史序説』刊）から一九五一年一月と三月に発表した論文「資本主義社会の形成」[51]までの約七年は、「大塚の経済史研究」において「ほとんど空白」の期間とみなされることがある。その理由は、この「資本主義社会の形成」論文で戦後の「大塚史学」の展開において重要な「局地的市場圏」の理論が提示され、この「市場理論」によって「中産的生産者層が前期的商人を媒介とせずに販路を確保する道筋」を「初めて」しめすことができたからだ、とされる[52]。

しかし、この理論の前提となる議論を、大塚はすでに一九四九年一〇月刊の『近代資本主義の起点』の「序」において展開していた。それは、かの「つんぼさじき」なる批判への反論と表現の修正への意志を滲ませながら、「起点」の意味するところを説明したいと述べていた、あの箇所のつづきにある。しかも、そこではレーニンの「いわゆる市場問題について」が援用され、さらにはマルクスの『資本制に先行する諸形態』が、自身の説を補強するものとして言及されている。そこからもあきらかなように、この箇所は「大塚史学批判」にたいする応答という性質を色濃くおびているのである。(53)

ここでまず大塚はレーニンの「いわゆる市場問題について」をとりあげ、その第五章に依拠しつつ、資本主義の歴史的発展においては重要な「二つの契機」、すなわち「(一)直接生産者たちの現物経済の商品経済への転化、(二)商品経済の資本主義経済への転化」がある、と述べる。大塚によれば、「私が「起点」というのは、この第一の契機のことなのである」。その「第一の契機」と「第二の契機」について、かれはさらにつぎのような踏みこんだ解説をおこなっている。

第一の契機は彼〔レーニン〕自身の言葉によれば、「社会的分業――孤々に分立した〔注意――これが商品経済の必須条件〕個々の生産者たちが産業のただ一つの部門に従事して専門化」していくことであり、そして第二の契機が、他ならぬ、こうした孤立した諸生産者たちの間の競争を媒介として生起するところの「農民層の分解」なのである。

このように、大塚が「起点」としていたのは、さきにみた「農業と工業との分離」における「第一の契機」、すなわち「資本主義経済」に転化する以前における「現物経済の商品経済への転化」の段階における「社会的分業」であった。つまり、「大塚史学批判」の論者たちは「第二の契機」

である「農民層の分解」を大塚のいう「起点」だと誤解して「農民分解」の理論の「欠如」を批判したのだ、というのである。しかし、この点についての記述はいままでなかったのだから、誤解が生じたのもやむをえない。だから、大塚の立場からすれば、この説明は必要不可欠なものであった。

さて、大塚は「社会的分業」を、「孤々に分立した（注意——これが商品経済の必須条件）個々の生産者たちが産業のただ一つの部門に従事して専門化」していくことである、とレーニンの言葉で記しているが、重要なのはその内容を「封建的＝共同体的な諸関係とその束縛から個々の生産者たちが解放され、その一人一人が独立自主の小商品生産者にまで向上することに他ならぬ」といいかえていることである。つまり、「社会的分業」における生産者の「孤々に分立した」状態とは、「封建的＝共同体的な諸関係」からの「解放」ないし「独立」とみなされているのである。ここに、かつての「商業の地位」論文などですでにしめされていた、「封建的農奴制度」の解消による「自営農民層」の成立、という発想のコロラリーをみるのは容易であろう。ここでポイントとなるのは、これが「社会的分業」とむすびつけられていることである。なぜレーニンのいうような「社会的分業」が「封建的＝共同体的な諸関係」からの「解放」を意味するのだろうか。つぎに掲げる大塚による資本主義発達史についての理解の要約をみると、その根拠がわかってくる。

こうして封建的＝共同体的な束縛から解放されて独立自主となった農民層が、まさに資本主義的分解を開始しようとするさいにおこるところの基本的な諸変化、すなわち、まず第一に共同体内部における分業として現われるところの新しい生産諸力の発展、第二に、この分業に照応するところの商品流通を媒介として、「民富」という貨幣の形態で蓄積されるところの余剰生産物、これらが第一の契機のうちに必然的にはらまれつつ、第二の契機すなわち農民層の分解を否応なしに生起させるところの決定的な事情であると私は考えている。

この引用をみれば、大塚が「社会的分業」を「共同体内部における分業」ととらえていること、そしてそれが「局地的分業」のいいかえであることはあきらかだろう。すなわち大塚は、「独立自由な「中産的生産者」」による「社会的分業」が進展する（つまり生産諸力が発展する）、という説明をより精緻なものとするべく、「社会的分業」を、「農民層」が「封建的＝共同体的な束縛から解放」されることにより「孤々に分立」して「独立自主の小商品生産者」となり「共同体内部における分業」をおこなうことである、と定義したのであった。さらに、大塚がマルクスの『資本制に先行する諸形態』に言及しながら、これを「等価交換」とむすびつけている点もみのがせない。

封建的＝共同体内的な束縛から解放された直接生産者たちは相互の競争によって資本主義的に分解していくことになるが、そのばあいには明白に等価交換が前提され、したがって価値法則の貫徹の結果としてこの分解が生起するものとされていることはきわめて重要であると思う。

すなわち、「封建的＝共同体的な諸関係」から「解放」された「直接生産者」たちが「独立」したままで「共同体内部における分業」をおこなうことにより「等価交換」の市場ができあがる、というのである。そして、これが「資本主義経済」をうみだす「第一の契機」となり、このなかで「小商品生産者」へと成長してきたのが「中産的生産者層」である。そして「農民層の分解」は、この「等価交換」の市場内部における「競争」がひきおこすものだとされる。

つまり大塚は、「商業資本」がすでにある「等価交換」の市場において優位な立場を築くのではなく、逆に「孤々に分立した」という「直接生産者」こそが「分業」により「等価交換」の市場をうみだす、と説明したのだった。たしかに、「農民分解」の理論でいけば、農工分離の過程やそこにおける市場形成過程は、「生産者」たちによる「分業」を前提としており、それなくして「商業」および「商業資本」の発展も「農民分解」もありえない。大塚はマルクス主義者たちの「市場理論」に則りながら「直接生産者」たちによる「等価交換」市場の成立を説くことで、「前期的資本」の力に頼らない「資本主義形成」の理論をつくりだした。大塚なりの「市場理論」は、一九五一年の「資本主義社会の形成」ではなく、一九四九年の段階においてすでに胎動していたのである。

そして、こうした市場関係の成立を説明するうえで鍵となったのが「共同体内部における分業」だったことは疑いえない。それを大塚は「局地的分業」とよび、一九四九年にこの語を書き加えたのであった。ここでの「大塚史学」の市場理論の萌芽は、一九五一年の「資本主義社会の形成」論文において、この「局地的分業」を「局地内的分業」とよびかえつつ、「局地的市場圏」の理論へと成長していくことになる。

(2) 「局地的市場圏」の理論

論考「資本主義社会の形成」において大塚は、「封建社会」から「資本主義社会」への移行にかんし、以下のように述べる。「㈠ある生産者たちは共同体の生産規制をうけることなく、個々に分立しつつ商品生産を営み始める。㈡さらに、この「自由な」商品生産の展開とともに新たな階級分化（賃銀労働者層の成立）が行われ、そのなかから産業資本家が成長する。この二つの局面は互いに絡まり合いながら、古い生産の共同体的組織を掘り崩しつつ進展する」[54]。

では、事態はどのように展開されるのか。ある「共同体」において「生産諸力」が一定以上の発展をとげると、「共同体内の小生産者、なかんずく農村共同体内部の農民たちの間に形成される社会的分業」が発展してゆく。この「局地内的分業」は、さらなる展開によって「一共同体よりは広い地域をその圏内に捲き込み、「局地的市場圏」local market area という姿で現われてくる」。具体的には、分業の深化にともない「局地内的取引の中心」をなす「ギルド的構成をもたぬ市場町」や「農村工業地帯」が成立する。この「局地的市場圏」においては、㈠「一市場一価格」というかたちで「古い共同体に代わって今や価値法則が再生産を規制し始めている」うえに、㈡その「主要な商品」が「貴族・大商人などの消費対象となる奢侈品や、遠隔地に運ばれて別個の再生産圏で消費されるような物資ではなく、当該圏内の農民や職人の生産用具や日用必需の消費対象」となっており、しかもそれ自体で「小生産者たちの再生産」つまりは「彼らの労働力の再生産」をおこないうる「独立で自足的な再生産圏」が形づくられている[55]。

ここで大塚は、「局地内的分業」を「共同体内の小生産者」とくに「農民たち」による「社会的分業」と理解することで、一九四九年段階の「局地的分業」の内容をさらに具体化している。そして、これら「局地内的分業」をおこなう複数のエリアを連結させたものを「局地的市場圏」とよんでいる[56]。かれは、そこにおいて「一市場一価格」という価格設定（等価交換！）が「法則」として貫徹されている、と説いているが、これは〈「局地的分業」から「等価交換」へ〉という先述の議論を発展させたものである。さらに、大塚はこの「局地的市場圏」の内部において「小生産者たち」が「独立で自足的な再生産圏」をつくりあげていく、としている。かれにとってこれは、「生産」と「商業」が一体となった「資本の生産過程」の創出を意味するものにほかならない。こうして大塚は、「局地内的分業」が「等価交換」を「法則」化させ、それが「資本の生産過程」をもたらす、という筋道を明確にうちだした。

(3)「統一的な国内市場圏」への拡張

以上のように論をすすめて、大塚はこれこそが「全く新しい、商品生産＝流通の上にたつ再生産機構」であり、この拡張による「農民的貨幣経済の拡充が古い封建的＝共同体的な再生産機構を根底から崩壊させ始める」として、つぎのように断言する。

すなわち、局地的市場圏の成立、あるいはその開始、とともにその圏内における農民・職人たちは、いまや、二つの再生産機構の双方に一脚ずつ置くこととなる。いうまでもなく、古い封建的＝共同体的組織と新しい局地内的貨幣経済と。そしてそのうち農民・職人たちに有利なのは、全く明らかなように、後者である。なぜなら、彼らが新しい局地内的貨幣経済に即して営みを続ける限り労働生産性の上昇から生ずる余剰は、さしあたって、領主側に収取されることなく、彼らの掌中に帰するのであり、したがって、働けば働くほど彼らのもとに貨幣形態における富が集積される結果となる（民富の形成！）からである。

こうして大塚は、「局地的市場圏」には「価値法則の結果前期的商人の介入と中間収取の余地もない」のであり、この圏内で成長する商人たちは「価値法則の規制に、したがって小生産者層の利害に従属する限りでの、新しい商人層」であるとする。(57) そして、かれはこの「局地的市場圏」のイギリスにおけるその後の展開についてつぎのように述べる。

十五世紀のイギリスにおいてあちらこちらに明確な姿を浮かび上がらせたこの局地的市場圏は、さらに十六世紀に入る頃からますます拡充され、古い封建的＝共同体的組織をますます崩壊させ前期的隔地間的商業を衰滅させつつ、ついに全イングランド的な規模において統一的な国内市場圏を形成しはじめることとなる。

この発展を大塚はオランダおよび東ドイツのそれと比較して、イギリス資本主義発達の「偉大な生産的基盤」であった毛織物工業が「輸出工業」であったのも、このような「局地的市場圏」の発達にもとづいていたからなのであって、一七および一八世紀の「東ドイツ〔エルベ川以東のドイツ地域〕」の麻織工業やオランダの加工貿易工業（トラフィーク）の辿った道と比較してみるならば、事態

は全く明らかであるといわねばなるまい」と主張するのである。(58)

このように大塚は、「局地内的分業」にもとづく「等価交換」を軸とした「局地的市場圏」の形成によって「統一的な国内市場圏」が形成される、と主張している。この理解が、第I章第4節でみた朝鮮戦争という時局的危機への批判的応答にもなっていることはあきらかである。朝鮮戦争を転機とした日本の現状にたいする批判の理論的な拠点が、ここにある。そしてこのなかに、大塚が「戦後『精神』」論文で提示する「等価交換の倫理」という視座の起点をみいだすことができるだろう。しかしそれは、「大塚史学批判」の嵐というかれ自身にとってはつらい体験への応答のなかでうまれたものでもあった。大塚にとって「統一的な国内市場圏」の成立は、もはや「前期的隔地間的商業」の発展に依存するものでなくなった。「中産的生産者層」をつくりだす母体であった「局地的市場圏」の拡張に由来するものとなったのである。

5 「総合」のなかの「緊張」

こうした大塚の資本主義発達史論は、『西洋経済史講座』第二巻に収められた「資本主義の発達・総説」(一九六〇年六月)においてテーゼ化される。この論考は「比較経済史学派」の成果を集約した『講座』の「総説」であるという点で無視できないものであるが、そのなかで大塚は近代的な産業資本の発生の端緒をつぎのように説明している。

> 端的にいうならば、歴史上局地的市場圏の基盤の上で始めて、土地所有にもとづく共同体や封建制の規制を排除し、また前期的資本の買い叩きにも余地をあたえずに、「生産物のほぼ価値どおりの販売」（『資本論』第三部第十章）による自由な等価交換の関係が、例外的ないし偶然的でなく、一般化しうる――これが価値法則の貫徹である――ということである。[59]

つまり、自由かつ公正な「等価交換」関係の一般化、すなわち「価値法則の貫徹」は、「局地的市場圏」の基盤のうえで起こるのであり、そこには「掛け値や値切り」をおこなう前期的資本の活動の余地はないとされたのであった。ここに、かれの「市場理論」のエッセンスが凝縮されているといっても過言ではないだろう。

しかし、ここで疑問が生じる。なぜ「局地内的分業」が発展すれば「等価交換」は「法則」となるのか。もともと「封建社会」は「不等価交換」が当たり前の世界ではなかったか。それとは絶縁された「共同体内」の世界があるとして、どうしたら「等価交換」が「法則」となるのだろう。それは、「生産諸力」の上昇にともなう「局地内的分業」の発展だけで可能なのだろうか。もし「不等価交換」が当たり前で、そちらのほうが有利だと判断すれば、たとえ「生産諸力」が上がって「共同体内」で生産者たちの社会的分業がおこなわれたとしても、「不等価交換」は維持されるのではないか。こうした疑問は、大石嘉一郎によるつぎの批判に集約されている。

まず何よりも、近代化の起点たる社会的分業、したがって近代的商品経済の発生が、前近代的範疇たる共同体の内と外との差を基準として決定されるということが納得しがたい。(60)

これにたいし大塚は、一九五八年一〇月に公にされたインタビューのなかで、この大石の提起を「局地的市場圏というものは、経済学の理論からはどうしても出てこない」という批判だと理解し、「そのとおりだ」と答えた。その理由を、大塚はつぎのように述べている。

当面資本主義の構造、その運動法則の解明を目標とする経済学の理論、それだけからはそんなものは出てくるはずがない。まさに封建制から資本主義への移行期、つまり封建的な生産関係の運動法則とそのただ中から新たに生まれつつある新しい生産関係の運動法則とが互いに突っぱり合いながら、しかも絡み合っている、そういう現実をとらえるために構想された理論なので、これはすぐれて歴史の、とくに過渡期の理論なんですね。(61)

つまり、「局地的市場圏」の概念は「経済学の理論」からでは出てこない、というのである。そうであるなら、「等価交換」を成立させる要因は「生産諸力」や「局地内的分業」といった経済学的なもの以外にも求められねばならない。だがそれは何であるというのか。

それについて示唆的な指摘をしているのが堀田泉である。堀田は、この箇所においてしめされた

「夾雑物に満ちた理論化困難な史実」への着目のなかに、見落とされてはならない「論争的・社会批判的契機」へのまなざしを看取する。そしてその内容を、堀田は「意志的に形成された「根拠地」の理論」であったと解している。その根拠となっているのが、竹内好との対談「歴史のなかのアジア」(一九六八年一月)のなかのつぎの引用である。

> 内に強いものに対抗する必要がなかったら、局地的市場圏なんていうものは、おそらくできる必要はなかったし、できてこなかっただろうと思いますね。(62)

「強いものに対抗する必要」を「内」にひめた「意志」。大塚にとっては、それが「局地的市場圏」をつくらせたもう一つの要因であった。これは「倫理」の問題、すなわち「経済学」の理論枠組みからはみ出す問題にほかならない。

ふりかえって、「局地的市場圏」の理論が具体的な姿をあらわした一九五一年、大塚は『近代資本主義の系譜』の増訂版において、「前期的」商業と「近代的」商業の範疇的差別を、「倫理《エートス》の対抗」という観点から解明する「その以前に」、「経済学的見地から析出する」必要を説いていた。その意味が、逆説的にみえるが、ここであきらかとなる。

かれは、「大塚史学批判」に応答するために、「経済学的見地」から「局地的市場圏」の理論をたちあげた。だが、「局地内的分業」から「等価交換」への道を説明するには、「経済学的見地」だけでは不十分である。「生産諸力」なる「経済学」的要因以外のなかに「等価交換」を「法則」化させた根拠をみつけださねばならない。かれにとっては、それが「倫理」にほかならない。しかし、いったんは「経済学」の枠内において解明できることを「析出」し、その枠組みからみることの限界を指摘しなければ、「倫理」の観点のもつ重要性を説明できない。そう大塚は考えたからこそ、「その以前に」と述べたのであった。

したがって、大塚にとって「等価交換」を「倫理」と関連づけるとは、かの「大塚史学批判」にひそんでいた、マルクスの唯物史観に由来する「経済」還元主義への批判であるとともに、「倫理」論文において「等価交換」という「経済学」の問題をほとんど論じていないヴェーバーへの批判でもあった。このように、マルクスとヴェーバーの「総合」とは、単なる「融合」でなく、両者にたいする「批判」をふくむものであった。その意味で、たしかに内田のいうとおり、この「総合」は「緊張」を孕むものだったのである。

では、封建制に「対抗」する「意志」は、いかにして「等価交換」にむすびついていくのか。次章からは、大塚の「倫理」の観点による「等価交換」成立論へと踏みいることになる。

第Ⅳ章

「等価交換の倫理」から「社会主義化」へ㈠

1　「儒教とピュウリタニズム」をめぐって

(1)　論語とキリスト教、「恥の文化」と「戦後民主主義」

大塚の「等価交換の倫理」論を理解するうえで欠かせないのが「倫理《エートス》の対抗」という構図である。これを明快にしめしている論考がある。一九六六年九月に岩波新書で刊行された『社会科学の方法――ヴェーバーとマルクス』の第三章をなしている「ヴェーバーの「儒教とピュウリタニズム」をめぐって――アジアの文化とキリスト教[1]」である。

この論考は、一九六〇年に国際基督教大学アジア文化研究委員会主催の「思想史方法論研究講座」における「東西文化の交流における宗教社会学の意義――マックス・ヴェーバーの「儒教とピュウリタニズム」を中心に」という表題での講演がもとになっている。その後、大塚はこの速記録に加筆したものを武田清子編『思想史の方法と対象――日本と西欧』(一九六一年一一月刊)に寄稿した。『社会科学の方法』に入っているのは、これにさらなる加筆訂正と表題変更をおこなって武田清子編『キリスト教』(一九六四年一二月刊)に収録したものである[2]。じっさいにこの両者を比べてみると、前者にあった数々のエピソードが削除されている[3]。そのなかから、とくに注目すべきものを二つとりあげてみたい。

ひとつめは、大塚の旧制高校時代の回顧である。かれによると、戦前の中学校や高等学校では論語や孟子を読まされたのだという。そこで、高等学校のときに友人たちが孔子の語とキリスト教の黄金律を比較して議論をはじめたという。

誰かがキリストの黄金律をもち出して、孔子の語と比べたわけです。「君たちは自分が他人にしてもらいたいように他人にもしなければならない。」——ところが論語には、君たちが他人からしてもらいたくないことは他人にもしてはいけない、というところがあります。大ざっぱにいえば、一方は積極的に善いことはやるべしというのに反して、他方は消極的に悪いことはしないでおけというわけです。そこでどっちがいいかということが議論になりました。ところが、友人たちは異口同音に、論語の方がいいというのです。たぶん、それは理屈じゃなく、その方が自分たちの生活感情にぴったりするというのだったのでしょう。どうしてそうなるか、私にはそのころよく判からなかった。もちろん、わたくしも日本人であるためでしょう、やはり何となしに友人たちのいう気持を身近なものに感じました。しかし、また何かそれに納得のできないものもあったのです。そして、このことはその後長い間私の心に問題として引っかかってまいりました。(4)

ここでは、キリスト教の「積極的」姿勢と論語の「消極的」姿勢という構図がうちだされ、後者への違和感が表明されている。同級生たちが後者を支持するのは「理屈」ではない、「生活感情」

である。でも、それでいいのか。そうした問いが、一九二〇年代半ばからずっとかれのなかにあった、と大塚はいうわけである。

これとするどい対照をなす、もうひとつのエピソードがある。かれは「面子」にこだわる日本の文化を「恥の文化（shame culture）」と特徴づけたルース・ベネディクトの説に賛意をしめす。そのうえで、つぎの逸話をくりだしてくる。

戦後民主主義の教育が始まったころのこと、もう十年以上も前のことですが、小学校の五、六年の生徒たちが歩きながら話していたというのを聞きました。「〇〇さんは恥かしいからやっちゃいけないよ、と言ってた。恥かしいことをやるのは悪いんだよ、と云ってたけど、おかしいね。」「うん、悪いことをやったら恥かしいんだろう」というんです。これを聞いた時の私の驚きは、いまでも覚えているほどです。つまり、この子供たちのばあい、〈shame culture〉が、すでに、どこかこわれ始めているのじゃないかと思えたのですね。こうしたことが当時どれほどの意味をもっていたのか、そうした方向への意識の変化がその後広く進行しているのか、私には全く資料がないので判かりませんが、その子供たちは現在諸君と同じような大学生の年令に達しているはずです。このことは注意しておいてよいと思います。(5)

「恥かしい」とおもわれることを「悪」としておこなわない社会から、「恥かしい」こととおもわれても「善」であるならおこなう社会へ。そこには、「恥の文化」としての日本文化にたいする批判と、キリスト教のなかにある「積極的」な姿勢への高評価があらわれている。これは、「大塚史学」のなかでどう学問的に位置づけられるのだろう。そこで、削除されなかった箇所に視野を広げて検討をすすめてみる。

⑵ 「適応」と「克服」

まず、つぎの引用をみておきたい。これは、大塚がヴェーバーの学問的方法についてまとめている箇所である。

> 彼〔ヴェーバー〕は、人々のもっている価値判断の究極の立場は各人にそれぞれ固有なるものだとして、宗教的な信仰それ自体は学問の世界からいちおう外に出してしまうのですが、そうした方法的準備をしたうえで、ともかく、さまざまな宗教のなかに内包されている宗教倫理とそれに密着している社会批判ないし社会学説の分析からはじめて、それぞれの社会の基本的構造を見きわめていこうとするわけです。

こう述べた大塚は、この視角がマルクスと同根であり、その基底に「ヨーロッパの思想史の巨きな潮流」あるいは「文化の潮流」があるとみている。そして、ヴェーバーのなかで「人間観」への関心がマルクス以上に前面にでてくると指摘する。[6] これは、「強いものに対抗する必要」を「内」にひめた「意志」に着目する大塚の姿勢と符合してくる。マルクスの観点では強調されなかった、

「さまざまな宗教のなかに内包されている宗教倫理とそれに密着している社会批判ないし社会学説」にたいする分析に、ヴェーバーは注意をむけている。そうした「社会批判」の有無こそが、「経済学的見地」からだけではでてこない論点をしめしている。このように大塚は主張したいのである。

　こうした観点から大塚は、ヴェーバーに依拠しつつ、儒教の「人間観」を「社会批判」の芽をもたぬものとして否定的に評価する。

> もちろん、いろいろな点で、儒教はすぐれたものを含んではおりますし、そのことは十分に認めたいのですが、その底にひそむ「人間観」はこういう、あるがままの人間、生地のままの人間に価値をおくものである。だから、感覚的―衝動的なものを徹底的に克服し、そうした既存の秩序や環境に適応するのでなく、自分の生活をますます高められたものに形成していこうとするような内面的統一としての人間、自己の内部から発して生活を、さらに世界をより高められたものに築き上げていこうとするような、そういう内面的統一としての人間は、そこからどうしても出てこないことになる、とヴェーバーは言うのです。[7]

　ここに、先述のふたつのエピソードにこめられた意味がわかってくる。大塚の戦前の同級生たちは、「論語」にしたがい「既存」の秩序や環境に「適応」することをよしとした。それは「理屈」ではなく「感覚的―衝動的なもの」であった。これにたいし、キリスト教、なかんずく「ピュウリタニズム」には、現状を「克服」しようとする「意志」がある。「恥かしい」とされる行為でも、

「克服」のためならおこなうべきだという「理屈」がある。「戦後民主主義」の幼年期に教育をうけた子供たちは、それを身につけはじめた、まさに萌芽だったのだ、と。この論考のもととなった講演の聴衆は、この子供たちと同世代の大学生である。大塚は、この聞き手たちが「克服」の「精神」を身につけてくれることを期待していたのであった。

(3)「アジア的人間類型」と「近代的人間類型」

こうした「戦後民主主義」の観点から戦前(さらには戦時期)の日本を批判するまなざしが敗戦直後から大塚にあったことは周知のとおりである。戦争に負けた日本を今後どう立て直していくかについて、かれがはじめて具体的に論じた「近代的人間類型の創出――政治的主体の民衆的基盤の問題」(一九四六年四月)に、その視点がはっきりとあらわれている。

かれにとって、敗戦後の日本において必要とされるのは「近代的人間類型の創出」である。では、「近代的人間類型」とは何か。それは、つぎの箇所に端的にしめされている。

民衆は自己の人格的尊厳を内面的に自覚するにいたらねばならない。そして近代「以前」的な自然法のごときを外側から与えられずとも、みずから自律的に前向きの社会秩序を維持し、もって公共の福祉を促進して行きうるような「自由な民衆」とならねばならない。こうした「自由な民衆」によってこそ民主主義は真底から創出されるであろうし、また経済の民主的再建の物質的基礎である生産力もまた自主的に創出されるであろう。いな、こうした「自由な民衆」

こそ近代生産力の決定的要因であり、近代生産力それ自身である。

以上から大塚は「わが国民衆が低い近代以前的なエートスを捨て去って、近代的・民主的人間類型に打ち出されるということはどのようにして可能であろうか」と問い、その解決における「勤労民衆」の社会的・経済的地位の上昇と教育の重要性を説くのである。(8)

では、解決されるべき日本の「低い近代以前的なエートス」とはいかなるものであるのか。大塚はこれを「簡単に封建的といい切ることはできないいっそう複雑な、いわばアジア的なものであると思う」として、「少なくとも近代「以前」的のものであるということは殆んど説明を要しないことであろう」といいきる。(9) そのうえで、大塚は「近代社会」のエートス（倫理）と「アジア」のエートス（倫理）とを対比して、後者の「倫理」をつぎのように要約する。

アジアの倫理においては「体面を保つ」ことがなによりも問題となる。儀礼や手続きが問題となる。そこでは、内面的な高さや深さなどはあまり問題とならず、外面的な教育の程度、地位の高下、儀礼的手続きのものがたさ、はては「えらそうな服装や態度」などがいとも高く評価されるのである。そして、いわゆる根源「悪」の観念はそこには存在しない。だからそこでは、倫理的「悪」は、いつのまにか審美的なものにすりかえられて、「失礼な」「下品な」「汚い」「行儀が悪い」といった形になってしまうのである。

そして、こうした「アジアの倫理」は、「外面」から「いかにいやしくみすぼらしくみえても」、それよりも「内面的な倫理的高さ」を重視する「近代社会の倫理」と対比されるのである。[10]

ここに、さきにみた「適応」と「克服」との対抗図式の基本形を看取できよう。大塚にとって「適応」とは「アジア」に特有の「低い近代以前的なエートス」をしめす、「外面」に拘泥する忌むべきものであった。それを「克服」するためには、「外面」にとらわれることなく「内面的な倫理的高さ」に立脚する「自律的」な精神が必要である。こうした「近代的人間類型」を「低い近代以前的」な状態にある日本において「創出」する必要を敗戦直後に大塚は説いていた。ここに、かつて「公共の福祉」のための新しい経済倫理の「創出」とそれにもとづく「生産力」の建設を提唱していた「戦中」の思考からの連続性をみることは容易である。しかし、それは「戦後」において戦前・戦時期の日本にたいする批判となって、「儒教とピュウリタニズム」論にまで連続しているのである。

(4) 「外面的品位」の倫理と「内面的品位」の倫理

さて、「儒教とピュウリタニズム」論のもとになった一九六〇年の講演であるが、これはヴェーバーの『宗教社会学論集』(「倫理」論文も収載されている)にある「儒教と道教」のなかの最終節「儒教とピュウリタニズム」をもとに議論をすすめている。これを大塚は戦中に台湾人の助手、張漢裕と共訳していた模様で、上野正治によれば、この翻訳は、敗戦直後すでに演習用テキスト(孔版)として配布されていたという。そして、一九五九年には、さきの講演においてこの訳文を配布している。その後、大塚による改訳をへて『宗教社会学論選』（一九七二年一〇月）に「付録」として収録されたのだが、この「儒教とピュウリタニズム」は、大塚にとって「本訳書に収められているどの論考に対してもさまざまな点で意味ぶかい補充物となると思われた」。つまり、ヴェーバーの「宗教社会学論集」のなかでも非常に重要な論考のひとつとみなされていたのであった。[11] したがって、「儒教とピュウリタニズム」が、「戦中」以降の「大塚史学」にとって「倫理」の問題にかんする重要な論点をふくむ著作であったことはまちがいない。

そのことは、この「近代的人間類型の創出」を収録した『近代化の人間的基礎』（白日書院版、一九四八年九月）の「序」において、大塚がこの書物のとり扱うテーマとの関連で「儒教とピュウリタニズム」を参照するように促していることからもわかるのだが、[12] とくに注目すべきは、大塚の「儒教とピュウリタニズム」理解の首尾一貫性である。それをうかがわせる記述が「儒教とピュウリタニズム」論のつぎの引用にある。

儒教の「外面的品位の倫理」のばあいには、体面、つまり「特定の内容をもたない態度それ自体」が尊重されるのに対して、ピュウリタニズムの「内面的品位の倫理」のばあいには、それとはまるで逆に、行為と言語のうちにもられた内容、とくにその内面的意味が決定的に重要視される。[13]

この記述は、大塚なりにヴェーバーの「儒教とピュウリタニズム」の要旨を端的にいいあらわしたものである。大塚は、わざわざ「外面的品位」「内面的品位」に「die äusserliche Würde」「die innerliche Würde」なる原語をあてている。[14] じつは、この原語が「近代的人間類型の創出」のなかにも登場しているのである。その箇所は、「アジアの倫理」の内容を規定したさきほどの記述の直前にある。

人間類型の問題の奥底あるいは中心には、エートス（倫理的人間類型）の問題が横たわっていることは筆者がしばしば指摘したところであったが、近代西欧的エートスとアジア的エートスを対比しつつ、マックス・ヴェーバーは、前者を「内面的品位」innerliche Würde の倫理と特徴づけ、これと対比しつつ後者を「外面的品位」äusserliche Würde の倫理と特徴づけている。[15]

「アジアの倫理」と「近代社会の倫理」との対比は、このヴェーバーの構図にもとづいたものであった。そしてこの引用は、まぎれもなくこうした対比の構図を大塚が「儒教とピュウリタニズム」論から導きだしたことをしめしている。[16]

ところが、「儒教とピュウリタニズム」の原文をみるとこの表記での術語が存在していない。[17] これは、大塚が »innerliche Würde« および »äusserliche Würde« という言葉を、ヴェーバーの要旨を端的にあらわすものとして造語した（あるいは、その術語があると思いこんだ）ことをしめしている。逆にいえばこの言葉をつうじてヴェーバーの「外面的」「内面的」という対比の構図を析出し、そこにつよい意味をこめようとしていることがわかるのである。

それも無理はない。なぜなら、大塚の問題意識にあるのは、あきらかに「面子」なる「外面的品位」を気にする「恥の文化」をもった、かつての日本だからである。そこには「適応」という「消極的」な態度しかない。それをヨーロッパの「ピュウリタニズム」のなかにある、「積極的」に「克服」する「内面的品位」と対比する見方は、かれにとって魅力的なものであった。その示唆をヴェーバーの「儒教とピュウリタニズム」は与えていたのである。[18] 大塚において「儒教とピュウリタニズム」から導出した「外面的品位」と「内面的品位」との対比は、近代以前である「アジア」と「近代社会」との「倫理《エートス》の対抗」を理解するうえで重要な要素だった。

大塚は一九六八年の段階で、「局地的市場圏」の形成には「強いものに対抗する必要」を「内」にひめた「意志」がなければ不可能だ、と述べていたが、この「意志」とは、ここでいう「克服」の「意志」をひめた「内面的品位」にほかならない。そして、これを理解するための視座こそ、「倫理《エートス》の対抗」の観点である。その要素を、かれは「戦中」から大事にしてきた「儒教とピュウリタニズム」のなかから取りだしているのである。

しかし、大塚はなぜ「アジア的人間類型」を「低い近代以前的エートス」とみなすのか。これは、まさに中野が批判していた「オリエンタリズム」ではないか。そして、もしこの両者が等置されると仮定して、どのようにすれば「近代的人間類型」に変わることができるのか。単に「教育」と経済的地位の向上という掛け声だけなのか。その論理を追うとは、「等価交換の倫理」の成立を支える「エートス」の基底について大塚がどのように理解していたかを検討することにほかならない。本章ではまず、以上の疑問を検討するところからはじめたい。

2　資本主義的人間類型と伝統主義的人間類型

(1)　富にたいする評価が「楽天的」か否か

なぜ「アジア的人間類型」は「近代以前的」であるのか。それを探る端緒となるのが、儒教とピュウリタニズムにおける「富」にたいする評価のちがいである。ここでは、大塚が「儒教とピュウリタニズム」論においてヴェーバーを介してこの点をどのように理解していたのかをみておきたい。この「富」の評価にかかわる論点こそ、「大塚史学」のなかで「戦中」や「戦後」を問わず一貫していた、「前期的資本」の「暴利」(不等価交換)と「中産的生産者層」の「正常な利潤」(等価交換)との峻別という問題意識と密接にかかわっているからである。

人間観においては全く逆の儒教のばあいには、『論語』にあるように「君子は器ならず」、つまり「君子」は自己目的で、何か客観的な目的に到達するための道具などではない。神の大義のためにしろ、何か客観的な目的のために道具として使われるということは、儒教の君子には耐えられないことだった、とヴェーバーは言っております。そこで自己目的としての人間完成のために必要な条件として、富の追求がそのものとして、楽天的に肯定されることになった。ところが、ピュウリタニズムのばあいには、正に逆で、現世において富を追求したり、それを楽天的に肯定したりするようなことは、まさに被造物的に堕落していることの証拠だ、救われていない証拠だということになる。実際、富に対するピュウリタニズムの見解は、儒教と正反対で、ある意味で、富の追求、金儲けということを激烈に攻撃した思想です。このことは、ヴェーバーがくりかえし主張するところですし、また歴史上の事実がそのことを証明しているでしょう。(19)

ここで主張されているのは、以下のことである。儒教とピュウリタニズムにおける人間観の相違（「適応」か「克服」か）、およびそこからでてくる「外面的品位の倫理」と「内面的品位の倫理」との相違は、「富」にたいする評価のちがいとなってあらわれてくる。前者は「富の追求」を「楽天的に」肯定する。後者は「富の追求」を「激烈に攻撃」する。このように立論されると、「儒教」はまるで「前期的資本」と同じく「暴利」を肯定しているかのようである。その印象は、直後にあるつぎの記述によってさらに強められる。

彼〔ヴェーバー〕のいうことは、だいたいこうです。中世のカトリック教会では、利子禁止の法などがあったが、事実はいっこう守られていなかったばかりか、教会自身がそれを育成したふしがないではない。たとえば、宗教改革のさいにルッターを怒らせたみょうばんの鉱山の独占権や免罪符の販売権を大商人にあたえていたことなどがそれです。つまり法王庁は高利貸に莫大な負債があり、その償却のために、こうした利権を彼らにあたえたのです。ところで、カルヴァンは五分の利子を許した。そこで、彼が高利貸に厳しくなくなったかのように、しばしばいわれますが、事実は逆で、五分以上の利子はおそろしく厳しく取締まったのです。さらにカルヴィニズムはいっそう峻厳で、ほとんど高利貸を徹底的に排撃したといってもよいほどだったということは、ヴェーバーがくりかえしいうところです。[20]

この文脈でいくと、「儒教」のような「外面的品位の倫理」を重視する「宗教」は、カトリックと同じく、「高利貸」や「独占」をうみだすのだ、ということになってくる。いっぽうでカルヴァンやカルヴィニズム、「ピュウリタニズム」は、ヴェーバーのなかで「資本主義の精神の生誕」とつぎのようにむすびつけられていた、と大塚はいう。

単なる貪欲からおこなわれる、他人の損失も不幸も考えていないような金儲け——ルッターが商人は泥棒だといったのはご存じでしょう——こうした営利慾をピュウリタニズムはみごとに否定してしまった。その結果として、生産力を高め、民衆の生活を豊かにすることが、自己の倫理的要求と一致するようなタイプの営利が生まれてくることになった。これが近代の資本主義経済の萌芽なのだというのです。[21]

大塚の「中産的生産者層」論の主張が、ここでは「倫理」の観点から「生産力」とむすびつけられている。それ自体は、けっして新しいことではない。むしろ奇妙であるのは、儒教とカトリックが「楽天的な」富の追求をうながすものとして同一視されていることである。儒教は「アジア」のエートスであり、カトリックは西洋の宗教である。両者は文化圏が異なっている。それなのに、なぜ両者には共通して「暴利」の肯定がみられるというのか。

(2) 南ヨーロッパとアジアの共通性への着目

こうした発想の起源はヴェーバーの「倫理」論文にある。そこには、大塚の視角からすれば「アジア」とヨーロッパの近代以前とを等置しうるようなつぎの記述がみられる。

> 中国の高官（Manderin）、古代ローマの貴族、近代の大地主の強欲ぶりは他のすべてをはるかに凌駕するものである。そして、ナポリの馬車屋ないし船乗り、同様の仕事につくアジアの人はなおさらだが、さらにはまた南ヨーロッパやアジアの国々の手工業者も同様に「金に対する呪われた渇望（auri sacra fames）」をもっている。そのうえこれは、だれもが自ずから経験しうることとして、例えば同様のばあいにおけるイギリス人のときと比べて極端なまでにずうずうしく、とりわけ厚顔無恥なかたちで現れるのである。貨幣獲得において自己の利害を主張するとき、絶対的な厚顔無恥が一般的に支配している。このことこそそうした国々にまさに特殊の特徴であったし、そこでの市民的資本主義的展開は——西洋の発展の尺度で測るのであれば——「遅れた」ままであった。工場主はみな知っているとおり、ドイツとは対照的にそうした

国々、例えばイタリアでは、労働者の「誠実（coscienzisitá）」の欠如が資本主義の展開の主たる障害の一つであったし、ある程度までは今なおそうなのである。[22]

ここでは、主に南ヨーロッパと「アジア」の人々にみられる「強欲ぶり」が記されている。すなわち、中国の高官やローマの貴族、近代の大地主、さらには馬車屋や船乗りといった商業に携わっている人々のみならず、「手工業者」や「労働者」までもが「厚顔無恥」におのれの利害をごり押しするとされている。南ヨーロッパはカトリックの強い地域であり、またここで書かれている「アジア」のなかには中国も入っている。こうしたことから、大塚はこの箇所をみてカトリックと儒教の両者に共通する「強欲ぶり」を読みとったのである。

そのことは、この箇所が大塚のふたつの論文において引用されていることからもうかがえる。ひとつは、「自由主義に先立つもの──近代的人間類型の創造」（一九四六年一二月）である。そこでは「自己の個人的利害のためには公共の福祉や、そして隣人愛・友情・公平・公明、およそ内面的・倫理的な諸徳性を敝履のように踏みにじって顧みない、またそれらを敝履のように捨て去ることをあえてしようとするむき出しのエゴイズム、そうしたエートス」が批判されており、このエートスが一七世紀の西欧では前期的資本たる「商人や金融業者」のほかにも「多かれ少なかれ、類型的に見出された」ことが指摘されている。そして、こうしたエートスの支配する社会のいたる帰結がつぎのようにしめされる。

およそ「建徳的な」精神的雰囲気の欠如する結果は、近代社会を特徴づけるところのあの巨大な生産力＝産業経営体の建設のような、社会的協力と協調を必要とする「事業」も、とうてい期待することができないであろう。

さきのヴェーバーの記述はこの箇所に付された註のなかに引かれている。ヴェーバーは「強欲ぶり」が顕著にみられる例として南欧諸国と中国をはじめとしたアジア諸国を挙げているが、大塚はさらにそのなかに一七世紀の西欧をもふくめている。そして、その「強欲ぶり」を「エゴイズム」と読み替えている。(23)

注意したいのは、この「エゴイズム」が前期的資本のほかにもあらわれる、としている点である。前期的資本がエゴの塊であるのは大塚史学の理論構成からして当然であろうが、そうではない人々までがおなじようなエゴをもつのはなぜなのだろうか。その疑問は、先述のヴェーバーの発言にもむけられる。なぜ、南欧のみならずアジアにおいては「手工業者」までもが「厚顔無恥」な利益要求をするのだろうか。

(3)「営利」心と「営利」欲

この点についての大塚の答えは、さきの「倫理」論文の箇所が引用されているもうひとつの論文「生産力と人間類型——近代資本主義発達史研究の基礎論点」（一九四六年八月）にある。ここでかれは「倫理」論文に依拠しながら「資本主義」的人間類型（すなわち「近代的人間類型」）と「伝統主義」的人間類型とのちがいを労働者のエートスの観点から以下のように説明する。

資本主義的人間類型においては、「日々の労働を量的にも質的にも集約化することによってできる限り多額の貨幣を賃銀として獲得しようとするといった類型の「営利」心」がみられる。これにたいし伝統主義的人間類型においては、「伝統的生活水準の維持」あるいは「伝統的生活欲求の充足」という観点からそれに「必要な貨幣額を賃銀収入として確保することが要求されているに過ぎない」。そして「労働者たちは、同時に、この貨幣額をできるだけ少ない労働量をもって獲得したいと願っている」。このため、後者のエートスをもつ労働者のなかに、「賃銀率――一定量の単位労働に対して与えられるべき報酬額――の増大」を「無制限」に求めるような「「営利」慾」のうまれる余地が十分にありうる。「伝統主義」の雰囲気のなかでは、「それは一般に限度をさえ知らぬであろう[24]」。

つまり、「伝統主義」的人間類型においては、生活充足のためにできるかぎり働かずして収入を確保しようとする営利「慾」がうまれやすく、そこには労働の質的向上を目指すような営利「心」はみられない、というのである。このように大塚は、「伝統主義」的な労働者のなかに前期的資本と一致するような営利「慾」の余地をみている。第I章でもみたように、大塚の理解によれば、「資本主義の精神」は「全体」への公的な貢献のために「生産力」の拡充に奉仕するべく私的な「営利」に勤しむ、という「生産倫理」に支えられている。「伝統主義」的な労働者にとっては、ひたすら私的な「営利」のみが関心の的であって、そこに「全体」に貢献する「精神」はみられない。したがって、「伝統主義」の支配的な状況下では、前期的資本と同様に労働者が「公共の福祉」という観点を欠如させたエゴの精神をもつ可能性が大きい、と大塚は主張するのである。

この内容は、のちに「儒教とピュウリタニズム」論で展開する「適応」と「克服」との対比の原型ともいえるものである。「伝統主義」的人間類型においては、現在の生活状況に「適応」するかたちで働かずして収入を得ようとする「感覚的―衝動的」な営利「慾」に陥りやすい。これは、外から与えられた儀礼に何も考えることなく従う「外面的品位の倫理」と同様の構造である。そこに「内面的品位の倫理」はみられない。相手の「人格的尊厳」を無視するような「厚顔無恥」な営利「慾」をなんとかして「克服」しようという「精神」は出てこない。だから、「公共の福祉」という観点にたった営利「心」の形成など、ありうべくもない。ただ相手から取れるだけ取ろうという「強欲ぶり」が残るだけである。

したがって、「勤労民衆が一般に「伝統主義的」な人間類型に打ち出されているばあい」、企業家がたとえ資本主義的な経営を望んだとしても、それに適合的な性格の労働者を選びだすことはむずかしい。いいかえれば、「伝統主義」のエートスが支配的な社会で「営利」企業を成立させようとすれば、その形態はこのエートスに即応した「前期的な小生産者支配」とならざるをえない、というのである。大塚はつぎのように断言する。

それはともあれ、こうした形で「営利」企業が成立し、労働者たち（もとよりいわゆる家内労働者をも含めての広義で）がひろく雇傭されようとも、近代的「生産力」的経営の建設といった立場からするならば、いわば建設的努力の挫折であり、また労働者のうちから「最不適者の択出」

Auslese der Untauglichsten を行なったに過ぎないことは、すでに人々の容易に了解されるところであろう。[25]

ここで大塚は、ヴェーバーに依拠しながら「淘汰(Auslese)」概念の限界を強調している(上記引用では「択出」だが、大塚は文脈により「淘汰」とも訳している)。資本主義の特質に適合的な生活態度や職業観、それをもつ企業家ないし労働者を「淘汰」により選抜するためには、その生活態度や職業観があらかじめ成立しており、かつそれが「集団」レベルで受け入れられていなくてはならない。このことを指摘したヴェーバーの一節は、すでに梶山力の「倫理」論文解説によって唯物史観批判と関連づけて紹介されていた。大塚の問題意識は、この理解の延長線上にあるといってもよい。[26]

(4)「主体的契機」をめぐる錯綜

そもそも、エートスの成立基盤をめぐる大塚の考えは、すでに一九四〇年の「商業の地位」論文において明確に定式化されていた。大塚はここで、「産業資本の成立を可能ならしめる本源的な客観的諸条件」について、以下のものを挙げている。①商品・貨幣的条件。貨幣形態での富の蓄積、賃労働をになうべき貧民層の形成、販路。②素材的条件。原料・動力・地理的位置といった「対象的自然」、技術、労働力。しかし、それだけでは不十分である。こうした諸条件が「近代的な社会関係」において結合され、それにより一定の生産力(産業)へと「構成」されなければならない。そのためには、「本源的な客観的諸条件」を産業資本へと「構成して行く構成的主体性」が存在していなければならない。それは商人層のなかになく、「中産的生産者層」に求められるべきである。以上のように主張する大塚は、この「構成的主体性」に関連してつぎのように補足する。

上述の本源的な客観的諸条件の一つ一つ乃至は幾つかをばらばらに切離し、単にそれ自体として近代資本主義成立の決定的条件たるかの如くに見做すことは全くの無意味である。販路にせよ、貧民にせよ、技術にせよ、全て然りである。むしろそれらを構成してゆく主体的契機こそが問題なのである。(27)

しかし、疑問は残る。そうであるなら、このような「伝統主義」と「資本主義」とのエートスのちがいを成立させた原因は何であるのか。そして、一方では「封建的」社会からの移行過程で営利「心」が成立して集団的に共有されたのに、他方ではなぜそれが成立せず、ないし成立しても集団的にも共有されなかったのか。つまり、「本源的な客観的諸条件」とは異なった「主体的契機」をうみだした背景は何であるのか。「商業の地位」論文では、これが封建制の崩壊による「自由な農村」の成立に求められていたが、そのエートスにたいする影響までは説明しきれていない。では、他の著作においてその点を補うことはできているのか。

この論考が参照を求めている『欧州経済史序説』(一九三八年二月)をみると、そこには「主体的契機」をうみだす背景となる「社会的諸条件」として、「封建的土地所有制およびギルド制の強固さないし崩壊程度」「前期的資本の発達および寄生の強さ」といった経済的側面に加えて「法制、政治諸形態、そして文化諸形態なかんずく社会・経済的「精神」など」を提示している。そして、これらの「有機的総体がマニュファクチャーの発達如何を左右する」と述べる[28]。いわば、マルクスのいう「上部構造」にあたるものがここには列挙されている。しかし、これらも「社会的諸条件」の列挙にとどまり、その「有機的総体」の構造は判然としていない。「商業の地位」論文が一九四七年刊行の『近代資本主義の系譜』に所収される際に、この参照指示文献は『近代欧州経済史序説』へと変わるが、そこをみても「経済的・法制的・政治的・社会的そして文化的諸条件、さらにその背後におけるいわゆる「精神史」的条件など」と並列的にしめされていて、強いていえば「精神史」的条件のウェイトが重くなってはいるものの、その構造的関連を理論的に説明はできていない[29]。大塚はこの課題を未解決のまま「戦後」を迎えることになる。

3 「封建的」社会と「古代アジア的」社会・「古代奴隷制的」社会

(1) 「家族的恭順」と「人格的誠実」

戦後になり大塚は前記の理論的難点を克服しようとする。そのなかで重要なものが「所謂「封建的」の科学的反省」(のちに「いわゆる「封建的」の科学的反省」と改題、一九四六年八月)である。この論文もまた、後年の大塚にとっては不十分なものだった。それは、当初これが『近代化の歴史的起点』（一九四八年）に収録されていたものの、その改訂版ともいえる『近代資本主義の起点』（一九四九年）からは外されていることからもわかる。その事情を大塚は『近代資本主義の起点』の「序」で「もっと根本的に書きあらためたいと思ったため」[30]と記している。しかし、後にみるようにこの「所謂「封建的」の科学的反省」という論文は、一九五〇年代以降の「大塚史学」の展開において重要な論点をすでに先取りしている点で、看過することができない。

この論考ではまず、近代「以前」的なものにおける「封建的」なものと「古代奴隷制的」なものおよび「古代アジア的」なものとの区別がはかられる。とくに強調されるのは、日本の生産諸関係が「血族関係」に擬制されている点である。それによれば、日本では「生産諸関係が著しく家族関係、なかんずく親子関係に擬制されている」。「どこに行っても「親」「親」「親」であり、とりわけ生産力の低い農村にゆくほどそれがいっそうリアルな姿をとってすべてを支配している」。そして、農業と直接関係のない生産諸部門では、「――その根をおそらく農村における諸事情のうちにもちつつ――さしあたって古代社会のパトロヌス＝クリエンスの関係を思い起こさせるような権威とア・モラルな実力の支配を基軸とする生産諸関係が見出され、それが拡充されゆくところ、一種のオイコス（一家！）が形成される」。その形態のいたりつく先は、「古代ローマのラティフンディウムの奴隷労働組織」に擬するものである。ここで日本の生産諸関係は「古代アジア的」ないし「古代奴隷制的」なものとされる。

そして、これとの対比で、西欧の封建制では「あの古い純粋家産制的な血縁擬制的な社会関係からすでに著しく解放され」ていることが、ヴェーバーの『経済と社会』にある「支配の社会学」や

『社会経済史論集』に収められている「古代文化没落の社会的諸根拠」、「古代における農業事情」、および『経済史』に即して語られている。いわく、そこでは「それを支えている古い家族的恭順が著しく水割りされつつ、むしろ人格的誠実義務が基軸となっている」。また、領主＝農民関係といった身分諸関係は「双務契約的な権利義務関係」に移行していて、「ア・モラルな実力的支配＝服従や単なる実力の肯定と賛美」の段階を超えている。そして、「勤労民衆である農民のエートス（人間類型）もこれに照応して、著しい上昇」をしめしている。すなわち、

なお近代人のそれには及ばないにしても、個人の内面的自由、人格の意識、さらに言いうべくんばある程度の合理性が高度なゲノッセンシャフト［ゲルマン的共同体］を成立せしめうるほどの高さに到達しており、生産諸力も典型的「封建的」な、すなわち「騎士的生活」ritterliches Leben を成立せしめうるほどの局地内的分業の水準にまで到達していたのである。[31]

こうして、「封建的」なものは「人格的誠実」を基調とした「双務契約的な権利義務関係」を軸とする「個人の内面的自由」と「ある程度の合理性」を備えているとされる。そして、「血縁関係」に擬せられた「実力的支配＝服従」を基調とするモラルなきものとしての「古代奴隷制的」で「古代アジア的」な日本が対置されるのである。ここに、大塚が「資本主義の精神」を生みだしえなかった「アジア」・日本とそれを生みだしえた西欧を決定的に区別する指標をみいだしていることは明白であろう。すなわち、「家族的恭順」にもとづく「実力的支配＝服従」と、「人格的誠実」を基

調とした「個人の内面的自由」にもとづく契約関係とのちがいである。このことは、大塚が「主体的契機」を成立させる「社会的諸条件」について、その内容を列挙する段階から一歩踏み出し、法的・政治的構造を大きくクローズアップして具体的に考察しようとする方向へと向かいはじめたことを意味する。

(2) 封建社会における「局地的分業」

さらに、以上の記述で注目するのは「局地内的分業」の箇所である。この言葉が初出では「局地的分業」とされていた[32]。この論考で「局地的」は他に二カ所で登場し、そのすべてが『著作集』に収録されるにあたり「局地内的」へと書き換えられているが、ここで論点としたいのは、その内容である。まず、現『著作集』で該当箇所を確認しておく。

中世「封建制」にあっては、古代社会から継承した労働の生産性の高さと社会的生産力の進展、すなわち、局地内的分業への生産諸力の集約化、そして、その結果として局地内的な自給自足とその土台の上に立つ中世騎士的在地生活が可能になったというのである。

ここでは、中世封建制のもとで「局地内的分業への生産諸力の集約化」により「局地内的な自給自足」が可能になった、とされている。これにつづけて大塚は、「こうした生産力の高さ、局地的自然経済的独立に照応して」、中世の「封建制」においては「家族的恭順」の関係が最小限になっており、「また経済外的実力の支配はなお基本的な意味をもちつづけつつも、すでに単なる実力的支配の肯定ではなくて、すでにそこでは人格的な誠実義務（Treupflicht）が社会関係を支えるところの精神的支柱となっていた」と述べる。[33] これが意味するのはどういうことか。

第Ⅲ章でみたように、「局地的市場圏」の理論の萌芽ともいえるかたちで「局地的分業」という言葉を登場させるのは、一九四九年段階である。そこにおいて大塚ははじめて自給自足的に独立した「局地的市場圏」の理論を構想する具体的な議論を試みている。だが、「封建的」という概念をめぐるこの論考において「局地的分業」の内実は語られていないし、ここでの「局地的分業」によ り成立しているのは封建制度下の「騎士的生活」であって、「中産的生産者層」の分業による「局地的市場圏」ではない。また、いくら最小限とはいえ「家族的恭順」は存在しているし、また価値法則によらない「経済外的実力」なるものが存在する。「内面的自由」の発達は完全でない。したがって、大塚がこの論文で指摘している「局地的分業」をそのまま一九四九年で使っている「局地的分業」と同一視することには無理がある。

しかしながら、ここでの「局地的分業」をめぐる議論は、きわめて重要な意味をもっている。なぜなら、これが後からみれば「局地的市場圏」の前提とかかわるものだからである。そもそも、その成立の前提条件とされる「局地的分業」は、はたして「中産的生産者層」が何もないところから自然発生的にうみだしたものなのだろうか。それはあまりにも不自然である。封建制から資本主義への「移行」を問題とする以上は、両者の間にある連続面をとらえたものでなければ、「局地的市場圏」の理論は大塚のいう「過渡期の理論」たりえないであろう。

その点について大塚は、資本主義形成を準備する「内面的自由」のエートスが封建制下における「局地的分業」の発達による「自給自足」経済の形成とむすびついている、と主張している。これは、のちに「局地的市場圏」の形成を論ずるうえで、その前提となるものを議論しているとみてよい。さらにいえば、彼のいう「生産諸力」ないし「社会的生産力」のなかには、戦時期に論じていたあの「生産倫理」が含まれている。ここに、資本主義社会の形成に必要な「倫理《エートス》」的条件にかんする見取り図が示唆されているといってかまわないだろう。以上からこの「局地的分業」は、「局地的市場圏」の理論の萌芽となる「局地的分業」にかんする議論の種となるものであったと評価することができる(34)。

(3)「封建的」と「古代アジア的」「古代奴隷制的」との共通点

いっぽうで、大塚は「所謂「封建的」の科学的反省」において、「古代アジア的」なものや「古代奴隷制的」なものと「封建的」なものとの共通点も強く指摘している。この点について興味ぶかいのは、大塚がヴェーバーに拠りつつ主張するつぎの一節である。

> 少し言いかえてみると、われわれの知る標準的な見解では、土地所有（地主＝農民）関係とそれに基づく地代の徴収――賦役であれ物納であれ金納であれ――そしてそれを支えるところのいわゆる経済外的実力による強制、こうした基礎的特徴のあるばあい、その社会関係を「封建的」と呼んでさしつかえないとされているのであるが、実はこうした諸特徴を備えたものは程

度の差はあれ、中世封建社会にも、古代奴隷制社会にも、さらに広く古代オリエント社会にも見出された。そして、そうした支配関係をヴェーバーは広く「封建的」となづけるのである。(35)

ここでは「中世封建社会」と「古代奴隷制社会」および「古代オリエント社会」との共通点が指摘されている。この論点は、「中世封建社会」と他の二つとの区別と並んで、いやそれ以上に重要であった。その問題意識は、初出論文の同一箇所にはっきりとあらわれている。さきの引用の最後の箇所は、「中世封建社会にも古代奴隷制社会にも更に古い古代東邦社会にも見出されるのであり而もその程度たるや何れにおいてもネグ《マ》ジブ《マ》ルどころではないといふのである」(36)という表現になっていた。つまり、初出段階において大塚は、三つの社会に共通する「封建的」要素が無視してよい(negligible)という扱いで済むものではないということを、ヴェーバーを援用しながら強調していたのである。まさに、この点を無視することはできない。

では、問題となる共通点とは何か。それは、「地主＝農民」という土地所有の関係にもとづく「地代の徴収」であり、それを支える「経済外的実力による強制」である。すなわち、「地主＝農民」という封建的な土地所有関係の基盤となる「実力的支配＝服従」の根拠は「経済的」なものにない、ということがここに表明されているのである。そして、この「実力」支配は「家族的恭順」とつながっている。その内容は、社会のすべてを「親子」の延長線上で考える「精神」であり、親に子は従うべし、ということを、そういわれているから、という理由だけで「恭順」するという「支配＝服従」のエートスである。この点で「家族的恭順」は、あの「感覚的―衝動的」に「適応」

するという「外面的品位の倫理」と重なる。

つまり大塚は、この「家族的恭順」による「実力的支配＝服従」が「伝統主義」という点で野放図な営利「慾」の発露と根をおなじくしていると考えていた。「封建的」なものと「古代奴隷制的」なものや「古代オリエント的」なものとの区別を論ずるにあたり、大塚は「中世封建社会」で「古い家族的恭順が著しく水割り」されていることを述べてはいる。しかし、逆にいえば「中世封建社会」にそれでも「家族的恭順」は残っている、ということにもなる。この社会における「勤労民衆である農民のエートス（人間類型）」のレベルは、かれからすれば「著しい上昇」をしめしてはいるものの「なお近代人のそれには及ばない」からである。

では、なぜ「中世封建社会」においては、「古代奴隷制社会」および「古代オリエント社会」と同様に「経済外的実力」にもとづく支配＝服従が残存したにもかかわらず、一方でそれらとは異なり「個人の内面的自由」がある程度の発達を遂げたのか。さらにいえば、大塚は資本主義社会が形成されるためには、「本源的な客観的諸条件」だけでは足りず、これに対応する「人間類型」が事前に成立しておりかつ広範囲に普及していることが必要である、と説いていた。ということは、「資本主義」的人間類型を成立させた要因を、さきの「本源的な客観的諸条件」に求めることは不可能になる。では何に求められるのか。封建制の崩壊である、というのであれば、その内容が「本源的な客観的諸条件」とは異質の何かであることをしめさねばならないはずである。

(4)「都市」からの「農村」支配

「封建的」をめぐるこの論文で大塚の出した理由は、「社会的生産力」の発展という以外には、あまりはっきりとしない。ただし、さきの理論的な整理からすれば、三つの社会に共通する資本主義社会形成の阻害要因の根底的な除去こそが重要になる、と大塚が考えていたことは読みとれよう。ならば、さきの「経済外的実力」による支配と並んで根底的に除去されるべき要素を大塚がどこにみていたのかをあきらかにする必要がある。その観点でみるとき、かれがヴェーバーを援用しながら語った以下の箇所が、その示唆を与える。

いわゆる古代的「封建制」においては――オリエントにおいてもギリシア、ローマにおいても――土地所有関係の形成が本来的に商業＝貨幣経済によって媒介されていた結果、軍事的・地主的支配者層は早くから同時に商人という性格を帯びて都市に居住し、都市から農村を支配したという点があげられている。このことがともかくも、古代社会の一つの重要な特質をなしていたことは銘記されねばならない。しかし、なおこのほかにヴェーバーは――これは彼に対してあまりにも同調的な解釈だと評されるかも知れないが――より根源的な事情として、いわゆる古代「封建制」にあっては社会的生産力の発達の低さのゆえに、まさしくこの生産諸力の低さのゆえに、支配者層＝騎士が在地の農村において自給自足的生活を営むことが不可能であった点に論及していることも忘れてはなるまい。[37]

ここでかれが注目するのは、生産諸力がもたらす支配者層の居住地のちがいと商業との関係である。「古代的」封建制においては「生産諸力の低さのゆえに」自給自足的生活を支配者層が営むことができなかった。ゆえに、「商人」たらざるをえず「都市」から遠隔的に「農村」を支配することになる。そして、これが土地所有関係に影響をもたらした、というのである。すなわち、「地主＝農民」という支配関係のもと、地主は「農村」だけで生活できず「都市」に住んで「商人」も兼ねる。そして、「農村」の土地を耕作する農民から「地代」を徴収しながら支配する構造になっている。これは、一九三五年にかれが「前期的資本」の理論で提示した構造と同様である。すなわち、前期的資本が余剰生産物の「収奪」をとおして農民を自分たちのもとに「隷属」させている、あの構造を「都市」と「農村」との対比でしめしているのである。

そして、ここにはかれの大きな見取り図が読みとれる。すなわち、「古代的」封建制から「中世封建社会」を経て「資本主義社会」にいたる過程を「土地所有」とエートスとの関係から解こうとする構想である。ここに、大塚は「経済学的見地」によって根拠づけていた「前期的資本」の「独占」と「産業資本」の「自由」との対立図式を「倫理《エートス》」の問題とむすびつける媒介項をみいだしている。すなわち「土地所有」である。農民が「土地所有」において「農村」に不在の「都市」の地主＝商人に支配されているかぎり、農民が資本主義社会の形成を担う「中産的生産者層」へと成長することはできない。すなわち、その形成の「主体的契機」が成立しえないのである。そして、「奴隷制」であれ「オリエント」であれ、「古代的」封建制と「中世封建社会」のちがいがこの「主体的契機」の萌芽の有無にある以上、その過程を「土地所有」に関連づけて考察することが、大塚の新たな課題としてみえてきたのであった。

しかし、大塚はこの論点を一九四六年の段階では示唆するにとどまり、その内容を具体的に展開するという課題は一九五〇年代までもち越された。「社会的生産力」ないし「生産諸力」というあいまいな概念に頼らざるをえなかったところに、その苦しさが伝わってくる。それが「根本的に書き改めたい」とした動機のひとつになっているのはまちがいあるまい。そして、この一九四六年の論文でしめした課題の解決に向けた議論は、あの「局地的市場圏」の理論を確立した一九五一年の「資本主義社会の形成」論文においてさらに展開されることになる。

4 「共同体」の構造的二重性と「他所者」としての前期的資本

(1) 「内部経済」と「外部経済」

まず、「資本主義社会の形成」論文においては、「封建社会」の理解が「資本主義社会」との対立構図のなかでしめされる。かれは、「資本主義社会」の構造の土台を「商品生産＝流通」ととらえ、「封建社会」の中心を「生産の共同体的組織」とみなす。そして両者の対比をつぎのように定式化する。

商品生産＝流通が個人の意識から独立した、したがって、むしろ自由放任のうちに自己を貫徹してゆくところの価値法則に従って作用し機能してゆくのに対して、生産の共同体的組織にあってはすべてが伝統的な意識と土地占有を基準とする慣習に従って共同体的に規制され、これが諸個人へ強制されつつ進行する。だからまた、富は、前者は貨幣という形に対象化されるのに対して、後者では土地所有＝占有（フーフェ）というあからさまな形をとることになる。(38)

ここでいわれる「商品生産＝流通」の構造が、「生産の共同体的組織」のように流通を生産から自立化させてしまった仕組みと異なって、生産と流通を一体化させた「資本の生産過程」をもっていることはいうまでもない。こうした「資本主義社会」と「封建社会」を分かつ基礎を、大塚は以下のように理解している。まず、前者において富は「貨幣」という形態をとるが、後者において富は「土地所有＝占有」である。そして、前者においては「価値法則」が「自由放任のうちに自己を貫徹してゆく」のにたいし、後者は「伝統的な意識と土地所有を基準とする慣習によって共同体的に規制され、諸個人に強制」される。つまり、封建社会における「土地」と「規制」が、資本主義社会における「貨幣」と「自由」に対立するものとみなされているのである。

ここで注視したいのは、その直後につづく、「生産の共同体的組織」での「流通」の位置づけにかんするつぎのくだりである。「生産の共同体的組織」は「自然経済的自給自足」を、その消滅にいたるまで原理的に要請するが、「商品生産＝流通」を全面的に拒否はしない。しかし、この「商品生産＝流通」が「封建社会を支える物質的土台の構成的一部」であるかぎり「価値法則」（等価交換）は「共同体的規制」によって歪められる。そこで、かれはつぎのような重要な指摘にいたる。

すなわち、具体的には、それは生産を把握する限り、共同体、なかんずく中世都市的ギルド制度のうちに組み入れられ(いわゆるStändisches Kapital〔身分的資本〕)、共同体的規制の外側に出る限り、そこにあるのは流通過程のみであって、したがって生産過程から遊離したいわゆる無概念的なものたらざるを得なかったのである[39]。

流通過程の生産過程からの「遊離」という「封建社会」認識じたいは、「前期的資本」論文から変化していない。しかし、ここにはそれについての新しい理解がみえる。それは、「共同体的規制の外側」に「流通」がある、という主張である。つまり、「共同体的規制」の内部に「生産」があり、外部に「流通」があるために、「生産」と「流通」は一体化できない、と大塚は認識しているのである。

流通が生産から「遊離」する原因が、かつての「前期的資本」論文においては「近代的生産」の未発達という「生産諸力」の問題に求められていた。しかし、商品交換や貨幣経済の進展にともなう「等価交換」を「前期的資本」が阻止しようとする理由については、「保守性と反動性」などという以外の説明がなかった。一九四六年の「封建的」をめぐる考察を経た大塚は、これを「生産の共同体的組織」にみられる構造的な問題として説明しようとしている。しかも、そこで論点とされているのは、「生産諸力」ではなく、「規制」という、唯物史観の立場からみれば上部構造に位置するものである。こうした上部構造からの「経済」理解は、つぎのような「前期的資本」認識におよぶ。

その存在と活動は多かれ少なかれ封建社会の歴史全般を通じて見出され、ことに後になればなるほどその範囲と密度を増大するが、しかし、その基盤をなす商品生産＝流通について先に指摘したところから当然に推測されうるように、それが「自由な存在様式」を与えられるのは、いわば共同体的組織の外側にある流通過程においてのみであって（いわゆる Binnenwirtschaft に対する Aussenwirtschaft）、生産過程に触手を伸ばすばあいにおいても――その歴史的性格に変化の生じない限り――共同体的組織を種々に利用して旧来の生産形態を外側から支配するに過ぎない。つまり、資本ではあってても「資本の生産過程」をもたず（いわゆる無概念性）、かえって封建社会の基礎過程に寄生するのである。(40)

大塚はここで、「内部経済（Binnenwirtschaft）」と「外部経済（Aussenwirtschaft）」という概念を駆使して、前期的資本が「外部経済」においてのみ「自由」である「無概念的」な存在であると論ずる。この「内部経済」と「外部経済」こそ、大塚がヴェーバーから受けついだ重要概念であった。この言葉はヴェーバーが『経済史』のなかで使用しているものであり、「内部経済」においては「原始的なかたちでともに厳しく拘束しあう」ので「いかなる経済的交渉の自由も、おなじ部族、おなじ氏族の同志のあいだでは考慮の対象とはならない」のであるが、「外部経済」においては「外部への商業」にたいして「まったく拘束がない」ので財務運用には「まったく思いやりがない」

とされている。[41]

「共同体」の経済にある「きびしく拘束しあう」内部と「絶対的に拘束がない」外部。これらをみると、「絶対的に拘束がない」外部のなかに、さきほど「儒教とピュウリタニズム」論にみえた、「楽天的」な「富の追求」の肯定と類似する要素がみえてくる。つまり、大塚にとっては「内部経済」から「遊離」させられた「外部経済」こそが放埒な「富の追求」をおこなう「前期的資本」の源泉なのであった。では、どうして「外部経済」では、こうした遠慮会釈のない「富の追求」がおこなわれるのだろう。そのことを検討するまえに、どうしても確認しておかねばならないことがある。さきにしめした、「土地所有」との関係である。

(2) 「共同体」における「個人」の埋没

大塚は「局地的分業」を議論したところから「共同体」という言葉を「封建社会」をとらえる鍵概念として使用している。だが、「共同体」の意味するところについてはほとんど議論していなかった。「局地的分業」を「共同体」内部における「分業」と語っている以上、「近代的」な経済の萌芽である「局地的分業」が「封建社会」に存した「共同体」からどのように出てくるのかを論じるためには、「共同体」の定義が必要となってくるはずである。

そこで、「共同体」概念を具体化したのが、かの『共同体の基礎理論』(一九五五年七月)にほかならない。かれは「共同体(Gemeinde)」と「共同態(Gemeinschaft)」とを区分して、両者を以下のように定義する。「共同態」は、無階級かつ「平等」である「原始共同態(ursprüngliche Gemeinschaft)」

を想定したものである。これにたいし「共同体」とは、こうした「原始共同態」が生きのびて「その集団性のいわば基本的な外枠」をつくりながら、「生産諸力の発達段階に照応した一定の形態」（階級分化もふくめて）をとって自己を再生産する「共同組織（Gemeinwesen）」である。そして、この「共同態」的な要素をうちに残した「共同体」は、「封建的な生産様式の崩壊と資本主義的生産様式の展開という局面（いわゆる「資本の原始的蓄積」die ursprüngliche Akkumulation des Kapitals の基礎過程）」においては「終局的」に崩壊するものとみなされる。[42]

ここで確認しておきたいのは、「共同体」の再生産構造にかんする大塚の認識である。「共同体」成立の物質的な基礎が問題とされるような「生産力の発展段階」においては、「生産された労働対象（原料）や消費対象」のみならず「生産された労働手段」も、さらにいえば生産をおこなう「労働主体」でさえ、「未だ母なる大地の懐のうちに、「土地」のなかに、なお包みこまれたもの」あるいは「大地の付属物」である。[43] こうした物質的基礎によって成立する「共同体」の再生産構造はつぎのようになる。①「共同体的土地所有」。「土地」は「共同態的に」占取されるのが基本であり、その内部にある「私的占取地」で成員諸個人の生産活動が営まれ、生活需要がみたされる。②「共同態規制」。この「私的所有」は「共同態」にみられた無階級かつ「平等」を基本的筋道とする「共同体」関係と矛盾をきたす。だが、「諸個人はなお独立して自由な私的生産を営むには未だあまりに幼弱であるから、「共同体」の外枠（＝「共同組織」）はどうしても維持されねばならぬ。そこで成員諸個人の私的活動の恣意性が「共同体」によって抑制される」。③こうしてできる全社会は「諸「共同体」の連結体」＝「あまたの小宇宙の連結体」であって、「資本主義社会の基礎を形づくる「商品流通」のように全社会的な規模における単一の構成として現われるものではありえない（いわゆる集団性！）[44]」。

　ここまでの記述で明瞭になっている論点がある。「共同体」の再生産構造に起因する「個人」の「幼弱」さである。私的所有や私的生産の「自由」は、「平等」の原則のもとに抑制される。そうしたところでは、「共同態的」な原則のほうが強く、「個人」の「恣意性」が十全に発揮されることはない。つまり、「個人」が自己の「意志」を貫こうとすれば、「共同体」関係によって阻止されてしまうことが、ここには記されているのである。こうなれば、「内面的品位の倫理」に忠実な姿勢で「積極的」に行動することは不可能であり、つねに「外面的品位の倫理」によって「消極的」に「適応」することを余儀なくされる。

　つまり、ここでの「共同体」の定義とは、すなわち「儒教とピュウリタニズム」論でみた、あの「儒教」の人間観を土地所有と再生産の観点から理論的に裏づけるものである。そして、一九四六年の「封建的」をめぐる論考との関係でいえば、この「私的所有」がたとえ保障されていてもそれは「私的生産」の「自由」を保障するものではなく、むしろ「共同体」の「規制」によって抑え込まれてしまう、ということなのである。だが、なにゆえに「個人」の経済活動は「共同体」によって抑え込まれてしまうのか。その理由を探ると、そこにはさきの共同体における「外部経済」と「内部経済」との分離の問題がかかわっている。

(3) 「社会的真空地帯」にいる「敵」としての「他所者」

大塚は、「共同態規制」がもたらす効果について、その手がかりをヴェーバーの「内部経済（Binnenwirtschaft）」と「外部経済（Außenwirtschaft）」との対比で説いた「『共同体』の構造的二重性の理論」に求めて、つぎのように述べる。共同体は、「内」にたいして「共同態的『平等』」という基本的な原理にもとづく「共同態規制」を加え、「共同体意識」を醸成する。いっぽう「外」にたいしては、外部からの侵害や攪乱を「防衛」する役割をもつ。そこで、共同体の物質的基礎をなす「土地」を「外部に対して排他的に独占」し、その「土地」にくらす共同体の成員の生活の維持を「何にもまさる必要事として優先する」。こうして「共同体」は外部に対して封鎖されることになる。するとの共同体の「内」と「外」の関係はどうなるのか。

ある一つの「共同体」の成員たちにとっては、その外部にある人々は——したがって当然に他の共同体の成員たちもまた——「共同体」による「規制」と「保護」の外側におかれているところの「他所者」Fremde, foreigner となるのであり、場合によっては、潜在的な「敵」とさえ化するであろう（意識における「対内道徳」Binnenmoral と「対外道徳」Außenmoral の構造的二重性）。そのことは、たとえば、古典古代の都市間におこなわれた戦争のあの皆殺し的な激しさや、中世の村落間やギルド間の縄張り争いの烈しさを思いおこすだけでも、ある程度まで了解することができよう。

大塚はさらにつづける。全社会がこのような「構造的二重性」をもつさまざまな「共同体」によって構成されているばあい、これらの共同体の「中間」に、「「共同体」の規制力の及ばぬ一種の社会的真空地帯」ができあがる。そして「もし、どれかの「共同体」の成員が「追放」ex-communication（いわゆる「村はちぶ」をおもえ！）をうけたとすれば、彼らはまさに文字どおりoutlawとしてそうした社会的真空の只中へ孤立無援のまま投げだされるのであり、そこへは「共同体」の規制力が及ばぬと同時に、完全に「共同体」の保護の外におかれることになる。したがって、そこでは多かれ少なかれhomo homini lupus（人は人に対して狼）という状態が現実に形づくられるということができよう。たとえば、インドの不可触賤民（パーリア）や古典古代における戦争捕虜などの運命を想起してみるがよい(45)」。

この「対内道徳」および「対外道徳」は、ヴェーバーがそれぞれ「内部経済」および「外部経済」と対応させて使っているものである。それだけではなく、「他所者」なる言葉もまた、ヴェーバーが使用しているものである(46)。そこでの議論を下敷きにして、大塚はつぎのことを主張している。共同体では「内部」にいる同志たちとその「平等」を「保護」するためにさまざまな「規制」がかけられる。しかし、共同体の「外部」にいる「他所者」＝「敵」にたいしては「保護」の必要がないので、そのかぎりにおいて「規制」はない。その結果としてできる「一種の社会的真空地帯」に「追放」された人は、「他所者」となって「人は人に対して狼」という状況のもと「戦争」により殺害されるなどの死の危険にさらされることになる。そのような血なまぐさささえ感じさせる戦慄の場こそ、「他所者」たちの生きる場の実相である。
したがって、かれの見解にしたがえば、「他所者」の棲まう「社会的真空地帯」は、さしあたり「封建社会」において「社会」たりえなかった。というのも、「土地」の占取に立脚する共同体の「外部」だったからである。そして、この「社会的真空地帯」から前期的資本はうまれた、と大塚は述べる。

ここではとくに、歴史上このような「共同体」間に存在するいわば社会的真空地帯がいわゆる前期的資本（商業資本および高利貸資本）の成長と活動にとって本来の地盤を形づくってきた、という重要な事実を指摘しておきたいと思う。(47)

大塚にとって「前期的資本」とは、「共同体」の規制がおよばぬ「外部」に存在する「他所者」であり、「共同体」にとっての「敵」でさえありうるものだった。そして、人を人ともおもわぬこの「社会的真空地帯」こそが、「生産の共同体的組織」から遊離した「流通」の場、すなわち「前期的資本」の暗躍する場所だった。こうした共同体の「構造的二重性」という観点は、一九五一年段階でしめされていた、「封建社会」における「内部経済」と「外部経済」の分離、という認識に裏づけられていた。そして、かれが一九三五年の段階でしめしたように、「他所者」としての前期的資本が共同体の「内部」の成員である農民などを隷属させて収奪している以上、それは実質的に「他所者」による「共同体」支配の構造にほかならなかったのである。では、この「共同体」の基本構造がいかなる「封建社会」をうみだしているのか。大塚はそれを「分業」の観点から考察する。

⑷ 「共同体間」分業から「首都市場圏」へ

論文「資本主義社会の形成」で大塚は、「生産の共同体的組織」に基礎づけられた「分業」が「共同体間」ないし「隔地間」でおこなわれており、そこで営まれる商業は「隔地間商業」である、とする。そこでは、「隷農や職人たちは「資財と知識の欠如のために遠隔の地へ生産物を運ぶことなどはとうていできないから」、みずからこの貨幣経済に入り込むことは不可能であり、むしろそうした営みによって利潤をあげてゆきうるのは領主と前期的商人たちである。こうして、領主商業や前期的商人身分の形成を促進する」。これらの「商人」たちの活動する地盤は「共同体的組織の間のすきまに存在する真空地帯、すなわち生産の共同体的組織から疎外された単なる流通過程（いわゆる、無概念的！）」である。だから、ここには「局地的市場圏」のように「独自の再生産機構を形作るもの」はなく、こうした「貨幣経済」は「封建的な共同体的組織」に「寄生しているに過ぎない」。したがって、「隔地間商業」が発展しても、そのなかで「農民や職人たちのあるものが個々的に前期的商人となって富裕化し、さらに領主（＝地主）に転化することがあっても」、「旧来の再生産機構」である「生産の共同体的組織はなんらかの形で維持され、かえって強化されさえする」[48]。

ここで重要なのは、「共同体間」分業から「隔地間」商業へ、という理解である。これは、「共同体内」分業たる「局地的市場圏」へ、というルートとの対抗関係で理解されている。後者であれば、「資本主義社会」の形成にいたることになるが、前者は「共同体」を維持・強化することになる。

その根拠は、これまでの「大塚史学」の議論とつきあわせてみると理解できる。「封建社会」では内部経済（生産）と外部経済（流通）が分断されており、内部には「商品経済＝流通」がない。そして、共同体の外部は「他所者」＝「敵」を相手にする世界だから、露骨な利益あさりがおこなわれる。したがって、そこでは「不等価交換」という名の「掠奪」や「欺瞞」が横行する。だが、「貨幣経済」に巻きこまれつつある「内部」の小生産者たち（農民や職人たち）は、「貨幣」を必要とするのに、自力で「遠隔の地」におのれの生産物を運ぶ「資財と知識」をもっていないので、「前期的商人」の「不等価交換」に頼らざるをえない。こうした世界における悪循環を断ち切るには、「生産」の現場から「生産用具や日用必需の消費対象」を「商品」として「等価交換」しあうような「独立で自足の再生産圏」をつくりだしていくしか方法がない、というわけである。

このように大塚は、「共同体間」分業と「隔地間」商業が存在するかぎり、たとえ「農民や手工業者」が「商人」となっても、それは「前期的」なものにすぎない、と主張する。これはあきらかに豊田にみられた「不等価交換」否定論にたいする応答であろう。なぜなら、「共同体」が存在するかぎり、内部経済と外部経済との分断は残っているからだ。したがって、もし「農民や職人たち」が「商人」になるとすれば、かれらは「前期的商人」たらざるをえない。対内道徳と対外道徳との区別にもとづいた「人は人に対して狼」といわんばかりの商業活動をおこなわなければ、この世界では「商人」として生き残れないからである。この反論は、前章の末尾でみた大石の疑問にたいする、大塚なりの「過渡期」理解の立場からの回答にもなっていよう。

この「共同体間」分業と「隔地間」商業を軸とした市場圏を、大塚はのちに「首都市場圏（metro-politan market area)」とよぶようになる。一九五六年一一月に刊行された『欧州経済史』において、この市場圏は、「中世都市」それぞれの特産物を「国際商品」として売買する「広域市場圏」とされている。そこで「遠隔地間商業に携わる貿易商人たち」は「端緒的な合名会社」をつくって各「地域的市場圏」の間を「仲立ち」し、そこでの「価格差やその変動を巧みにつかんで、いわゆる譲渡利潤（＝前期的商業利潤）を獲得した」、と大塚はいう。[49] この市場圏は、「初期独占論——その経済学的把握の素描」（一九六〇年三月）で端的に表現されているように、「複合的な共同体的組みたてのもとにある市場経済圏」[50]であった。これは、かつて「前期的資本」論文で「地方的市場圏」や「中枢的市場圏」とよばれていた市場圏を総称するものである。そして、この「首都市場圏」が「社会的真空地帯」を中心としたものであることはいうまでもない。

したがって、この市場圏のなかにある流通（および金融）の場、すなわち「取引所」は、大塚の目からみれば戦慄の場所以外の何物でもなかった。『欧州経済史』のなかにある、一六世紀の「世界の中継市場」と名指されたアントウェルペン（アントワープ）についてのつぎの記述は、大塚にとって「他所者」たちの集う「前期的」世界がいかに否定さるべきものであったのかを端的にしめしている。

アントウェルペンの取引所は、その建物に「民族と言語のいかんを問わずあらゆる商人の使用のために」と記されていたというが、まさしく「悪魔のつどう殿堂で、そこには金融業者、遠洋航海の船乗り、投機や先物取引をやる者、巨大商人——そして金儲けさえできるなら、どんな手段でも、暗殺さえも喜んでやる詐欺師や山師までが群り集うていた」（ピレンヌ）。各地から参集する商人たちのあいだで自由な商品取引や手のこんだ金融操作がなされていたばかりでなく、すでにさまざまな投機や富籤までがさかんに行われていた。(51)

5　構造的二重性の「克服」

「悪魔のつどう殿堂」たる「取引所」。これが中央に鎮座するような「首都市場圏」。そこに巣くう「他所者」としての前期的資本。これをかつての「前期的資本」の理論や「封建的」という概念をめぐる考察とむすびつけたとき、かれの背景にある「封建社会」像がはっきりする。ひとことでいえば、「都市」（首都）という「社会的真空地帯」で生き血をくらうような「暴利」に専心する「他所者」によって、「共同体」の生産者（農民など）が収奪をうけて支配される世界である。こうした世界において「共同体」の成員は、「家族的恭順」という名の「平等」原則にひたすら「適応」することを強いられざるをえない。そこに個人の「内面的自由」や「人格的誠実」はうまれない。ヨーロッパの中世封建社会においてこうした近代的要素が発展しているとはいえ、究極的には「他所者」による「経済外的実力」にもとづいた支配の解消までにはいたらない。ゆえに、共同体の内部における「恭順」と外部にたいする「厚顔無恥」の典型たる「伝統主義的人間類型」はしぶとく生き残ることになる。

大塚は「資本の封建性と近代性――後進社会究明の前提条件」（一九四六年七月）において、再び「前期的資本」の規定をおこなっている。ここで大塚は「社会科学的に、理論的な観点から各発展段階における「資本」の運動法則を一般的に規定する」必要を説き、以下のように述べる。

実は、こうした観点からするならば、およそ資本と呼ばれうるものは、一方における近代資本主義的な「資本」と、他方における「封建的」・「奴隷制的」・「アジア的」のすべてを含めての「前期的資本」に二大別されることとなる。(52)

この箇所の意味するところは、以上の説明により明瞭であろう。すなわち、共同体の「構造的二重性」から生まれているかぎりにおいて、前期的資本は「奴隷制的」ないし「アジア的」なものをもふくめた「封建的」性格をもつ資本なのであった。

とすれば、こうした資本を消滅させるためには、「局地的市場圏」が形成され、それが「首都市場圏」の領域にまで拡張されてゆく道がありえなければならない。しかし、それはどのようにして可能なのだろうか。『共同体の基礎理論』では以下のように答えが出されていた。

というのは、いわゆる「資本の原始的蓄積」（したがってその歴史的前提をなすブルジョア経済の一般的形成）は、なによりもまず、こうした「共同体」組織とそれに必ず随伴する社会的真空地帯の、すなわちそうした経済の構造的二重性の克服をもって始まることとなるのであって、資本主義の発達によって前期的な資本諸形態が消滅に帰するにいたるのも、まさしくそのためなのである。(53)

つまり、大塚は「構造的二重性の克服」が「資本主義の発達によって前期的な資本諸形態が消滅に帰する」ための条件であると理解していたのである。それは、大塚にとってつぎのことを意味していた。「資本主義社会」においては商品流通が「単一の構成」をとっているが、そこでは私的生産が「自由」におこなわれており、それを基礎として「商品」の交換において「価値法則」が社会のすみずみまで貫徹している。これにたいし、「共同体」を構成する社会での「共同態規制」は、この「価値法則」の貫徹を阻害する。それは、「「共同体」の構造的二重性」に立脚した「何らか非合理的、伝統主義的な性格の「経済外的強制」(außerökonomischer Zwang)(54)」にほかならない。したがって、「経済外的強制」の消滅が「資本の原始的蓄積」の条件である。そしてこれをとおして、「社会的真空地帯」に存在する、共同体の「他所者」＝「敵」のなかからうまれでた「前期的資本（商業資本と高利貸資本）」は消滅するはずなのであった。

では、その「構造的二重性」はいかにして克服されるのか。たとえば、「共同体内」分業が成立して、そこで「等価交換」が法則的に貫徹しても、まだ「前期的資本」のすまう「首都市場圏」は消えないままである。そんななかで、「農民や職人たち」が経済的に上昇してきたとき、「首都市場圏」で「前期的資本」になるほうがいまは有利だからそれでよし、などという短期的で自己中心的な発想になるようでは意味がない。つまり、たとえ「商人」へと上昇し、「前期的資本」の活動する「首都市場圏」へと食いこんでいくようになったとしても、「局地的市場圏」でおこなわれている「等価交換」のほうが長期的には「生産力」の上昇に有利である、という経済的根拠にもとづいた「公共」的な道徳観がなければならない。しかし、それはどのようにして成立するのか。

さらにこの論点はつぎのような疑問をも呼び起こすことになる。それは、大塚が「封建的」なものを「古代奴隷制的」・「古代オリエント的」なものと区別したこととかかわっている。かれはヨーロッパの「中世封建社会」以外に資本主義社会を形成する「主体的契機」はないと考えていた。ならば、「古代オリエント的」とされる「外面的品位の倫理」を基調とした、「内面的自由」や「人格的誠実」のエートスをもたぬ「アジア」はどうなるのか。「適応」のみに意識をおく「アジア的人間類型」にもとづいた日本や「アジア」の「近代以前的に低い」エートスから資本主義社会は成立しえないのか。その「主体的契機」が成立しないというのであれば、これはまさに「オリエンタリズム」として今日的には非難されるべきものでしかない。

さらに、かつて「大塚史学批判」のさいにマルクス主義者から攻撃された論点が加わる。そもそも、封建社会から資本主義へ、という流れだけを問題にする大塚は、資本主義を「バラ色」のように「牧歌的」に賛美しているだけではないのか。資本主義とはべつの社会、たとえば社会主義社会への道を考えないのか。「アジア」においてそのルートをたどることは、資本主義社会を成立させられない以上、遠い先の未来にあるほとんど不可能なユートピアだというのか。資本主義とは異なるべつの社会を構想することが、「大塚史学」ではとうてい無理なのだろうか。

以上のような問いをもちつつ、「等価交換の倫理」が「近代的人間類型」のエートスとして成立する「主体的契機」について、大塚の回答とその内容を検討する段に入ることにする。

第V章

「等価交換の倫理」から「社会主義化」へ（二）

1 「二重構造」の揚棄

(1) 「経済と倫理の二重構造」

共同体の「構造的二重性」はいかにして「克服」されるのか。「社会的真空地帯」から成立してきた「前期的資本」の跋扈する「首都市場圏」は、いかにして「中産的生産者層」によって生みだされる「局地的市場圏」によって「淘汰」されるのか。その回答をしめしたものが、「内と外との倫理的構造」(一九五八年八月)という論文である。このなかで大塚は、前章でみた「構造的二重性の克服」がおこなわれたのは「歴史上近世初期の西ヨーロッパ諸国において」だったとしつつ、その内容をヴェーバーに依拠しながら「要約」するかたちで、あの忌まわしき「社会的真空地帯」の消滅の方向性を、「経済」と「倫理」の二つの観点を「総合」するかたちでつぎのように定式化した。

ともあれ、ヴェーバーの見解によれば、経済と倫理の二重構造と、その社会的土台をなす共同体は、資本主義の形成過程——マルクスの表現を借りれば資本の原始的蓄積の過程——において終局的に廃棄され、そこから近代の市民倫理が成長しはじめることになる。そして、歴史上近世初期の西ヨーロッパ諸国において、そのことが実際におこなわれた。要約するならば、経済と倫理の二重構造（＝内と外への分裂）の廃棄は、二つの側面において遂行された。一方においては、局地的な市場関係を起点とする商品経済の拡充によって、共同体の小宇宙的な組み立ての経済的基礎が掘り崩され、その結果として、伝統的慣習の聖化のための土台がうしなわれて、倫理が商品経済化される（＝等価の交換）とともに内面化され、個人主義化された。他方においては、右のような局地的市場関係を起点とする商品経済の倫理的要請（＝等価の交換）を基準として、無拘束な営利慾と営利活動が決定的に押えられ、営利行為に厳重なくつわがかけられるとともに、営利それ自体にも倫理的意義があたえられることになった。こうして歴史上、経済と倫理の内と外への分裂が終局的に解消することになったというのである。(1)

この定式において、「等価の交換」は、「倫理」の「商品経済化」として、また「商品経済の倫理的要請」として位置づけられることになる。そして、「経済と倫理の二重構造」の「克服」過程は以下のように理解される。まず、「局地的市場関係」における商品経済の拡充は、かつてのような内部経済と外部経済とに分裂した「構造的二重性」を利用する「不等価交換」の経済的基礎を掘り崩してしまうため、それに則った「伝統的慣習」も商品経済の拡充にあわせたものにせざるをえなくなる。つまり、「等価の交換」というかたちでの「法則」に「倫理」が適合せざるをえなくなる。逆に、「商品経済」もまた、この「等価の交換」をささえる「倫理」を要請する。すなわち、「不等価交換」と対応していた遠慮会釈のない「無拘束な営利慾と営利衝動」が否定され、「等価の交換」

の範囲内に限界づけられた「営利」の追求に「倫理的意義」があたえられる。このような論理でもって、大塚は「経済と倫理の内と外への分裂が終局的に解消する」過程をしめしたのである。

ちなみに、この「倫理」の「商品経済化」と「商品経済の倫理的要請」の交錯にかんしては、一九六〇年の「資本主義の発達・総説」で文学作品を使いながらさらに具体的に記述されている。ここで大塚は、イギリス史においてこの「局地内小市場における等価交換ないし「生産物のほぼ価値どおりの販売」という事実」があったと述べ、その具体的な根拠として、「イギリス文学史上周知の《Piers Plowman》(『農夫ピアズの夢』)」において「一方では、前期的資本の掛け値・値切りによる利得や高利貸付が貪欲の大罪として激しい攻撃にさらされているのに対し、他方では、近隣の『市場』における農民、職人や日雇たちの『一ペニーの物と一ペニーの物の交換』『公正な対価、公正な儲け』そして『民衆の必要とする仕事で生計をたてること』が最高の道徳的賞賛をうけている」ことを指摘して、この「価値法則の貫徹」という局面に対応する「意識形態」が成立していたことを強調する。(2)

つまり、大塚はここで「等価交換の倫理」の現実化が近代のイギリスにおいて「事実」として存在したことを記しつつ、その「価値法則の貫徹」の意識化(＝「エートス」の形成)によって「局地的市場圏」の成立と拡大、すなわち「首都市場圏」の縮小と消滅がイギリスの国内市場において起こったのだ、と主張する。そして、これをかれは封建制から資本主義への「移行」の理論として提示したのであった。

図 5-1　封建社会から資本主義社会への「移行期」

共同体	社会的真空地帯	共同体
対内道徳	対外道徳	対内道徳
農民・手工業者／封建領主	他所者（前期的資本）	封建領主／農民・手工業者
内部経済	外部経済	内部経済
自給自足経済（生産）	不等価交換（流通）	自給自足経済（生産）
↓	↓	↓
局地的市場圏	首都市場圏	局地的市場圏
民主主義	専制主義・独占	民主主義
中産的生産者層（産業資本）	封建的権力者・前期的資本	中産的生産者層（産業資本）
共同体内分業	共同体外分業	共同体内分業
等価交換（生産＞流通）	不等価交換（生産＜流通）	等価交換（生産＞流通）

(2)「大塚史学」の理論構成

ここに、大塚のいう「等価交換の倫理」という観点は、「経済学的見地」との「緊張」をはらんだ「総合」をへて、明確なかたちをとることとなった。そして、あの「等価交換の倫理」をめぐる「戦後『精神』」論文の加筆箇所のもととなったこの定式は、この一九五八年の「内と外の倫理的構造」において完成形態にいたったのだということができよう。こうして、『共同体の基礎理論』と『欧州経済史』によって、封建社会から資本主義社会への「移行期」にかんする「大塚史学」の理論的骨子は成立をみることになった。その内容は、**図5－1**のように図式化しうる、きわめて明快なものである。

もともと資本主義以前の「共同体」を基礎とする社会では、「経済外的強制」によって内部経済と外部経済に分断されている。「共同体」

は成員の保護と生活の維持を「何にもまさる必要事として優先する」ため、その内部に「規制」を加えて成員間の「平等」を強制し、「共同体意識」を醸成する(対内道徳)。いっぽうでその外部の者にたいしては保護の対象とせず、場合によっては「敵」とみなすので、「規制」なしの露骨な収奪がおこなわれる(対外道徳)。こうした「共同体」のあいだに形成されるのが、「人は人に対して狼」ともいうべき「倫理」のまかりとおる「社会的真空地帯」である。そして、ここから「不等価交換」を軸とした詐欺瞞着によって利益をむさぼる「前期的資本」と、それにもとづく「首都市場圏」が形成される。その成立の必然性は、内部経済と外部経済に分断された経済構造からも導ける。前期的資本が「不等価交換」をせざるをえないのは、流通(外部経済)が生産(内部経済)から遊離しているために、利益の根拠を流通のなかでの交換にしか求められないからである。こうして、倫理が「不等価交換」化され「不等価交換」が倫理的に要請されるのが、「共同体」にもとづく社会の構成となる。

大塚にとってこれに対抗するものとして対置されるのが、「共同体」の内部から醸成されてきた「局地的市場圏」である。農民・手工業者を中心として形成される「中産的生産者層」は、封建時代から進んできていた「局地内的分業」のさらなる発展によって自給自足的な(前期的資本の交易に頼らない)経済圏の創出をおこなう。そこでは「等価交換の倫理」が商品経済のなかで実現するとともに、商品経済において「価値法則の貫徹」が起こってそれが倫理的に要請されるものとなる。そして、この「局地的市場圏」の成立と拡充は、共同体における「経済と倫理の二重構造」の基礎である「不等価交換」を無効化していくことになり、ひいては「首都市場圏」とそこに利益の根拠をもっていた「前期的資本」を消滅させて、「等価交換」を軸とする「統一的な国内市場圏」を創出することになる。これが大塚史学における「移行期」の理論構成であった。

これをみると、「大塚史学」の構成は、驚くほどにマルクスの唯物史観の定式と重なったものとなっている。ただし、豊田や服部にみられる「大塚史学批判」は、もっぱら土台の部分（生産と流通の関係、分業および交換の形態）に集中した「経済学的見地」にもとづくものであった。これにたいし、大塚は上部構造（「倫理」、政治の主体と体制）までこの議論を関連づけて論じている。視野としては服部などよりも広いと評価されることがあるゆえんは、この点にあるといえるだろう。[3]

(3) 「宗教的二重構造」の固定か解消か

しかし、大塚はこれに加えて「宗教的二重構造」にかんする議論をうちだしている。それは、あの「儒教とピュウリタニズム」論において出てくるものである。そこでかれは、「克服」の重視と「適応」の重視というちがいをもたらした背景にある、「儒教」文化圏と「西洋」文化圏との社会構造の差異について、以下のようにまとめている。

> 儒教が教養人である官僚、そうした支配者層に結びついていたのに対して、一般の勤労民衆に結びついていたのは道教の方でした。また、あるばあいにはそれは俗間仏教でもあったのです。が、ともかく社会の上層と下層が宗教意識の上で大きく隔てられ、しかも、それが固定的となっている。西洋史の上でもそういう社会層による宗教意識の分裂の現象はなかったとはもちろ

ん申せないでしょうが、そうした関係がこれほどにまで固定化されてしまったことは、やはりなかったのではないかと思われます。ともあれ、そうしたいわば宗教的二重構造のなかで、儒教が教養人としての官僚層、支配者層に結びつく宗教意識であったこと、だからヴェーバーは»Orthodoxie«（正統）ともよんでいますが、そうした支配者宗教だったということを最初に記憶にとどめておきたいと思います。(4)

「儒教」の支配する文化圏では、支配者層の信仰する宗教（儒教）と被支配者層の信仰する宗教（道教や俗間仏教）との「分裂」が「固定」されていた。この現象を大塚は「宗教的二重構造」とよんでいる。これにたいして、ヨーロッパ史の発展過程は「二重構造」の「解消」過程とみなされる。それを図式化すれば、**表5-1**のようになる。ここでは、つねに「平民宗教」が「支配者宗教」を包みこむものとして理解されている。そして、「平民宗教」の担い手はつねに小農民、手工業者、小商人（「勤労民衆」と同義とみてよかろう）であることが強調されている。(5) つまり、「平民」が「支配者」を包みこんでしまうかどうか、その有無が、「儒教」文化圏と「西洋」文化圏とを分かつ基準として理解されているのである。

注意すべきは、さしあたりこの「宗教的二重構造」論がさきほど検討した「経済と倫理の二重構造」論と異なる次元にあることだ。というのも、一方は信仰する宗教の支配者と被支配者とのちがいという「二重構造」にかんする議論であり、他方は「共同体」の内部と外部との「二重構造」を問題としているからである。

表5-1　宗教的二重構造

平民宗教（Plebejerreligion）	支配者宗教（Herrscherreligion）
古代イスラエルの宗教意識	古代アジアの専制国家
原始キリスト教	ユダヤ教＋ローマ支配
プロテスタンティズム	カトリック教会
勤労民衆のピュウリタニズム（英） 勤労民衆のカルヴィニズム（蘭）	ジェントリの国教会（英） 都市貴族のアルミニアニズム（蘭）

しかし、大塚からすればこの「宗教的二重構造」の成立もまたさきにみた「倫理の二重構造」をしめすものであった。大塚は「儒教とピュウリタニズム」論において、儒教と道教との関係を例にあげ、支配者層は道教にあるような「霊魂や精霊の存在など本気では信じない」のにもかかわらず、こうした「迷信」や「呪術」のみられる「Zaubergarten（魔法がかかっている庭園）」の「精神的雰囲気が民衆の秩序を保つために役立つという、その効用は認めて、精霊に対して半信半疑ながらうやうやしい身振りをする」と、ヴェーバーに依拠しつつ語っている。(6)道教における「迷信」や「呪術」は「本気で信じない」のに、それがみずからの支配する秩序を安定させる「効用」はあるから、さも信じているかのようにふるまう、儒教を信仰する支配者。これが、かれにとっては「対内道徳」と「対外道徳」との分裂が現象した形態なのである。

だから、大塚において「経済と倫理の二重構造」が「揚棄」されるとは、同時にこうした「宗教」における「二重構造」、それを具体化したような支配―被支配関係を「解消」することでもあった。支配者たちに飼いならされる道具としての「宗教」ではなく、支配の構造をくつがえす「内面的品位の倫理」の培養基としての「宗教」を「民衆」が摑みとり、支配者たちをも包摂してしまう。これは、小生産者たちが前期的資本や封建領主たちに有利な「不等価交換」の経済と倫理に甘んじることなく、みずからの手で「等価交換」の経済と倫理を創りだし、それを「不等価交換」の世界にまで浸透させていく、という見方と重なりあっている。

(4) 「魔術からの解放」過程

では、いかにしてこうした「Zaubergarten」から抜け出すことは可能なのか。その方向性について、大塚はすでに「魔術からの解放——近代的人間類型の創造」(一九四六年一二月、のちに副題削除)[7]において以下のようにしめしていた。

まず、「Zaubergarten(魔術の園)」については「東洋社会の到るところにある」。中国の風水や日本の家相がそうであるし、またその極端な形態は「アフリカの原住民」が形成するような「原始社会」にもある。[8]「マギー(魔術)」とは「最低度の、しかし最低度ながらそれなりの「生産力」であり、一層正確にいえば、最低度の「生産力」を構成するところの主観的契機」である。すなわち、雨乞いのように「単なる外面的な反覆の見聞に基づく経験的規則」をとらえる「マギー」は、それに基づく一定の「生産力」を構成する点では「最低度」のレベルで「合理的」だが、しかしその「経験的規則」にたいして「無批判に依拠するにすぎない」点では「非合理的」である。「保守と停滞の論理」であって、そこに「合理化と革新」を進展させるものはない。さらに、すべての社会構成が自然的・血族的関係たる「家族関係」に擬せられる(「家族主義」、「家族的恭順」!)。こうした「マギー」が猛威を振るうのは「アジア的」段階においてである。そして、全人類社会は「アジア的、古代的、封建的、資本主義的という継起的発展諸段階」を経過することになる。(9) では、その過程はどのような経路をたどるというのか。

このように、マギーは古代アジア的な社会構成——この概念規定に関してなお多くの論点が残されていることはもちろんである——のうちにおいて最も本来的な姿をとる。それはまさしく»Zaubergarten«であり、それを構成する民衆の人間類型は押しも押されぬ homo divinans〔魔術的人間〕である。が、奴隷制的へ、さらに封建的へと社会構造が段階的に上向・発展するのとまさしく歩調をともにして、民衆のうちに「魔術からの解放」過程はしだいに進展し、そして近代的・資本主義的な社会構成にいたってそれはほぼ完成する。近代社会を構成する民衆の決定的部分は、ただ「貨幣」の Fetischismus〔物神崇拝〕を除けば、もはやなんらのマギーを知らず、なにものにも呪縛されるところがない。少なくともマギーは社会事象の決定的起動力とはなっていない。そして、これこそがいうところの「近代的人間類型」にほかならない。(10)

「経験的規則」にたいして「無批判に依拠する」、「家族的恭順」に覆われた世界としての「Zaubergarten」。のちに大塚はこの「Zaubergarten」を「宗教的二重構造」とむすびつける。つまり、ただ「外面的な反復」にひたすら「適応」しつつ、それにたいする懐疑は「内面」にとじこめて不問にする、という「アジアの倫理」から脱却するには、「魔術からの解放」しかない。その発展図式を、大塚は〈アジア的↓古代的〔奴隷制的〕↓封建的↓資本主義的〉というかたちで「近代的人間類型の創出」という観点から提示する。具体的には、〈氏族＝家族関係の消失→奴隷制社会→ゲノッセンシャフト的共同体の発達→資本主義社会〉というかたちでこの発展は語られる。そして、その各々において「預言」が大きな役割を果たしたことを、彼は「古イスラエルにおける預言者運動」や「原始キリスト教の使徒たち」、さらには「宗教改革における改革者」を例にあげつつ強調する。[11]これが「儒教とピュウリタニズム」論におけるヨーロッパ史の発展図式と符合しているのは、いうまでもないだろう。

このように、「大塚史学」における「移行期の理論」は、「経済と倫理の二重構造」の揚棄、「宗教的二重構造」の解消、という二つの要素から組み立てられた発展段階論として理解することができる。しかし、それでも前章の末尾でたてた問いは解消されない。いかにして「マギー」は、つまり「二重構造」にもとづく意識は解消され、「近代的人間類型」が新しい社会の「エートス」として人々に共有されうるのか。ここで述べられているのは「預言」の役割だけであって、それを成立させる「契機」はいまだにはっきりしない。また、この発展図式をみると「アジア」が「資本主義社会」へと到達するのはかなり先のことになる。しかも、それはヨーロッパ史とおなじルートをたどらねばならないようにみえる。ということは、「資本主義社会」に批判的な立場からすると、二重の意味で大塚の議論は首肯できない。はたして「アジア」は「資本主義社会」になりえていないのか。そして、「アジア」はその先にある「社会主義」の世界を、遠く「資本主義社会」の向こう側にある夢のユートピアとして、指をくわえて待っているしかないのか。以上の疑問を解くべく、本章はまずこの「二重構造」という言葉をめぐる議論から検討することにしたい。

2 「構造的二重性」から「二重構造」へ

(1) 「二重構造」の起源

ここで注目すべきは、大塚が『共同体の基礎理論』において、共同体の「構造的二重性」とよんでいたものを、一九五八年の段階において経済と倫理の「二重構造」といいかえている点である。その内容はほぼ『共同体の基礎理論』と同様であるにもかかわらず、言葉を変えたのはなぜであろうか。

「二重構造」という概念で有名なものに、有沢広巳の定義がある。有沢は一九五七年に、日本経済の特質を、「近代化」している大企業と「前期的」なままの中小企業・小型経営の併存する「二重構造」としてとらえた[12]。この概念には、農村の貧困と都市の繁栄、という構図理解が潜んでいる[13]。すなわち、もともと「二重構造」で念頭にあったのは都市の大工業経営と農村の零細経営との格差だったのである。その源泉は、一九三〇年代の日本資本主義論争期における講座派や労農派の現状認識に遡ることができる。

この時代、「高利貸」的ともいえる地主による農民からの収奪の問題があった。労農派の猪俣津南雄は一九三四年に、「大工業の発展を待っているような植民地や半植民地」における高利貸資本の活躍と地主的土地所有関係との共通性を指摘していた。[14] 講座派の山田盛太郎は、「半隷農的」とされる農民の貧困に加えて、そこでの生活苦を脱するために都市に出てきた「半隷奴的」とされる労働者の貧困をも問題とし、「日本資本主義」においては「狭隘なる再生産軌道対応としての植民圏劃保」がでてくるとしていた。とくに、労働者は「大工業」においては「典型的なインド以下的賃銀および肉体消磨的労働条件」におかれているといわれた。[15]

目のまえで展開されている「日本資本主義」を「封建的」段階とみるか「資本主義的」段階とみるかで両者はちがったが、[16] こうした農民と労働者の貧困という事態を危惧する認識では共通していた。そうしたさなかにあって、「窮乏の農村」では、一方で左翼革命運動が活発となるとともに、他方では国家主義的な農村社会運動も台頭した」。さらには一九三二年に血盟団事件や五・一五事件という「右翼のテロリズムも暴発した」。経済史的にみると、一九三〇—三一年において重化学工業が実質的には増加していたのとは対照的に、農村と世相は荒れていた。[17] こうした状況において日本経済の「二重構造」の問題が表面化するのが、一九三〇年代という時期であった。

(2) 経済の「二重構造」

有沢の定義が一九五七年にしめされたということは重要な意味をもっている。これより二年前の一九五五年は「高度成長」元年であり「戦後最良の年」といわれていた。その翌年にでた『経済白書』の言葉である「もはや「戦後」ではない」という言葉はあまりにも有名である。経済成長率は一〇パーセントをこえ、物価は安定、国際収支も黒字であった。[18] これだけをみれば、日本経済はもはや十分な豊かさを備えていたようにみえるだろう。

しかし、同時代の人々の認識は逆であった。たとえば『昭和史　新版』（一九五九年）には、「五五年から五六年にかけて、日本経済は、いわゆる「神武景気」を謳歌した」背後に、つぎのような格差や貧困の問題があることを強調している。

もとよりこうした発展の裏には、独占禁止法が逐次骨抜きにされ、旧財閥系企業を中心とする独占が進行していた。その反面、全工場の九二パーセントを占める中小工場（従業員三〇〇人以下）は、大企業に圧迫されて、経営の困難は増している。そして労働者の七四パーセントにあたる中小工場の労働者は低賃金と首切りにおびやかされている。また失業者は増大する傾向にあり、さらに生活保護をうけるもの、またこれと同程度の低所得家族者数は一千万人と推定されている。こうした矛盾は増大しているが、経済の面からいえば、戦後の日本は植民地をもたぬものの、戦前にまさる独占資本主義の体制が復活したといえよう。(19)

マルクス主義の色彩の濃い記述であるが、それでもここで語られている内容はけっして一九五五年段階での政府の認識と異なるものではない。政府でさえ、日本経済の前途は厳しいと考えていたようである。さきほどの『経済白書』にある「もはや「戦後」ではない」の前後を読めば、そのことは明瞭である。これまでの成長は「回復による浮揚力」のおかげであった。もはやそれに頼ることはできない。これからの成長は「近代化」によって支えられねばならない。その意味で「我々はいまや異なった事態に当面しようとしている」。

新しきものの摂取は常に抵抗を伴う。経済社会の遅れた部面は、一時的には近代化によってかえってその矛盾が激成されるごとくに感ずるかもしれない。しかし長期的には中小企業、労働、農業などの各部面が抱く諸矛盾は経済の発展によってのみ吸収される。近代化が国民経済の進むべき唯一の方向とするならば、その遂行に伴う負担は国民相互にその力に応じて分け合わねばならない。[20]

これをみれば、「近代化」によって解決可能とされた「中小企業、労働、農業など」の「矛盾」は、高度成長のスタート地点であった一九五五年段階でものこされていたことがわかる。その認識は左右をとわず共有されていたものであった。有沢は戦後復興をへてもなお残存していた日本経済における「中小企業、労働、農業など」の「矛盾」、そして現在ものこる大企業と中小企業・小型経営との格差をとらえるべく、「二重構造」の概念を提示したのである。「二重構造」の概念は現在、経済史のうえでもとりわけ一九一〇年代から一九五〇年代までの日本に顕著に存在した農工間産業格差や大企業と中小企業との格差の並存を理解するための鍵概念として定着している。[21]このことからもわかるように、「二重構造」なる言葉は、「戦前」から「戦後」にいたる日本経済の実態を端的に言いあてたものなのである。

(3) 倫理の「二重構造」

では、大塚はこの有沢の「二重構造」の概念の影響を受けているのか。「内と外の倫理的構造」に戻って確認してみると、そのことをおもわせる記述が以下の箇所にみられる。

以上のような諸点を考慮に入れるだけでも、共同体の二重構造に関するマルクスの見解が、ヴェーバーのそれとある重要な点で共通な一面をそなえていることは明瞭だといってよい。ただ、マルクスのばあいには、問題が主として――かりにヴェーバーの用語法で表現してみると――「内部経済」と「外部経済」という経済の二重構造の面だけ捉えられていて、「対内道徳」と「対外道徳」という倫理の二重構造という観点はほとんど見出すことができないが、しかし、彼の立場からしても、そうした倫理的構造の問題を理論的に展開することはもちろん不可能ではないし、また背理でもないはずである。[22]

大塚によればマルクスは、共同体のあいだに介在する「空隙」こそが「前期的商業資本」の生息場所であり、そして共同体内部の資本主義化が前期的商業資本を「自己の法則にまったく従属させてしまう」、という見解を有していた。[23] すなわち、大塚の認識からすれば、共同体（生産）から「隔絶」された空間（社会的真空地帯）における「不等価交換」によって生き延びている「前期的商業資本」は、共同体（生産）において資本主義化がすすみ「産業資本」が優勢になると、その「派生的形態」としての商業資本に成り下がる、ということである。そのかぎりにおいてマルクスの議論には、「経済の二重構造」とその解消、という論理があるとみている。だが大塚は、マルクスとヴェーバーの「総合」という観点から、さらに踏み込む。すなわち、理論的にはそこからヴェーバーの「倫理の二重構造」認識と同様のものを展開できるはずだ、と主張しているのである。

この箇所を重視するゆえんは、ヴェーバーの視角からマルクスの「共同体」認識を「経済の二重構造」論としてとらえ、そこに「倫理の二重構造」の観点がほとんどみられないことを指摘しているためである。おもえば、「二重構造」概念を規定した有沢広巳はもともと労農派のスタンスにたつマルクス主義者であり、その定義内容は「経済」に特化したものであった。大塚はそこに不満をもっていたのではないか。というのも、大塚はマルクスの唯物史観にもとづく「経済の二重構造」認識にヴェーバー的な「倫理の二重構造」の観点を導入して、両者の「総合」（マルクスの読みかえ）を図っているからである。

もともと「東洋的社会」の特徴を「倫理の二重構造」に求める議論は、大塚のほかにも数多く存在した。それらはヴェーバーの「儒教とピュウリタニズム」と強くむすびついている。たとえば、中国法制史家の仁井田陞は対内道徳と対外道徳の分裂を「私」の確立がないことと関連づけ、そこから派生する公私の無差別を「東洋的社会」においてどこにでもみられる「前近代的」なものとみなした。これを仁井田はヴェーバーの「儒教とピュウリタニズム」のなかから導出している。(24) また、経済学と社会学で大きな業績をあげた青山秀夫は、『マックス・ウェーバーの社会理論』に所収されている一九四七年初出の論考で、対内道徳と対外道徳とが「峻烈に対峙した」中国社会では、こうした道徳の分裂が「インドのカスト制度と同様に」そこでの「伝統主義の最後の防塞として、従ってその停滞化の執拗なる原因として作用しつづけた」と論じ、これを「商人資本主義」とむすびつけていた。[25]ヴェーバー研究者である金子栄一もまた、対内道徳と対外道徳の二元性を中国の宗教における「伝統主義的要素」のひとつに数えると同時に、これに「呪術的な信仰」を加えて、「社会生活の合理化もまた、のぞみがたい」と断定している。[26]日本の社会科学においてこの観点がひとつの基盤となっていたことが、これだけでもわかるだろう。

こうした系譜の原初的言説こそ、大塚が「終戦」直後の一九四六年に発表した「近代的人間類型の創出」にほかならない。大塚がいう「倫理の二重構造」とは、共同体の内部では「伝統」にもとづく規制に唯々諾々と従いつつ、その外部では傍若無人な行動をとるような「エートス」の構造である。これは、まさに「体面」を保つために儀礼や手続きに口やかましい「外面的品位の倫理」＝「アジアの倫理」の延長にあるといえよう。なぜなら、「体面」に拘泥するのも「暴利」をむさぼるのも、与えられた環境に対して「感覚的―衝動的」に「適応」する「伝統主義的人間類型」である点では共通だからである。大塚の「倫理の二重構造」認識はこうしたヴェーバー受容とも強くシンクロするものであった。その視角からすれば、「経済の二重構造」のみに限定した有沢の議論にひそむ唯物史観一辺倒のマルクス受容は一面的におもわれたにちがいない。

(4)「農地改革」と「日本文化の根底に潜むもの」

そして、大塚にとってこの「アジアの倫理」は、日本のなかにも巣食っている「低い近代以前的なエートス」であった。その考えは「内と外の倫理的構造」においても変化がない。大塚はきだみのるの『日本文化の根底に潜むもの』（一九五六年）をとりあげ、そのなかにある記述から「われわれの注意をさしあたってひくのは、部落を形づくる人たちの倫理意識のなかで、部落の内と外とがはっきりと区別されているということであろう」と指摘する。そのうえで、これを「内と外の倫理の二重構造」とよび、これが「日本文化の根底に潜むもの」となっているとして、以下のような感想を述べる。

もちろん、このような古い、伝統に根ざした部落構造は現在では、とくに農地改革以後、すでにいちじるしく崩れているし、さらに大きく崩れつつあるといわねばなるまい。それにしても、このような内と外の倫理の二重構造を生みだし、また、それによって支えられているような基礎的生活関係は――こうしたものを私は以下「共同体」とよぶことにしたい――が、なおある程度まで「日本文化の根底に潜むもの」となっているという認識は、これはやはりなかなかに重要なものではないかと感じている。[27]

ここからもわかるように、大塚はこの「内と外の倫理の二重構造」を「日本文化の根底に潜むもの」として「なかなかに重要なもの」とみている。そして、この「二重構造」が「農地改革以後」崩れてはきているものの、「なおある程度まで」残存しているとみている。つまり、「倫理の二重構造」という側面でみれば、一九五八年現在は「共同体」中心の社会から資本主義社会への「移行期」だということになる。ここに、大塚が「移行期の理論」にこだわっている理由があきらかとなる。彼にとって日本は「移行期」の社会なのである。そのことは、上山春平とおこなった対談「危機の診断」（一九六〇年一月）におけるつぎの発言からもわかる。

というのはね、日本は資本主義社会だ、と私は思っている。それは前からそうなんです。しかしまた、封建制から資本主義への移行の基本法則をもってしなければつかめないような面が、いまなお日本社会の奥深いところにある。だから、日本の現実をつかむためには、どうしてもそういう二つの局面から見ていかなきゃならない。そこで、ひとつヨーロッパの歴史を遡って、そして封建制から資本主義への移行の一般的法則とでもいうべきものを捉えてみて、役立てるようにしたい。こういうことをやってきたわけです。だから、ヨーロッパと同じ経過をもう一度たどれとか、ヨーロッパの歴史を模範にしてそのまま真似しろといったわけじゃない。(28)

ここに、大塚が「倫理の二重構造」論で意図したことがはっきりとしめされている。日本は資本主義社会でありながら、「移行期」の要素を含んでいる。それをとらえるには、資本主義社会の一般的法則の理解だけでは足りない。「移行期」の理論が必要である。そして、そのためには「移行期」に残存している「経済の二重構造」のみならず、「倫理の二重構造」をもとらえる必要がある。なぜならば、この「二重構造」はマルクスのいう土台としての経済構造のみで成立するものではない。内部経済にたいする「規制」をもたらす「共同体意識」や「伝統主義」といった精神的なもの、すなわち「倫理」の要素も無視できないからである。

　大塚が一九五五年まで「構造的二重性」という言葉を使っていながら、一九五八年になってこれを「二重構造」といいかえたのは、有沢によって「経済学的見地」から概念化された「二重構造」の提示をうけて、その転用を試みた結果ではなかったか。そうでなければ、大塚がみずからの術語であった「構造的二重性」をわざわざ「二重構造」へと変更する必要はないだろう。大塚には、「二重構造」の概念を「倫理」の次元に転用することで、「経済学的見地」だけでは導きだすことのできない「移行」の法則を「共同体の基礎理論」の観点からあきらかにする意図があった。そして、それによって日本資本主義の実態をマルクス主義者以上に正確に把握しようと努めた。以上のように「二重構造」という概念の採用の動機を考えることは、十分に可能だと思われる。

　では、日本の資本主義社会は「移行期」の観点からどのように整理されるのだろうか。この問題で注意すべき点がふたつある。ひとつは、大塚が「農地改革」をきっかけに「倫理の二重構造」が崩れ始めたと示唆していることである。このことは、前章において示唆されていた「土地所有」のエートスと資本主義社会への「移行」という論点と密接に関連する。もうひとつは、「ヨーロッパ」を「模範」としておなじ発展経路をたどらねばならないとはいっていない、という大塚の発言である。つまり、かれが以前から日本の「近代化」にあたってかならずしも「ヨーロッパ」の発展過程を前提としていなかったことを示唆している。あきらかなように、大塚による日本の「二重構造」認識は、ヴェーバーの「儒教とピュウリタニズム」をつうじて形成された「アジア」観と同一のものである。したがって、さきにみた「魔術からの解放」の発展図式とは異なる「アジア」の「移行」の見取り図をかれがもっていたのかどうかを探る必要があるだろう。では、この両者はどのように組み合わさっているのか。

3 農民解放と土地所有

(1) 「末期資本主義」にある世界

大塚の「終戦」直後の日本の現状認識をあらわすものに、「現代社会の経済史的考察——経済建設の現実的諸条件」(一九四七年四月、のちに副題削除)がある。(29) まず大塚は「世界史における近代、あるいはその社会的内実をなす近代市民社会」を「資本主義」とよぶことに「十分な根拠」をみいだす。資本主義は「西ヨーロッパ」、わけても「イギリス」および「北アメリカ合衆国」において「自生的に」発生し成長した。そして「ここを渦巻の中心としてその周囲に力強い膨張《エクスパンション》」を起こすことになる。(30) その過程を大塚はつぎのように述べる。

まず、膨張の本源的な姿としては、厳密な意味での資本主義圏(市民社会)がその周辺にむかって地域的に拡延されていった——たとえば、フランス大革命およびそれにつづくボナパルティズム体制がヨーロッパ大陸に及ぼした影響をおもえ——こと、また、そうした歴史的渦巻の中心に刺戟され牽引されながら、その周辺の諸地域が何らかの意味での資本主義圏へと成長していったことをあげねばならない。が、膨張はそういう形でのみ行われたのではなかった。すなわち、資本主義圏は広汎な非（＝前）資本主義圏に対して、何らかの仕方で強力な経済的影響を及ぼしつつ、しかもそれを必ずしも資本主義化せず、いわば前近代的な古い経済構造のままで、これを自己の経済循環圏のうちに包摂してゆくという形をも作り出した。

ここに、大塚が一九六一年の「政治的独立と国民経済の形成」において語っていた「経済的帝国」論の原型をみることができるだろう。そこには、「中心」の資本主義的発展と「周辺」の前近代的停滞、という従属理論をおもわせる認識をみてとることができる。以上のように論じた大塚は、この引用の直後で現段階を以下のように「末期資本主義」と位置づける。

それはともあれ、このようにして、世界史上近代史は、すぐれた意味において「資本主義」の時代と段階づけることができるであろう。が、しかし、この「資本主義」も、ゾムバルトの著名な表現を借用すると、いまやその高度期《ホッホ・エポッヘ》を通りこしてすでに末期《シュペート・エポッヘ》に到達している。つまり、世界史の現在はいわば「末期資本主義」Spät-Kapitalismus と、大づかみに規定することができるであろう。(31)

ここで出てくる「高度期《ホッホ・エポッヘ》」「末期《シュペート・エポッヘ》」とは、大塚のいうようにヴェルナー・ゾンバルトの用語である。ゾンバルトは「(比較的) 様式の純粋な時期と様式の混合期」を区別し、前者をある経済システムの「高度期」、後者を「移行時代」、すなわち古い経済システムの「末期」と新しい経済システムの「初期」とが混在する時代とする。[32] ここでは、大塚が新しい経済システムへの「移行時代」として「末期資本主義」をとらえている点に注意したい。というのも、さらに大塚が来る新しい経済システムについてつぎのように言及しているからである。

といえば、ただちに想起されるのは、第一次世界大戦直後 (一九一七年) のロシアにおける社会主義的ソヴィエット連邦の成立、しかもそれが、わずか四半世紀のあいだに新しい構造原理による計画経済的建設を遂行しつつ、今次世界大戦の終末とともに世界における指導国の一つとしての地位を占めるにいたったという事実であろう。しかし、それのみではない。近代世界史の成立と進展を指導しつづけてきた当の中心圏である西ヨーロッパ諸国、なかんずくイギリスおよび北アメリカ合衆国においてさえ、大きな変化が現れつつある。いわゆる資本主義の深刻な矛盾――恐慌と失業――を解決しようとする努力のうちから、どこにおいても、新しい機構的様相が現れつつあることは、改めて指摘するまでもないであろう。高度期型の資本主義が、もはや無修正のままでは一般的に承認されえなくなっていることはいうまでもないが、それとともに、社会主義への傾向が種々なニュアンスをもって力強く前景に現れつつあるといえよう。[33]

この「現代社会の経済史的考察」は一九四七年一月一六日に脱稿された、と初出のさいに記されている[34]。ちょうど2・1ゼネストに向けた労働運動の活発化と重なる時期である。かれがその光景を横目にみながら、日本国内にもみられる「社会主義への傾向が種々なニュアンスをもって力強く前景にあらわれつつある」さまに感銘をうけていたことが、この記述からわかる。

(2)「封建的絶対主義」としての日本

では、日本はいまどういう現状であるのか。一方で大塚は、日本資本主義が「末期資本主義」の様相をおびている、と述べる。すなわち、「明治維新の変革によって切り拓かれた地盤の上に、早くも開始された「産業資本の温室的助長」、明治三十年(一八九七年)前後における「産業資本確立」、大正七、八年(一九一八―一九一九年)頃には早熟的にすでに認められる「本格的独占資本主義への完全な熟成、之に対応する社会主義的諸傾向の急激な進展」」がみられる、というのである[35]。だが、かれは他方で日本が「封建的絶対主義(アンシャン・レジーム)」の側面をもっていたとする。「封建的絶対主義」とは、「まさに民主革命直前の、つまり近代的ブルジョア的社会(資本主義的構造)への移行の直前の段階における封建社会、その構造原理である。いわば末期封建主義の段階である[36]」。そして、日本における「末期資本主義」と「封建的絶対主義」との結合関係を、つぎのように要約する。

以上、要するに、わが国アンシャン・レジームの社会構造においては、工業部面における産業資本(=資本主義)の発達、しかもきわめて高度な発達が、農業部面における過度集約的零細農耕とその存続を必至ならしめている高額地代（＝地主制）の社会的圧力、そうした旧幕藩制封建社会から伝来のままの農業基盤と本質的に矛盾することなく、むしろそれと互いに掩護しあいつつ行われてきた。[37]

ここに山田盛太郎の『日本資本主義分析』の影響を読みとることは容易であるが[38]、さらにかれは以下のような記述を展開する。このような構造のもとで「農民的農業経営における生産諸力（＝労働生産性）の発達の程度は低かった」とともに、農民から産業資本はうまれえなかった。かの「高度な独占資本」へと成長した「わが産業資本家層の基軸部分」は、「地主と、なかんずくそれと絡み合って古くから盤踞してきた前期的商人・金融ブルジョアジー（すなわち前期的資本）との転化形態」として生誕した。ゆえに、「日本資本主義」は「近代初期の西ヨーロッパ（北アメリカ合衆国をも含めて）」にみられる「古典型の近代ブルジョア社会」——「農民」が自生的に産業資本として生誕・成長する資本主義社会——とは「おそろしく異なったもの」＝「特殊型」になった、と。[39]

ここに、「前期的資本」の理論の日本への応用をみることは可能であろう。日本の「領主」格にあたる地主によって農民から徴収された高額地代が「前期的資本」へと転化されて産業資本の成立とその独占資本への成長をうながす。その構造をかれは「前期的資本」の理論によってしめそうとしたのである。

この点に関連して、大塚は『株式会社発生史論』（一九三八年一月）の参照を求めている。この本は「前期的資本」の理論にもとづいて、前期的資本がいかにして「株式会社」の形態にむかう過程をとりながら「独占資本」を形成するのかを記した書物であった。しかも、そこでは「専制型」の株式会社にとどまったオランダの没落と「民主型」の株式会社を形成するにいたったイギリスの興隆との対比が鮮明に描かれている。その問題意識を大塚はその「初版　序」においてつぎのように記している。第一は「史実的にみて、会社諸形態は合名会社↓合資会社↓株式会社という順序で段階的にその姿を現してくるものなることが実証されるが、それはなぜか」。ここで重要なのは、以下に挙げる第二のものである。

第二は、集中のかなり高度な段階に相応するはずの株式会社形態の発生が、早くもすでに十七世紀の初頭に決定的になし遂げられたこと、およびこれと関連して、このように早熟的に発生した初期の諸株式会社は現代のそれと異なって一般に株主総会を欠如し、いわゆる専制型なる構造のものであったが、これはなぜかという点である。これは第一のそれにまさる難問であった。そしてこれについては、著者は、株式会社の発生がそもそも近代的な資本の集中としてでなく、むしろいわゆる「前期的資本」の集中としてなしとげられたものであることを指摘し、この前期的資本の法則性よりこれを解明せんと試みた。したがって前期的資本の理論がまたこの研究のいま一つの基調をなしている。(40)

このように、『株式会社発生史論』の軸をなした「前期的資本」の理論は、それがもたらした「株式会社形態」における「専制型」の根底を剔抉する意図をもっていた。その一方で、かれは一九三四年の段階で現代的な「企業集中」について講義をおこなっていた。そこには現代的産業資本の「独占」を問う視座がみえる。[41] その両者をつなぐものは何か。これをあきらかにするのが、前期的資本と産業資本との峻別が大塚史学の核であることを語った、あの一九六七年のインタビューにみられるつぎの一節である。

考えてみると、私の学問、といっても経済史のことだが、その出発点はやはり当時の日本の国民経済の本質を、あの財閥を頂点とし、世界史的にみてかなり風変わりな日本資本主義の歴史的位置を、学問的に見極めたいということにあったように思う。そのためには、ふつう無差別に理解されている資本一般に理論的なメスを入れ、特殊近代的な資本主義発達の基本的契機を押えるという観点から、前期的資本というものの性質とその運動法則を明確にしておく必要がある。そう考えて、私の問題意識の焦点もそこへ集められていったといえよう。[42]

これをみれば、大塚は「前期的資本」の理論をうちたてる当初から「日本資本主義」における独占資本たる「財閥」の成立と「封建的絶対主義」＝「二重構造」との関連を解明しようとしていたことがわかる。まさに、「日本資本主義」は封建制から資本主義への「移行」の段階をしめすものだった。かれはそれを比較経済史的観点から法則的に究明しようとしていた。戦後の「封建的絶対主義」論は、その意味で戦前の「前期的資本」の理論から連続した産物として評価することができよう。

(3) 農地改革＝平和的・民衆的建設

では、いかにして日本はこの「末期資本主義」に「封建的絶対主義」の要素が結合した「日本資本主義」の桎梏から逃れることができるのか。その究極的な課題を、大塚は「農地改革」＝「農民解放」に求めるのである。

農民の零細経営の上に磐石の重みで伸しかかってきた古い土地所有制（＝地代負担）を徹底的に排除し、それによって、彼らの労働生産力の進展を阻止してきた社会的限界を除去すること、ついで農民の経営を共同化し組織することによって彼らの労働生産力を積極的に引き上げること、これのみが経済再建の最も健康でかつ展望の明るいプリムム・モービレとなりうるであろう。これこそが経済再建の最も現実的な条件である。すべてがその成否にかかっていると思われる。(43)

周知のことであるが、ここで大塚のいう「農地改革」とは、GHQの指令による地主制度の解体と自作農の創出の過程を指している。この「改革」でほとんどの小作地が地主より買い上げられて小作人に安く売り渡された結果、地主は没落する一方で小作農は自作農へと向上した。とくに、「不在地主」の形態での土地保有がまったく許されなかった点が特筆される。いいかえれば、地主が遠隔地の小作人から地代を徴収することは完全に禁じられたのであった。(44) では、なぜ「農地改革」が「農民解放」となりうるのか。この引用からみればさしあたり「地代負担」からの「解放」だからであることがわかる。しかし、それだけであれば大塚がここまで「農地改革」をpurimum mobile（原動力）として高く評価する意味がわからない。

「農地改革」の指令がでた直後に書かれた「農民解放の世界史的意義――経済再建期における経済史の問題[45]」（一九四六年一二月）の冒頭をみると、その疑問はさらに増す。この論考の冒頭は「農地改革」実施にたいする喜びで満ち溢れている。「思い起こしてみると、昨年八月の降伏から半年ほどの間はなんとめまぐるしい時期であったろうか。アンシャン・レジームの政治的枠のうちでは夢にも考ええなかったような画期的な諸変革が、占領軍の手によって次々に実行されていった頃の感激はいまでもなお新しいし、おそらくもはや忘れることはないであろう。なかでもわれわれの心を強く揺り動かしたのは、あの農民解放の指令であった。日本の農民が古い旧い桎梏のうちから解放されるその第一歩が確実に踏み出された。なんとすばらしいことであろう」。なにゆえにそこまでの高揚感を「農地改革」はもたらしたのか。「しかし」という逆説から始まるつぎの箇所が、大塚にとっての「農地改革」の意義をしめしている。

しかし、長い長いアンシャン・レジームの精神的昏迷のうちにおかれていたわれわれ日本人には、この指令も必ずしも直ちにそうしたものとして受けとられえなかったように思われる。というのは、いまや第一歩を踏み出そうとしている画期的な土地改革と農民解放が徹底的に行なわれるならば、新日本の平和的・民衆的建設、なかんずくその経済再建にとって、それはまさ

に隅の首石ともいうべき建設的な意味をもちうるということがなかなか理解されがたかったからであろう。(46)

つまり、「土地改革」こそが「農民解放」につながり、そしてそれが「平和的・民衆的建設」にとって「隅の首石」となるというのである。大塚にとって「農地改革」は日本の「平和的・民衆的建設」の鍵となるものであった。つまり、地主制度の解体と自作農の創出こそが平和的な民主制の基盤となると考えたのである。では、そのロジックはいかにして構築されるのか。大塚はその範型を「イギリス」と「アメリカ合衆国」に求めるが、ここでとくに重要なのが「イギリス」にかんする認識である。

(4) 外見的な「衰退」と内側での「繁栄」

かれはこの論考で一五世紀のイギリスに注目する。この時期については、デントンによる繁栄説とサロルド・ロジャースの衰退説があったという。しかし、かれはそこでポスタンの説をもちだして、「両者とも正しい」ということを力説する。その理屈は以下のようなものであった。

衰退、それは封建的支配者とそれに絡みあう旧型商人層の没落、その結果としての商業の衰退にすぎない。繁栄、それは封建的支配を崩壊させつつ下から盛り上るところの中産的生産者(農民・職人)層の向上、なかんずく毛織物工業の国民的繁栄(コモンウィール)、つまり生産諸力の上昇を意味する。そして、彼〔ポスタン〕によれば、これこそがイギリスにおける近代社会建設のための現実的な第一歩であった。外見的なまたいちおうの経済的衰退を伴いつつ、しかもその内側で新しい健康な歴史の形成力が生まれていった。そしてそれは、ほかならぬ、土地改革と農民解放の自生的な進展だったのである。(47)

ここでいわれているのは、前期的資本や封建的支配層の「衰退」と中産的生産者層の「繁栄」のことであり、まさに「大塚史学」の定式そのものである。注目すべきは、これが「土地改革」とむすびついている点である。どのようにして「衰退」と「繁栄」が「土地改革」と関係するのか。この論文を読むかぎりでは判然としない。この点で参考になるのが、第Ⅱ章の冒頭で紹介した大塚の一九六八年の「最終講義」におけるポスタンへの論評である。というのも、そこにおいてさきの引用の意味するところが明瞭になっているからである。

ここでかれはポスタンの「十五世紀」という論文を紹介しつつ、さきほど引用した論点をさらに掘りこむ。イギリスには農民の賦役労働を軸とした領主の農地経営の基礎となる「マナー」制度という土地所有関係が存在した。しかし、賦役労働が金納化され、疫病の流行にともなう農民人口激減等のために「日雇」の「賃銀」が騰貴したこともあって、農民は裕福になっていく。そんななかで領主の農地経営は行き詰まり、旧来の「マナー」制度は急速に解体していく。この事態の意義を大塚はつぎのように述べる。

マナー制度が解体し、それに反比例して、農民たちは独立自営農民へと社会的地位を高めていく。これは、もちろん、重要な生産手段である「土地」が封建領主の手から離れて（さしあたっては少なくとも事実上）農民たちの所有となることを意味しています。いや、そればかりでなく、労働用具や原料などの「土地」以外の生産手段が農民たちの掌中に蓄積されることも可能となってくる。あの半農半工の姿で到るところに展開される農村工業、とりわけ毛織物工業がそれを如実に表現していることは申すまでもありますまい。こうして「富の分配」状態が変化し、封建領主層はしだいに貧窮化し、農民層はそれに反比例して富裕化した。そして、この一見相反する貧窮化と富裕化の同時存在が決して矛盾したことではなく、同一現象の両面であったことはいうまでもないでしょう。(48)

ここに、大塚が「土地改革」を「農民解放」のみならず「平和的・民衆的建設」とむすびつけた核心が描かれている。すなわち、「土地」を農民の所有とすること、さらにいえばその他の「生産手段」を農民のものとすることが、「封建的絶対主義」からの「解放」になる、ということであった。その論理は、これまでの議論から以下のようにまとめることができよう。

「土地」やその他の「生産手段」が農民の所有となることにより、かれらは自力で生産し富を蓄積することができる。そうすると、こうした「独立自営農民」による「局地的市場圏」が形成され、販路に困らなくなる。一方で、農民を相手に遠隔地の商品を高値で売りつけてきた「前期的商業資本」は、商品の需要がなくなるために衰退する。また、それとともに農民から暴利を巻き上げてきた前期的な「高利貸資本」は、農民への貸出がなくなるために大打撃をうける。さらに、農民に「独立」されてしまった地主的領主はその収入をうしなってしまう。こうして、「専制的」性格をもつ封建的支配層と前期的資本は没落し、代わって「民主的」性格をもち「独立自営農民」を軸として成長してきた「中産的生産者層」が成長してくる。そして、前者の形成する「首都市場圏」を後者の形成する「局地的市場圏」が呑みこむことで、近代社会の「平和的・民衆的建設」がなされることになる。

大塚はすでに一九四〇年の段階でポスタンの「十五世紀」を読んでおり、それを紹介もしている[49]。しかし、その含意をかれなりに抽出して日本の現状に即応するかたちで提示したのは「戦後」のことであった。「経済再建期における経済史の問題」で意図されていたこととは、地主の所有にあった「土地」と「生産手段」を農民のものにすることであり、そこに日本の「平和的・民衆的建設」――すなわち「民主革命」――の基礎をみいだしていたのである。

ここで想起すべきは、大塚が一九四六年に「封建的」の概念を検討するなかで論点として提示した「土地所有」とエートスとの関係である。「経済再建期における経済史の問題」で大塚は地主ではなく農民が「土地」を所有することによって「近代」への道が切り拓かれる、としている。一方で一九五五年の『共同体の基礎理論』において、「共同体」の個人は「大地の付属物」として扱われている。そこでは「私的所有」よりも「共同体的土地所有」が優先されているために、個人に「自由」はない。とすれば、いかにして「共同体」は「土地改革」による「農民解放」へといたることができるのか。ここに、「アジア」における「二重構造」の解消にむけた大塚のヴィジョンがあきらかとなる。

4 辺境革命から毛沢東主義へ

(1) 「固有の二元性」がもたらす共同体発展のダイナミズム

大塚が「土地所有」とエートスの関係から「二重構造」解消の「主体的契機」の成立条件を具体的なかたちで理論的に提示したのは、『共同体の基礎理論』においてである。ここで大塚は、「共同体」を発展させる契機を「土地」のもたらす「固有の二元性」のなかにみる。それは具体的に以下のようにしめされる。

> 「富」の包括的な基盤である「土地」を「共同体」が占取し、それによって自己を現実に「共同体」として再生産していくばあい、以上述べたような「土地」の基本的な規定性からして、「共同体」内部はいやおうなしに「固有の二元性」le dualisme inhérent がはらまれてくることになる。「固有の二元性」とは、いうまでもなく、土地の共同占取と労働要具の私的占取の二元性であり、「共同体」の成員である諸個人のあいだに取り結ばれる生産関係に即していえば、「共同態」という原始的集団性と、そのまっ只中に、それに対抗して新たに形づくられてくる

生産諸力の担い手であるところの私的諸個人相互の関係、そうした二元性である。あるいは「共同体」に固有な「内的矛盾」（＝生産力と生産関係の矛盾）といいかえても差支えないであろう。(50)

「共同」（集団）のものと「私的」（個人）のものとが併存する「固有の二元性」。「共同体内部」の特徴をこのように規定した大塚は、その解消のダイナミズムを「共同体」の三形態の発展過程として提示する。すなわち、あの有名な〈アジア的形態→古典古代的形態→ゲルマン的形態〉という図式である。これがかつて「魔術からの解放」において提示していた〈アジア的→古代的（奴隷制的）→封建的〉の図式そのままであることは、いうを俟たない。その内容を整理すると、以下のような特徴が認められる。

①「土地」占取関係の基盤における「私的所有」の拡大という観点

「アジア的形態」において土地の主要部分は「共同占取」すなわち「部族的共同所有」のもとにおかれており、「各家族はたかだかそれの個別的利用（＝一時的な私的所有）を許されているに過ぎない」。「永続的な私的占取（私的所有）」はまだ宅地や庭畑地といった「ヘレディウム」にかぎられている。(51)

「古典古代的形態」においては「私有地」と「公有地」が区別されているが、そのときの公有地は各市民の「先占」の対象であった。すなわち、「私有地」が「先占」をつうじて「公有地」を

「侵蝕していく」過程がみられたのである。こうして私有地は、さきのヘレディウムと「先占」した公有地を合わせた「フンドゥス」へと拡大される。[52]

「ゲルマン的形態」においては、「共同に」占取された土地を共同体内部の成員が「残るくまなく私的に占取した」。いちおう「宅地および庭畑地」と「共同耕地」の区別はあり、後者は「一定の「共同態規制」」におかれたものの、そのすべては「私的に占取」する対象であった。[53]

②「実質的平等（materielle Gleichheit）」と「形式的平等（formale Gleichheit）」

「アジア的形態」における土地分配の原則は、各家族の能力と必要に応じて与えるという「実質的平等」である。各大家族によって耕地として占取された土地は共同体の「家長会議」によって「分配しなおされた」。大家族が成長して必要量が増えたときは新たな開墾がみとめられたが、「必要以上と断定されればその部分が取り上げられた」。[54]

一方、「古典古代的形態」において「公有地」の先占権は各「家長」に「平等に」与えられ、「その一部を必要と能力に応じて「私的に」占取することができた」。しかし、ある段階で「形式上すべての市民に対して自由な放牧と自由な占取を無制限にゆるすという法制上の平等が作りだされた」とされる。ただし、それでも「公有地」がなくなることはなかった。それが危険にさらされたり僅少になったりすると、その防衛と新たな占取地獲得のための「共同労働としての戦闘」がおこなわれたからである。[55]

最後に、「ゲルマン的形態」において土地分配の原則は「形式的平等」に変わっている。すなわち、共同体の各成員家族にその「実質の如何」にかかわりなく「形式的」に一定単位の土地が与えられるようになっていた。それが可能になったのは、土地の「人口収容力」が上昇したからである。すなわち、一定レベルの農業生産の発達（「局地内の生産諸力と社会的分業の発達」）により、家族が一定単位の土地だけで生活できる状態になったからである。[56]

③「血縁関係」の強弱

「アジア的形態」では「部族あるいはその部分体である血縁集団」が土地の共同占取の主体であり、それが共同態規制の「圧倒的な強さ」の源である。ただし、このときでもすでに「血縁に拘束されない自由人」である手工業者などが存在はしていたが、そこでの「共同体内分業」の発達は「一定程度」にとどまった。[57]

「古典古代的形態」においては前記の「原始的な血縁の紐帯や呪術的な規制はすでにいちじるしく弛緩し」、代わって「人為的な」共同体、すなわち「都市」がうまれる。当初「都市」は各部族内の「貴族」がおのれの所有地から離れて「戦士」として「集住」することで形成されたが、のちには「平民」たる農民や手工業者が「重装歩兵」として「貴族」と同じ地位（＝「市民」）に上昇することで「民主化」される。この点で「私的諸個人」は「共同体に対立していちおう確立」されている。だが、他方で「平民」の貴族化（＝「市民」化）は、「平民」がほんらいおこなっていた「手工業労働」を、「卑賤な、むしろ有害な仕事」として「奴隷、解放奴隷、寄留者たち」にゆだねる結果をもたらした。なぜなら、「平民」の政治的地位上昇は「土地所有者としての資格」＝「家長権」の強化と並行関係にあるからである（いいかえれば、「手工業労働」は非土地所有者＝非市民や家長以外の家族の成員がおこなうべきものだった）[58]。

「ゲルマン的共同体」においてそうした「共同体内分業」の限界は超えられている。まず、共同体は「土地占取者の隣人集団」としての「村落（Nachbargemeinschaft）」であり、「血縁組織」でも「戦闘組織」でもない。そこでは「家長権」の支配力が低下しており、家族の各成員は「身分上」でも「財産」（「土地」を含む）の私的占取でも「家長に対してある程度まで相対的に独立した地位（＝すなわち私的個人同士の関係）をもつようになっていた」。また、「家父長制奴隷」とよばれた「家長権の支配下にある被血縁者たち」の地位も「ある程度まで独立した」ものであり、それも「土地」をあたえられて「しだいに明白な農奴の身分に上昇していく傾向にあった」。さらに、さきの「局地内における生産諸力と社会的分業の発達」は、「単なる自給自足」という「自然経済」などではなく、「ある範囲の局地内的商品交換」である局地的な「貨幣経済」によって「補充されていた」。そして、この中心である「村落」において手工業者の地位は上昇するとともに数も種類も増大する。彼らはいちおう「自由に」その製品を一般の人々に販売することができた（ただし、それは身分上の「自由」を意味はしなかった）。ここにいたって「共同体」は「もはや私的諸個人をおしつつむ一個の「結合体」Verein としてではなく、個々の私的個人間の単なる「結合関係」Vereinigung として現われている」[59]。

「封建的」の概念をめぐる一九四六年当時の検討を思い返すならば、「古代オリエント的」および

「古代奴隷制的」社会では成立しなかったヨーロッパの「中世封建社会」における「人格的誠実」および「内面的自由」の観念の成立こそが大塚にとっては重要であったが、その原因は「局地内的分業」のある程度の発達のなかにみいだされていた。かれの理屈では、「封建社会」内部での一定の「局地内的分業」の発達にもとづく「局地内的な自給自足経済」が成立していれば、「等価交換の倫理」を重んじる「資本主義的」人間類型の準備ができている、ということであった。その理論化を「土地所有」との関連で完成させたのが、『共同体の基礎理論』にほかならない。すなわち、「共同」（集団）のものと「私的」（個人）のものとが併存する「固有の二元性」のもたらす「矛盾」のダイナミズム、それによる「私的所有」の拡大による「私的個人」の確立こそが、「資本主義」を準備するものだったのである。つまり、「私的所有」こそ「近代的人間類型」なるエートスの成立と浸透という「主体的契機」を生みだす条件であった。それは洋の東西を問わぬ、必須の条件だった。「農民解放の世界史的意義」を論じた一九四六年の論考「経済再建期における経済史の問題」の末尾にある「土地改革」の意義を高らかに謳った一節は、日本における「封建的絶対主義」の桎梏からの脱却、という実践的な関心から大塚がかような「移行期の理論」を構築しようとした問題意識を鮮明にあらわしたものにほかならない。

だが、ただ一つ、土地改革＝農民解放が封建的から近代的への社会的進展の不可欠な通過点となるという一般的事実については、世界史がどの段階にあろうとも、どのような特殊性をもつ国民であろうとも、なんらの差異はなかろう。東洋も西洋もあるまい。つねに、独立かつ自由な農民層の歴史的形成が行われるところ、しかも、その経過が典型的かつ徹底的であればあるほど、経済（＝生産力）建設の展望は明るいのである。[60]

(2)「共同体」から「社会化」への道

しかし、この「経済と倫理の二重構造」の「揚棄」が行きつく先は、「資本主義社会」しかないのだろうか。第Ⅰ章で検討したとおり、大塚は「資本主義の精神」のつぎの側面を、「戦中」から「戦後」にいたるまで一貫して批判していた。「全体」にたいし「貢献」していると「主観的」には考えていながら、「客観的」にみれば「営利」にいそしんでいればよいという思考に陥ってしまう問題点がある、と。そうではない道を大塚は考えていたのだろうか。

じつは、この点にかんして、かれは「内と外の倫理的構造」のなかでつぎのように語っていた。

> マルクスは、ヴェーバーと異なって、共同体とその二重構造の終局的廃棄に関して個人主義化の道のほかに、なお一つ社会化の道を考えていた。ただし、そのばあいにも、経済と倫理の二重構造をもつ古い共同体がそのままで存続させられるのでは、決してなかった。「固有の二元性」が解消させられることによって、古い共同体《ゲマインデ》が新しい共同態《ゲマインシャフト》に改造されねばならなかったのである。この見解は、世界史の現段階に即してみると、かなり大きな意味を持っているのではないかと思う。[61]

大塚は「二重構造の終局的廃棄」の道のなかに「社会化」という選択肢をも入れていた。大塚によれば、マルクスは「共同体」における「固有の二元性」の消失を達成する仕方にかんし、「生産関係の原始的な、直接的に個人主義化されて、成長しゆく生産諸力の個人的性質に合致されること」、すなわち「資本主義経済と近代の市民倫理」を確立する方向とは異なるもうひとつの道を考えていた。それは、「社会主義への体制的移行過程で共同体とその二重構造が終局的に廃棄されるという仕方」であり、「生産諸力の個人的性質が除去され、技術の向上、とくに機械化を基盤とする協業として社会化されることによって、生産諸力の性質が社会的規模における生産関係の社会主義化の方向に合致させられることである」と。[62] つまり、大塚は「資本主義社会」とは異なる「二重構造の終局的廃棄」への道を考えていたのである。

そして、その道をしめしてくれたのはマルクスであって、ヴェーバーではなかった。これこそが、「戦後『精神』」論文における「等価交換の倫理」という観点からの「ヴェーバー批判」がもつ、もうひとつの意味であった。すなわち、「等価交換」から「社会化」(社会主義化)へといたるルートを視野にいれていなかったヴェーバーへの批判が含意されていたのである。

さらにこの認識は、西ヨーロッパ以外の大半の国々が歩んでいる「漸進的な道」における「社会主義の闘争」をマルクスに依拠してどう考えるのか、ということを実質的に問うていた豊田への応答にもなっている。大塚は、たしかに究極的には「生産者」が「資本家」となる道しか「資本主義」への「自然の径路」を認めなかった。だが、「漸進的な道」を通っているかにみえる国々であっても、「共同体内」において「小生産者」たちが「等価交換」を「倫理《エートス》」化するような分業をおこなえば「社会主義」にいたることはできる。それが「大塚史学」の答えだった。

まさに、『共同体の基礎理論』におけるつぎの註記は、単なる歴史研究ないし理論考究における発言を超えた、「大塚史学」の思想的本領をしめすものであろう。それは、歴史において「新しい共同体」の創出とそれにむかう「意志」がもっている「大きな意味」を力強く訴えかける、ひとつの綱領なのである。

「ゲルマン的」共同体の成立は、いっそう具体的に社会構成の歴史の問題としてみるならば、いわば封建革命の過程（旧ローマ諸都市の支配の打倒とフランクの旧血縁貴族層の没落）を推進する抵抗の組織としての、また旧ローマ社会の生産諸力の遺産をうけつぎつつ、新たな階級分化と社会構成をそのうちから生みだしていく基礎としての、「新しい共同体」la nouvelle commune の形成と展開の過程としてとらえられねばならない。[63]

(3)「辺境」革命論

ところで、この引用箇所にかんして内田芳明は、『共同体の基礎理論』のなかに「辺境」において新たなる発展の萌芽が起こるという発想がみられ、のちにこの「辺境」理論が一九六〇年の論文「緒言――われわれは封建制から資本主義への移行過程をどのように問題とするか」で前面に押し出された、と指摘している。[64] じっさい大塚は『共同体の基礎理論』で、「古典古代における奴隷制的「都市」国家（＝ポリス）がそもそものはじめ、爛熟期に到達したオリエント専制諸国家のいわば辺境地方のなかから、その文化的（＝生産力的）遺産をゆたかに継承して出現したものである」と記しており、そこで「辺境」という言葉を使っている。[65] これとさきの引用はどのような関連をもつのか。

そこで一九六〇年五月に『西洋経済史講座』で発表されたこの論文をみると、そこにはつぎのような議論がみられる。古典古代の小アジア、ギリシアからローマにいたる地中海周辺地方は、「オリエントの諸国家」（とりわけペルシア）の「辺境ないし隣接地域」であった。封建制の中心地となる西ヨーロッパは「ローマ帝国の辺境地方」であった。封建制から資本主義への移行にさいして、のちの資本主義発達において中心となるイングランド、そのなかでも西北の農村地帯は、「封建社会」のなかで「辺境」であった。また「資本主義から社会主義への移行のばあいにも、すでに同様な生産力的遺産の継承の事実が現れている」。これをテーゼ化すると以下のようになる。

ある時代の社会構成の内部でその生産諸力の遺産をゆたかにうけついだ辺境ないし隣接地域が、つねに、次の時代の社会構成をささえる中心地域として現れている。

その具体的な内容とは、つぎのとおりである。「ある社会構成内部の中心地域では、次の段階を特徴づけるような新しい生産関係がたしかにいち早く生みだされるけれども、他面において、そこでは古い生産関係の基盤が何としても根づよいために、そうした新しい生産様式の展開は当然に阻害され、あるいは著しく歪曲されるほかはない。その結果、新しい生産様式はおのずからそうした中心地域を去って、旧来の生産諸関係の形成が比較的弱かったか、あるいは殆んど見られなかったような辺境ないし隣接の地域に移動（または伝播）し、そこでかえって順調かつ正常な成長をとげることになる」[66]。

大塚にとって、「局地的市場圏」を形成した「小生産者」たちの故郷である「農村」は、「封建社会」において中心をなしていた「都市」や、「他所者」たる「前期的資本」の活躍した「社会的真空地帯」からみて「辺境」であったことがわかる。このとき、「首都市場圏」と「局地的市場圏」との関係は、たんに理論的に抽象的なだけではなく地理的に具体的なものとしても理解されている。この議論で重要なのは、「生産過程」のなかに歴史を決定する「主体性」をみいだす「大塚史学」の中核的な思考が、発展段階論の次元でさらなる展開をみせていることだ。つまり、つねに「古典古代」にせよ「封建制」にせよ「資本主義」にせよ――さらには「社会主義」までもが――「辺境」（の新しい生産諸関係）からうまれる、ということなのである。

しかし、ここでそれ以上に重要なのはつぎの補足である。「中心地域」だったところで「新しい生産様式」がうまれない、とまではいわない。だが、そこでの「移行」は「おそろしく逆条件にみちた道程」となり、「いちじるしく歪められ」た「停滞の様相」をしめす。要は、こうした「段階的移行」は「その中心地域を変えつつ進展するほかはなかった」。だから、一地域だけとって「アジア的貢納制→奴隷制→封建制→資本主義」という発展図式の妥当性を実証するなど、「はなはだしい見当違い」である。このように述べたうえで、大塚はつぎのような注目すべき指摘をする。

単に一地域のみについて言うならば、社会構成の継起における——生産様式のばあいについてさえ——いわゆる段階的飛越しは、歴史上たえず見出されるのであって、われわれが経済発展段階の現実形態を、以上のように、すぐれて世界史的な発展の大きな流れのうちにのみ見出そうとするのも、まさしくそうした理由によるのである。(67)

「辺境」でおこる発展の「段階的飛越し」。これは、さきに述べた「共同体」から「社会主義」への方向の理論的な根拠になる。「共同体」の残存する社会は、「資本主義社会」の「中心」である西欧諸国からすれば「辺境」にすぎない。だが、そこでは「資本主義社会」の「生産様式」が強力に残っている「中心」とは異なって、一挙に「社会主義」へと「移行」できることもありうる、というのである。一九五八年に表明していた「新しい共同体」における「社会主義」の方向の可能性は、この「辺境」における「段階的飛越し」の理論によって基礎づけることができたのであった。

(4) 「シナ」から「旧中国」へ

さて、ここで注意すべきは「資本主義から社会主義への移行」についても「辺境」における「生産力的遺産の継承の事実が現れている」という大塚の指摘である。ここで想定している「辺境」とは何であろうか。まず筆頭にあがるのはソ連であろう。というのも、大塚は一九四七年の「現代日本の経済史的考察」において、「世界史の現在」を「末期資本主義」ととらえて、そのなかに「社会主義への傾向」の「力強く前景にあらわれつつある」状況を読みとっていた。そしてその事例として真っ先にあげていたのがソ連だったからである。
しかし、一九六〇年の時点においていまひとつの大きな「辺境地方」が社会主義化をなしとげていた。中国である。おもえば、大塚は「儒教とピュウリタニズム」論において、「儒教」における「宗教的二重構造」の固定性を強調していた。また、かれはヴェーバーの「儒教とピュウリタニズム」をもとに「アジア」を「古典古代」や「封建制」よりもはるかに低い段階のものとして規定していた。そのうえかれは、ヴェーバーが「アジア」および「中国」と南欧に共通した貨幣獲得における「絶対的な厚顔無恥」を指摘した箇所を引いた、あの一九四六年の論文「生産力と人間類型」においで、つぎのようなことを記していた。

ともあれ、こうした「伝統主義」的雰囲気のなかから盛り上ってくる「営利」慾の歴史的範例としてマックス・ヴェーバーが掲げているものは、なかんずく旧中国の苦力やイタリアの労働者たちなのであるが、しかもその際、彼が、そうした国々で馬車や渡舟に乗った人々の経験をとくに想い起こさせようとしていることをここに記しておくのは、その見聞に接した人々には決して無駄ではあるまいと思う。

そして、ここでいわれる「経験」を大塚は以下のように註記する。「その運賃は乗手ごとに、ことにそれが見知らぬ人々であるばあい、著しく相違するばかりでなく、同じ乗手についても極めて不定であり、下車したのち、さらにしばしば追払いを要求され、しかもそれが乗手の態度如何によってはいかんといった事実は、おそらく、旅行者たちの直ちに想起するところであろう。そして、馬車屋たちがたまたま法外な料金をせしめたばあい彼らにどんな結果を生むか事情通にただすならば、その答えがほとんど異口同音に本文に述べたとおりである――正確には類型的にそれに一致する――こともまた、おそらく、同時に想起されてよいと思う[68]」。

今日的にみれば、偏見をうえつけ助長しかねない表現、というほかはない。しかも、ここで「旧中国」とよばれていた言葉は、初出の段階で「シナ」とされており、その表現のまま一九四八年の『近代化の人間的基礎』に収められていた[69]。それに鑑みても、これはほとんど差別発言といわれても致し方のない内容である。だが逆にいえば、かれは『著作集』に入れる段階でこの「伝統主義的人間類型」が現在の中国にあてはまらないと考えていたことを、この書き換えはしめしている。なぜなのか。それは中国の「社会化」（社会主義化）とどう関連するのか。

(5) 毛沢東のゲリラ戦と人民公社

これを理解するには、大塚の中国の「社会主義化」にたいする評価を確認しなくてはならない。かれがそれを生々しく語ったのは、一九六八年におこなわれた竹内好との対談「歴史のなかのアジア」においてだった。

じつは、毛沢東の主張したゲリラ戦にしても、それに似たものは西洋史の上ですでにおこなわれていたと思うのです。オランダの独立戦争のころ、イギリスやオランダはしばしばそういう戦法でスペインに勝っているわけです。しかし、そのばあいでも、従来はむしろ自然発生的におこなわれていた。それを彼は意識的に方法化している。ともかく、歴史形成の前提条件を人工的につくり出すというか、そういう理論をつくったということは注目に値いすることだと思うのです。が、そのなかでも重要なのは、人間形成の問題ではないでしょうか。あなた〔竹内好〕が魯迅論でみごとに書いて下さったように、民衆が奴隷の頭の持主では独立なんか達成できるものではありません。その意味で、血縁関係を断ち切ろうとしたこと、これはアジアにとってたいへん重要な意味をもつと思うのです。大長征は血族関係を断ち切りましたね。血縁関係を断ち切って、古い血族関係とはまったく異質な社会関係をつくり出す。そういう教育を、いまなおつづけているような気がするのですが……。[70]

この時期、アジアにおいて社会変革の実現への期待を抱かせてくれたのが、大塚にとっては中国の思想、とくに毛沢東であった。毛の「ゲリラ戦」を、大塚は新たなる「二重構造」解消への道として解していた。とくに注目すべきは、「克服」の「意志」の重要性がストレートにうちだされていることである。「共同体」的な社会の基礎である「血縁関係」を理屈ぬきに是とするような民衆の「奴隷の頭」を「教育」して「人間形成」をおこない、それとは「異質な社会関係」を「意識的」に「方法化」して創出する。同様に毛の思想を評価した内田芳明の言にしたがえば、「社会主義的エートス」の不断の形成（永続する「文化革命」）が必要だという視点である。[71] これを、大塚は「大長征」と結びつける。大塚はかつて「中産的生産者層」の成立の背景に、「都市」から「農村」

への織元たちの「脱出（exodus）」があったことを記していた。それを「社会主義化」の道において実現したものが、まさに「大長征」にほかならない。「大長征」で「教育」されたのは「農民」であった。

ここで、一九五八年の「内と外の倫理的構造」の議論に戻ってみる。そこでかれがマルクスから受けとったとするこの「共同体」の「社会化」（社会主義化）という想定は、「世界史の現段階に即してみると」意義がある、と大塚は主張している。まさに一九五八年とは、かれにとって「アジア的」共同体の「二重構造」に苛まれた典型である資本主義の「周辺」中国が、資本主義の段階を飛び越し社会主義化が進行しているときなのである。この時期におこなった講演である「儒教とピュウリタニズム」論では、「アジアもぐんぐん変っております」と末尾で断りをいれている(72)。このとき、これまでの大塚の「アジア」論からして、まずその念頭にあったのが中国だったのは疑いようがない。

さらに、大塚は自身の「経済的帝国」論を提示した一九六一年の「政治的独立と国民経済の形成」のなかで、「人民公社」にふれている。ここでかれは「すぐれた意味で「国民経済」とよびうるもののいわば「原型」」として、「国民的規模において必須な財貨がすべてほぼ十分に生産され、その結果ある自給自足への傾向がみられること、そして、それを産みだすような多角的分業の、国民的規模において均衡のとれた、いわば《balanced national economy》の状態ということ」をあげている。大塚はさらに一八世紀にかんしては「自然成長性」という要素を加味しているが、「世界史の現段階」にはこれがあてはまらないことを指摘して、つぎのように註記している。

世界史の現段階においても、もちろん、かずかずの「国民経済」がみいだされる。いや、さきに原型として示したような構成さえ、ほとんどそのままで生きていることは、たとえばキューバその他の事情を見れば分かるはずである。しかし、現段階においては、自然成長性が後退し、計画経済的性格がそれに結びつくようになっていることは、中国の人民公社の分業構成をみるだけでも明らかであろう。(73)

ここでは、ふたつの社会主義国が「原型」として評価されている。まず、「原型」そのものとしてのキューバ。そして「計画経済的性格」のむすびついた「原型」としての中国。大塚は「資本主義」の段階における「辺境」であるキューバと中国のなかに、「自給自足への傾向」と「均衡のとれた」かたちをとる「すぐれた意味」での国民経済の「原型」をみていた。しかも、中国の「人民公社」がもつ「計画経済的性格」については、「現段階」において「自然成長性」よりも重要なものとみている。さきの対談で大塚が「国民経済の構造としては、これ〔人民公社〕は強くなるだろうと思うんですよ」と発言していることからもあきらかである。(74) 大塚は、一九五八年段階で示唆されていた「社会化」の方向について「現実」からしめされたものを、「辺境」の社会主義国、とりわけ中国にみていた。かれからすれば、まさに「局地的市場圏」につらなる「新しい共同体」の創出を、「辺境」のなかの「辺境」から「克服」の「意志」をもって実行した稀有な事例だったのである。

こうしてみれば、すくなくとも大塚にとって世界史の現段階は一九四七年以来「末期資本主義」にあった。そして、社会主義への道は単なるユートピアではなく、「現実」に可能なものであった。つまり、大塚は「共同体」から「資本主義」への「移行の理論」を組み立てながら、その「段階的飛越し」を可能にする理論を考えていたのではないか。そう理解しなければ、一九六〇年になってこれまでの議論について「ヨーロッパの歴史を模範にしてそのまま真似しろといったわけじゃない」と主張するはずがない。

もうつぎのように結論づけてもいいだろう。大塚はけっして「中産的生産者層」による「資本主義」の形成を「牧歌的」に評価したのではなかった。また、たんに西欧の「資本主義」を礼賛するような「近代主義」でもなかった。むしろ、大塚が注目したのは、「アジア」という「共同体」の存在する社会から「社会主義」へと移行する、いまひとつの可能性だった。それは、「個人主義化」の方向にすすんだ「資本主義」への批判を含意した。そして、この点を考えるために、大塚はあえて「封建制」から「資本主義」への「過渡期」を問題としたのだ、と。「移行」のなかにべつの可能性はありえたのか。すくなくとも一九四七年一月から大塚の脳裏を去らなかったものとは、この問いであった。

5　文化大革命をめぐって

「大塚史学」の基本的な内容は以下のようにまとめることができよう。大塚にとって「共同体」における「二重構造」は、「外部」における人殺しに等しいような「掠奪」行為と「内部」における自立した「個人」の活動を妨げる「強制」をうみだすものだった。その「野蛮」さは、とりわけ「社会的真空地帯」といわれる、「共同体」の「他所者」、ばあいによってはその「敵」ばかりの世界のなかにあらわれる。ここから生まれた「前期的資本」は、「悪魔」以外のなにものでもなかった。これが、「首都的市場圏」、すなわち「封建社会」のなかで中心をなしていた市場圏の実態であった。そして、これこそが「日本資本主義」の病理でもあった。

これを変えるためには、「局地内的分業」によって自前の「商品経済」の市場圏（局地的市場圏）をつくりだすとともに、「等価交換」をルールとして内面化しなければならない。それは、「外面的品位の倫理」によって「共同体」的な社会に「適応」するのではなく、「内面的品位の倫理」によって「共同体」的な社会を「克服」していくことを意味した。そのためには、「土地」をはじめとした生産手段の「私的所有」が必須であった。そして、その行きつく先は、かつて批判していた「資本主義の精神」における「個人主義化」だけではなかった。大塚は、もうひとつの「社会主義化」の方向を、「世界史の現段階」に即して「大きな意味」をもつ道として理解していた。その現実化した形態として、大塚は中国の「社会主義」革命を「アジア」的なる道徳の「二重構造」打破への努力として賞賛していたのであった。

そうみれば、大塚がなにゆえに日本の戦後復興から高度成長にいたる過程を評価しなかったのかも納得がいく。かれからすれば、日本はなかば「資本主義」でありながら「共同体」に巣くう「二重構造」を克服できていないからである。一九五八年に「日本文化の根底に潜むもの」を批判しながら、そこで「共同体」から「社会主義化」する道の「現段階」における「大きな意味」を語ったとき、そこにはおなじ「アジア」である中国の社会主義革命という「現実」から日本の「遅れ」がみえていたのかもしれない。

ところで、竹内と大塚との対談において、両者のあいだに「文化大革命」の評価をめぐるひじょうに興味ぶかいやりとりがある。

竹内　ところで、文化大革命の問題をどういうふうにご覧になりますか。私は、自分の能力を越えるという理由で、判断を停止しているのですが。

大塚　少し聞いたり読んだりしただけで、事実を知らないので、ぜんぜん見当がつきませんけれども、いずれにしろ単に非合理的な、むちゃくちゃなことだというふうには見えませんね。これはまったくの私の感じなんですけれども、ひょっとしたら先ほど申しましたアジア人がかかえているアジア固有の問題が、何らかの形でそこに現われているのではないか、西洋人には考えることは困難だし実践する必要もないような、そういうことがらが、問題にされているのではないか、そういった気がしないでもありませんがね[75]。

大塚の姿勢は明瞭である。要するに、「文化大革命」は「非合理的」といえない、これは「アジア固有の問題」——ここでは、社会発展にもかかわらず、さきにみた原始的ともいえる「血縁関係」を断ち切ることが「アジア」では困難だ、という大塚の認識を含意している——の解決のために「困難」な作業に立ち向かっている運動なのだ、というわけである。しかし問題なのは、これを「少し聞いたり読んだりしただけで、事実を知らないので、ぜんぜん見当がつきませんけれども」と、ほとんど情報もないのに判断をしてしまっていることである。

この点を竹内は咎めているようにみえる。かれはいう。かつて日本軍にいて通訳をやっていたとき、自分は知らなかった日本の敗戦を、中国の住民や朝鮮人の通訳などがみんな知っていた。おまけに、司令部の情報将校が信用していた中国人が共産党員だった。しかも、「敗戦のときに、みずから、おれは共産党員だ、と名乗った」のである。この体験から、竹内は「文化大革命」への「判断」を放棄している。それは、日本の政府や報道機関の中国を見る態度をみていると、「前に間違ったと同じ間違いをいまもやっているかもしれない」という疑いを抱かせるに十分だからである。「こちらには情報源はありませんし、かりに情報があっても、それを分析する力はないから、自分は判断を放棄するほかないが、同時に公的機関の判断も信用しないという、こういうセットでの放棄なんです[76]」。

ここに、大塚と竹内の情報にたいする感度の落差を読みとることはたやすい。だが、その一点だけで大塚を非難しても意味はない。中国という戦場に入って、今日的にいえば情報リテラシーの大切さを体験した竹内と、一九四一年六月に不慮の事故で足を切断したためもあり、海外旅行はもちろん自力での資料探しもほとんどできず構想力が頼みの綱となった大塚、という境遇のちがいを考慮にいれるべきである(77)。

しかし、それを差し引いても目をひくのは、「文化大革命」を情報不足のなかで「いずれにしろ単に非合理的な、むちゃくちゃなことだというふうには見えませんね」と言いきった大塚の姿勢である。なぜ、ぜんぜん見当もつかないものを「非合理的」ではないとおもえたのか。ここに、「大塚史学」のみならず「戦後史学」の抱えてきた問題点がみえているのである。

第Ⅵ章

「ユダヤ人」観とナチズム評価

1 「反ユダヤ主義」をめぐって

(1) アダム・スミスの「誤訳」

論文「近代社会の生産力的基盤――貿易国家の二つの型」の冒頭には、スミスの『国富論』の引用が掲げられている。この訳文は初出段階から『国民経済』のときにいたるまで変わることがなかった。その箇所をみると、「大塚史学」のもうひとつの側面がみえてくる。

「したがって事物の自然の径路によると、発展しつつある社会では、どこでも、資本の比較的多くの部分はまず農業に向けられ、ついで工業に、最後に外国貿易に向けられる。事物のこういう順序はきわめて自然なものであるから、私の信ずるところでは、いかなる社会でも、つねにある程度まもられてきている。……ところで、この事物の自然な順序も、ヨーロッパの近代国家ではどこでも、[なお]多くの点で全く転倒されてきた。ある都市では外国貿易が精巧なまた遠隔地販売向きの工業を導き入れ、そしてこの工業と貿易が相たずさえて農業の主要な改良をうながすという順序をとってきた。古い風習や習慣が……どうしてもこういう不自然な、また転倒した順序をとるように余儀なくしたのである」。

「……そしてこれによって、いろいろな時代と諸国民の間に、富裕の進展についていちじるしい差異を生ずることとなった[(1)]」。

ここで問題となるのは、大塚が「事物のこういう順序はきわめて自然なものであるから、私の信ずるところでは、いかなる社会でも、つねにある程度まもられてきている」と訳している箇所である。というのも、以下の二つの邦訳と大きく異なるところがあるからだ。原文と二つの訳はつぎのようになっている。

This order of things is so very natural, that in every society that had any territory, it has always, I believe, been in some degree observed.

事物のこの順序は、まったく当然のことであるから、いやしくも領土をもつすべての社会においては、程度の差こそあれ、つねに見受けられてきたことだ、と私は信じている。

ものごとのこの順序は、きわめて自然なものであって、それだから私は、多少とも領土をもつどの社会でもつねにある程度はみられてきたと信じる[(2)]。

まず注意すべきは"observed"を「まもられてきている」と訳していることである。この語は、大河内監訳版においても、また水田監訳、杉山訳版においても、訳語の選定に微妙なちがいがあるとはいえ、すくなくとも「見られる」あるいは「観察される」という意味あいで訳されている。むろん“observe”自体に法的に「遵守する」という意味はあるけれども、ここではそのような意味よりも「観察」という意味でとるほうが、それこそ「自然」であろう。しかし、大塚はここでの「自然の径路」、かれの言葉でいえば「農→工→商（国内市場→国外市場→中継貿易）」を肯定しようとする。ここでの大塚の「まもられてきている」という訳には、そうした肯定の思いをこめた、かれ一流の解釈が入っているとみるべきである。

しかしながら、さらに問題であるのは、大塚の訳では“that had any territory”となっている箇所がまったく無視されていることである。つまり、大塚の訳では、みずからが「領土」をもたない「社会」の想定が完全に消えてしまっているのである。しかも、この訳文については何の書き換えもない。この欠落は、大塚のなかで一貫していたとおもわれる。こうした「社会」の発展の経路が「自然」から外れているとする記述とはいえ、このまちがいは重要な何かをしめしていないか。

(2)「ユダヤ人」批判と「利子隷属制」の打破

この事実は、大塚が「領土」をもたない人々を軽視していたことをしめしているのではないか。そう考えられなくもない。しかし大塚は、かれなりにこうした人々に注目していた。かれは、「領土」をもたない人々である「ユダヤ人」のことを事あるごとに論じていた。しかも、それを「前期的資本」――すなわち、「共同体」にとっての「他所者」が巣くう「社会的真空地帯」に存在する資本——との関連でとらえていたのである。大塚がはじめてこの点にふれたのは、ほかでもなく一九三五年の「前期的資本」論文である。

例示　ドイツにおいては、中世末期から商業資本に対する反抗が「反独占運動」として、また高利貸資本に対する反抗が「ユダヤ人迫害」として澎湃として各地に漲った。当時これらの前期的資本に締めつけられて、いかにルンペンや乞食の群が多かったかを想起せよ。「十三世紀末からドイツにおける諸種の文書には……ユダヤ人の高利貸に関し、債務者の困窮に対比して、彼らの限りなき致富に対する慨嘆があらわれてくる。ヨーロッパを風靡したあのペストや、宗教的憎悪とむすびついて、貧しき者の貧困と窮乏に対する憤怒が生じた。」「当時のある年代記作者は叫んでいる、貴族と軍隊、市民と農民が彼らより借りる莫大な、限りなき金額、これこそがユダヤ人の腐敗的悪徳なのだ！　と」(3)。

ここで指摘されている構造を、当時の「前期的資本」の理論とむすびつけて理解すると、大塚のここでの主張ははっきりしている。「農民や手工業者」は「前期的資本」（商業資本や高利貸資本）の締めつけにより「ルンペン」となる。だから、そうならないための反抗として「反独占運動」と同一の意味をもつ「ユダヤ人迫害」は起こるべくして起こったのである、と。「ユダヤ人迫害」は「ユダヤ人」自身の招いた結果だ、といわんばかりの内容である。大塚にとって「ユダヤ人」は「封建社会」における「前期的資本」の性質を端的にあらわす存在だった。

こうした大塚の「ユダヤ人」観のもつ問題点は、「戦中『精神』」論文のなかにある一文に露骨にあらわれている。この箇所は、中野敏男の大塚研究においてはじめて言及されたものである。

ユダヤ人のうちに、かの「寄生的」（非生産力的）な営利「慾」が純粋培養に近い姿で見出される事は、ヒットラーをまつ迄もなく、すでにウェーバーが、むしろ彼こそが、強調して止まなかつたところである。(4)

この記述をみて、中野は大塚をきびしく非難する。「ユダヤ人に対する偏見を明らさまに示し、ヒットラーとヴェーバーとを並べて論ずるこの注は、これだけでも、「戦後民主主義者」としての大塚像を根本的に疑わせるのに充分なはずだが、いわゆる市民社会派の人々はこのことをどう説明するのだろうか(5)」。たしかに、このユダヤ人観はあきらかに「偏見」であり、しかもその点においてヒトラーに接近しているところに問題の深刻さがうかがわれる。それだけに、この箇所が大塚史学においてもつ意味は詳細に検討されるべきであろう。だが、中野の論考においてこの記述は註のなかでしめされるにとどまっているし、ヴェーバーとヒトラーを同列視したのがなぜ問題であるのかも論じられていない。

この中野の註記を参照しつつ、さらに論をすすめたのが柳澤治である。かれによれば、大塚は名著として名高い『近代欧州経済史序説』においてクロムウェルとナチズムとのあいだにつぎのような共通面をみいだしていた。「ナチズムは利子隷属制の打破、金融資本の支配の排除をうたい、また労働と生産的活動の重視を打ち出していた。ナチズムのこの主張は、クロムウェルとプロテクトレイト政権のめざす「国庫的・金融的な独占商人」の排除と、営利に対する生産力の重視という目標に重ねることができる。社会的中間層を重視するナチス・ドイツは、金融資本的な営利本位ではなく、生産力的な国民経済を建設する方向をもつものとされた。ナチズムの基盤はその場合、没落しつつある中間層ではなく、生産力の担い手であり、建設者としての中間層でなければならない」。こうして、大塚は当時ひろまりつつあった「大東亜共栄圏」の構想にもとづく「広域的国際分業論と結びついた重化学工業化第一主義、それと一体となった農民的経営・中小企業否定論」を批判する立場から、「ナチス・ドイツの政策」を「現実的な根拠として肯定的に評価」した。(6)

柳澤はその意味をつぎのようにあきらかにする。ナチスによる「利子隷属制の打破」などの「反資本主義的」な要求は「大幅に修正され、実質上骨抜きにされて」しまうと同時に、「その方向性は、もっぱら人種主義的な反ユダヤ主義と結びつけられ、「ユダヤ人」への攻撃に収斂していったのである」(7)。このナチズムのもつ「民族的共同体（「血と土」）、人種主義・反ユダヤ主義、そして全体主義と軍事的拡張主義」については、すでに我妻栄や加田哲二らによって批判されていた。にもかかわらず、大塚は同時代の著名な学者たちと同様に「ナチス体制の現代性や合理的側面に着目し、それをもって日本の現実を批判しようとした」ために、「ナチズムを一面化し、ナチス的体制がもつ上のような特質を捨象し、結果的にそれを隠蔽した」(8)。つまり柳澤は、大塚が、「前期的資本」的である「利子隷属制」を打破して「生産力」の「建設者としての中間層」を重視するナチスの「現代性や合理的側面」のみに着目して、「民族的共同体（「血と土」）、人種主義・反ユダヤ主義、そして全体主義と軍事的拡張主義」の側面を無視したことを指摘しているのである。

(3) 〈生産の優位〉からみた「ユダヤ人」排撃の合理性

この柳澤の理解は、大塚がナチスによる「反ユダヤ主義」に「現代性や合理的側面」をみて、この側面を肯定していた、という重大な論点をしめしている。これについて考えるとき、一九六〇年の上山春平との対談「危機の診断」(一九六〇年一月)におけるつぎの大塚の発言が注目に値しよう。

この、なぜナチスが小ブルジョア層をつかめたか、その理論上の根拠については、まだまだ思いつきだけれども、前期的なものにユダヤ的というイデオロギー的貼札をして断罪したうえで、農民層や小ブルジョア層のなかから発酵してくるような中小産業資本家こそがドイツ国民経済を打ち立てるんだとする、そういう考えが『わが闘争』の中から読みとれるんじゃないかと私は思うんです。ナチスの農民観のなかには、そういうニュアンスがつきまとっているようですね。もちろん、私はイデオロギーとしてはあんなものに賛成しませんよ。ただ、ああいうひどい、めちゃくちゃなイデオロギーの外被の下に、意図せずして国民的・小ブルジョア的なものをつかみうる理論的枠組が、かくされていたんではないか。彼らが、具体的にどういう政策をつぎつぎに打ち出していったのか、まだよく追いかけていないけれども、ともかく農民層を含む小ブルジョア層を、非常に現実に即した経済政策でもってつかんでしまった(9)。

つまり、ナチズムは「前期的なものにユダヤ的というイデオロギー的貼札をして断罪した」が、それにも「農民層や小ブルジョア層のなかから発酵してくるような中小産業資本家」に着目する「理論的枠組」がかくされていた、だからその経済政策は「非常に現実に即した」ものとなって、「農民」や「小ブルジョア層」をつかむことができたのではないか、というのである。もちろん、大塚はナチズムを「イデオロギーとしては」支持しない、と留保する。しかし、かれの議論でいけば、「前期的」資本を「ユダヤ的」資本とみなし切り捨てることも、「建設者としての中間層」を重視しているかぎりでは「現代性」をもち「合理的」だったことになる。

柳澤治の指摘するところでは、ナチズムのいう「ユダヤ的」なものとは、たんに「民族的な意味での「ユダヤ人」・「ユダヤ系」」をさす「人種的意味」をもっていたばかりでなく、「唯物的」・「貨幣崇拝的」として理解され、それが「金融的・金融資本的活動、さらに自由放任主義的な商人的活動、そのような営利第一主義、限りなき営利追求をも意味した」[10]。大塚にとってナチズムの「ユダヤ的」なものへの批判は、この「唯物的」・「貨幣崇拝的」な資本、すなわち「前期的資本」への批判にほかならなかった。「ユダヤ的」と「前期的」を等号でむすんでいたからこそ、ナチズムのユダヤ人攻撃を「合理的」とみなせたのである。「生産力」の「建設者としての中間層」を重視する大塚が、この批判のなかに「現代性や合理的側面」をかねそなえていたとしたのは、当然のことであった。

この認識の問題点をするどく指摘したのは丸山眞男である。かれは一九九〇年前後にとられた談話のなかで、大塚のナチス評価が「ちょっと甘いのではないかと思ったという趣旨のこと」をかつて述べていたことがあったが、とインタビュアーから訊かれてつぎのように答えている。

ぼくとの違いは、一つは、単純なんですが、経済学をやっているから、つまり専攻の違いということがあると思うのです。経済学――マル経〔マルクス経済学〕ですが――を正しく読めば、銀行資本と産業資本との違いは非常に明瞭なのです。つまり産業資本が優位に立たないかぎりは、資本主義らしい資本主義は出てこない。ユダヤ的資本主義になってしまう。大塚理論は、マルクス主義の正しい解釈だと思うのです。ゾンバルトみたいな俗流マルクス主義は別ですよ。ナチはユダヤ資本主義を最も攻撃するわけでしょう。銀行とか百貨店とかはユダヤ人が支配しているところです。それを排撃する。製造業および工業を重視する。つまり、流通過程より生産過程を重視するということからすると、ナチに対するプラスの評価の面が出てくると思うのです。ところが、政治でいうと、ナチに対しては、立憲制ないし議会制を根本的に破壊するという批判のほうが大きく出てしまうのです。これはやはり反動じゃないかということになる。つまり基本的人権を全く認めない考え方は、どこが進歩的だかわからないということになるわけです。(11)

ここで指摘されていることは重要である。「マルクス経済学」に忠実に、マルクス主義的に「正しい解釈」でいけば、「大塚理論」のように「生産過程」にある産業資本の「優位」が重視され、その観点のもと、「ユダヤ人が支配している」銀行や百貨店の属する「流通過程」が「優位」にたつ「ユダヤ資本主義」を排撃することは、「プラスの評価」となる。そしてその考えは、「基本的人権を全く認めない」ナチスの考え方のマイナス面への「批判」のほうが大きくでることとなる「政治」の観点と異なってしまう。つまり、「大塚理論」にある「経済学」の枠組みではナチスの「現代性や合理的側面」のみが浮かびあがるために、その「政治」における人権破壊といった側面への評価は甘くなるというのである。

「マルクス経済学」そのものへの評価としてこれが妥当かどうかはさておく。ここで示唆された重要な論点とは、ナチスの「ユダヤ人攻撃」が大塚において〈生産の優位〉という観点から「現代性や合理的側面」をもつものとして肯定されてしまうのではないか、という疑いである。この観点を徹底すると、「ユダヤ人迫害」にみられる「基本的人権」の抑圧といった側面が捨象されてしまいかねない。大塚のユダヤ人観と、この丸山の指摘を重ねるなら、つぎのようにいうことができよう。「大塚史学」が「ナチズム」にある「立憲制ないし議会制を根本的に破壊する」ような考えの表出でもある「人種主義・反ユダヤ主義」に無頓着であるだけでなく、むしろこれに迎合してしまう病根は、マルクスに由来する〈生産の優位〉という思考の徹底にあるのではないか。とすると、大塚のナチズム認識および「ユダヤ人」観はその根本思想が元凶であることになり、かれの思想がもっていたとされる「進歩」性は根幹から揺らいでしまうことになる。

⑷ 「反ユダヤ主義」と日本の社会科学

このようにみてくれば、なぜ「文化大革命」もふくめた中国の「社会主義」革命にかんし、その現実にかんする情報がすくなかったにもかかわらず、事実上の肯定的な評価をだしえたのかについても合点がいく。なぜなら、「生産過程」にこそ歴史を決定する「主体性」がやどる、「流通」は「媒介」でしかない、という大塚の根本思想からみて「合理的」だからである。その観点でいけば、どんな人権弾圧やジェノサイド（大量虐殺）がおこなわれていようとも、経済的側面で「合理的」であれば、そこについての評価が優先されることになってしまう危険もありうる。だから、大塚のナチズム認識を、その「抵抗」の側面を重視する野沢敏治のように「ナチスに対し鋭く研いだ牙」[12]といいきることはできない。もっといえば、独裁制にたいする「鋭く研いだ牙」と無垢には評価できない。

しかし、丸山でさえ、大塚のごとき〈生産の優位〉という発想とその「ユダヤ人」観にたいしては無抵抗であった。序章でみたように、丸山は「商業高利貸し資本の暴利資本主義」と「正常な利潤を基礎とする資本主義」という区別をうけいれている。後者とはすなわち「産業資本」を基軸とする「資本主義らしい資本主義」にほかならない。だから、〈生産の優位〉に「プラス」の側面をみいだす点で、大塚とおなじ地平にたっている。そのうえ、かれは大塚と同様、「流通過程」を「ユダヤ人」が支配している、という扁平なユダヤ人観に陥っている。これは、「戦後啓蒙」の孕んだある問題点をしめしている。すなわち、「ユダヤ人」を「前期的資本」とみなす考えをなかば当然視していた実態である。

これを検討するための重要な論点を、柳澤は提示している。柳澤は、大塚がナチズムにある「反ユダヤ主義」のなかに「合理的側面」があるとみて、これを肯定した理由を、経済思想史的な側面からあきらかにした。そして、こうした見方は大塚ひとりのものではなかった点もしめしている。大塚の「ユダヤ人」観の問題はどこまでかれの責任に帰すべきなのか。この点を解明するためには、本人の言説の変遷と思想的布置との相関関係からみていく必要がある。そうしないかぎり、中野のようにこんにちの「ユダヤ人問題の最終解決」の事実を知っている見地からただ道徳的非難をぶつけても意味はない。それればかりか、正確な「大塚史学」理解を妨げることにもなりかねない。柳澤が中野をきびしく指弾するのも、この点においてである。

もっとも、柳澤による大塚の「ユダヤ人」観をめぐる議論も、検討する余地がいくつかある。まず、このヴェーバーの「ユダヤ人」観をめぐる議論は、日本の社会科学思想での受容のされ方と大差はなかったのか。つぎに、大塚はヴェーバーのどの箇所からみずからの主張を組みたてたのか。それはヴェーバーの主張と同一なのか。そして、大塚は「戦後」になって自己の「ユダヤ人」観にかんして何らかの修正を加える必要を感じていたのか。これらを検討するのが、本章の課題である。

2　「ユダヤ人」批判の動機と背景

(1)　「小ブルジョア」は資本主義の外側か内部か

大塚はなにゆえに「反ユダヤ主義」とうけとられても致し方のない発言をするにいたったのか。

それをさぐる手がかりが、一九六〇年の上山との対談のなかにある。大塚は、さきに検討したナチズム認識をめぐる発言の直後において、二・二六事件の前後をめぐる状況にかんしてつぎのように述べている。

小ブルジョアというものをただ軽蔑して、そんなものは歴史の泡沫かなんかに過ぎぬというように考えていたんでは、日本はどうなるだろうとも私は思ったんですね。たとえば、五・一五事件や二・二六事件でも考えてみると、この間武田泰淳氏の『貴族の階段』のはじめのところを非常におもしろく読んだわけですが、あの日本ファシズムの起点とされている青年将校たちは、むしろ農民層の問題を自分たちの問題として捉えていて、それが多くの人々にあるフレッシュな感じを与えていたわけですね。(13)

一九三六年に「二・二六事件」が起こる。このときの北一輝の思想に共鳴した青年将校たちの農村復興にかける思いを表象しているのが、武田泰淳『貴族の階段』(一九五五―五六年『世界』に連載、一九五九年中央公論社から刊行)の主人公、西の丸義人の発言である。要旨は以下のようになる。いま、農民には立身出世の道がない。残っている道は、農民のままでいるか、軍隊に入り立身出世するかだ。そして、後者がのぞましい。その兵隊たちの希望はなにか。「働きづめで働いてる」おれたちを尻目に「まだ安逸をむさぼっている」上層部の「悪い奴」を放逐し、「おれたちの代表者」をさがし出すことだ。「既成勢力は、たよるに足りない(14)」。

あくまでこれは「小説」であって「現実」ではない。すくなくとも、澤地久枝が史実を交えながら適切に指摘しているように、「この作品を読むことで、二・二六事件に近づくことには無理がある」[15]。しかし、大塚の興味は二・二六事件そのものにはなかった。武田の「小説」によって生々しく描かれた「農民」の惨状であり、それを把握する必要性を感じた「青年将校」であった。澤地の言葉でいえば——彼女にとってこれは武田の主題ではないのだが——、「腐れかけた果物のような貴族社会と、思考が硬直してゆく社会」そのもののほうだった[16]。

このとき、大塚が「小ブルジョア」にたいして「軽蔑」のまなざしを送っていたと語る対象とは、ゾンバルトに近いマルクス主義者だったようである。一九六七年におこなわれたインタビューのなかでも、かれはつぎのように発言している。

ゾムバルト的な、あるいはそれに近いマルクス主義の資本主義発達観のばあいには、封建社会以来の商人資本・高利貸資本が積極的な役割をもち、それが資本主義をつくり上げていく推進力となった、という考えが基礎にあったことは否みえない。そうした考え方からすると、小ブルジョア層なるものは、それが分壊されてプロレタリアになったとき、はじめて歴史的に積極的な役割をはたしうるが、それまではまったく無視してもよいようなものだということになる。小ブルジョア層はおよそ無力なもので、社会的にはただ軽蔑に値いするだけだということになる[17]。

たしかに、ゾンバルトは資本主義発達史における「封建社会以来の商人資本・高利貸資本」の役割をかなり重視していた[18]。その関連でかれは「ユダヤ人」を資本主義とむすびつける『ユダヤ人と経済生活』を書き、「学説的には反ユダヤ主義者に典拠を提供している」[19]。しかしながら、それだけをもって「小ブルジョア層」をゾンバルトが「軽蔑」していたと断ずるのは、我田引水の評価というほかない。かれは『ドイツ社会主義』において資本主義の終焉を予想しつつ、ドイツが「真のまともな農民国家」であることにむしろ新たな社会の可能性を読みとっていた[20]。その点でも、ゾンバルトはナチズムと親和性をもっていたのである。大塚はその点を完全に無視している。なぜか。

それは、ゾンバルトが「小ブルジョア層」を資本主義発展の起動力と考えなかった原因こそが、大塚にとって問題だったからである。後年、大塚は「社会変革とは何か」（一九六九年四月）のなかでゾンバルトの「発展段階論」にかんし、ひとつの構造の「内部」における二つの体制の「正面衝突」が問題になっていないとして、つぎのような批判をしている。

このようにゾムバルトの発展段階論においては、「構造」の観念はたしかに見出されるにしても、それは、譬えていえば、親子間の世代の交替のように、二つの「構造」が経過的に共存しながら、結局はすれちがっていく姿をとるのであって、端的にいって、彼の思考様式からは構造の有機体的な「交替」の説明は出てきても、社会の構造「変革」という問題をどうしても論理的に導き出しえない、というのが真相であろう[21]。

大塚は『高度資本主義』の書評（一九四一年二月）において、ゾンバルト思想の核心を「新しい時代は、西欧を故郷とする近代資本主義の外側から生まれ出でねばならぬ」という点に求めて、そのより具体的な展開を『ドイツ社会主義』のなかに読みとっていたが[22]、ここではそのことが批判の対象となっている。すなわち、新体制は旧体制の「外側」から生まれると考えられるために、両者の併存する「移行時代」にあって旧体制の崩壊の原因を「内部」から解くことができない、というのである。

したがって、ここに「前期的資本」の理論を重ねるなら、「外側」に原因を求めるとは、すなわちひたすら環境に「適応」するだけの保守的で反動的な「前期的資本」によってしか、封建制から資本主義社会への「交替」が説明できないことを意味する。また、成立した資本主義社会のなかで、「小ブルジョア層」という生産者たちはつねに「主体性」をもたぬ従属的な存在として考えられることになる。

これまでの検討であきらかなように、大塚にとって構造を「変革」する「主体性」を宿すのは、いかなる時代にあっても「生産」の「内部」であった。そして、旧体制を「克服」する「意志」のエートスはつねに生産者の側からしか生まれえないものであった。大塚からすれば、ゾンバルトの発展段階論はそうした一貫性に欠けるものであった。だから、「小ブルジョア層」を重視しているかのようにみえるゾンバルトの『ドイツ社会主義』を、おそらくは信用しなかった。かれにとってはむしろ、ナチスや二・二六事件の青年将校のほうが、事の本質をとらえていたようにおもわれたのである。

(2)「自由」という名の「エゴイズム」

こうした考えのもと、大塚は「戦中『精神』」論文のなかで「ユダヤ人」の営利「慾」を批判した。だが、そこにはユダヤ人とならぶ「前期的資本」の事例が、ほかにふたつ記されている。ひとつは、教皇・皇帝・諸侯への莫大な高利貸付と、「独占的価格釣り上げによる庶民搾取」で、雪達磨式に巨額の富を積み上げたあげく、なおも昂然と「できるあいだは金儲けをしようと思う」と言い放った、ヤーコプ・フッガー。もうひとつは、戦争時にみずからの国が攻められているにもかかわらず敵方に火薬を売り、その「非国民的行動」を人々が責めても儲けることに執着した、とあるオランダ貿易商人である。(23)

ここで注目したいのは、後者の貿易商人である。これはヴェーバーの「倫理」論文において、かの「厚顔無恥」な営利追求をおこなう倫理の類例として南欧や中国の例とならび記されている内容をもとにしているが、(24)大塚はこの貿易商人に戦後もつよくこだわっている。その典型が一九四六年の「自由主義に先立つもの」である。

大塚によればこの商人の名はベイラントという。オランダが独立して間もないとき、かれはアントウェルペンにいる敵のスペイン軍に武器や弾薬を供給した。オランダの民衆からは非難の矢が集中したけれども、かれはこう言い放った。「商売で利潤を獲るのに地獄へ船を乗り入れる必要があるというのなら、たといその火で帆が焼け焦げたって俺は勇ましくやるだろう」。これらの事実をあげたうえで、大塚はつぎのような問題点を指摘する。

武器・弾薬を敵軍に供給した云々の事実はここではさしあたり度外視してもよい。むしろ問題となるのは、彼の不敵なまた捨鉢な放言のうちに、自己の個人的利害のためには公共の福祉や、そして隣人愛・友情・公平・公明、およそ内面的・倫理的な諸徳性を敝履のように踏みにじって顧みない、またそれらを敝履のように捨て去ることをあえてしようとするむき出しのエゴイズム、そうしたエートスが表明されているということである。そこには、個人のエゴイズムがなんらの束縛もうけることなしに、自由に、ふるまっているのを見るだろう。(25)

重要なのは、かれにとってオランダ没落の原因がこの「ベイラント型」の人間類型の蔓延にあったことである。当時のオランダでは「自由派《リベルティン》(アルミニウス派)」と「カルヴァン派(ホマルス派)」が、宗教的のみならず「政治的・社会的・経済的」にも対立していた。前者は「都市に本拠をもつ富裕な封建的=貴族的商人層と絡みあい」、後者は「民衆の基軸を形づくる中産的な生産者」とむすびついていた。そして、大塚はつぎのように「自由派」を批判する。

もとより、われわれは、自由派(アルミニウス派)の教義がなんらかあのベイラント的エゴイズムを正面から教えたとか、是認したとかいうのではない。むしろ、その反対であって、自由派の教義のなかにも美点の存したことは承認しなければならない。しかし、自由派(寛容派、レッカリッケとも呼ばれた)に見られるところの、あのベイラント的個人的エゴイズムに対する否定的批判の弱さと不徹底、つまりある程度の寛容が結果において都市貴族的商人層を自由派（リベルテイン）に結びつかせ、全体として自由派が都市貴族的商人層の利害を代表して立ち現われることとなったと見るべきであろう。[26]

ここに「自由」の中身が前期的資本との関係で問題視されている。すなわち、「自由」であり「寛容」であることは「エゴイズムに対する否定的批判の弱さと不徹底」につながる。それが「都市貴族的商人層」（＝前期的資本）と「自由派」とがむすびつく原因になったと。そして、こうした「都市貴族的商人層」の勝利こそが大塚にとってはオランダ没落の原因であったことは、第Ⅰ章第3節で確認したとおりである。このような「ベイラント型」の「自由」にたいする批判は、「伝統主義的人間類型」においても「自由」が存在し、かつそれが「前期的資本」のエゴの代弁となりうることを指摘したもの、と読むことができる。

そのように理解すれば、「公共の福祉」を掲げて「戦中『精神』」論文のころから一貫してこうした「伝統主義的人間類型」をきびしく批判してきたことも納得がいく。大塚のなかで、この人物像にあてはまるのが、かつて軍部と癒着した人々であり、「終戦」直後の闇商人であり、ヤミ市であり、朝鮮戦争期の「投機筋」であり、一九六五年の「戦後最大の不況」をもたらす原因をつくった人々である。すなわち「前期的資本」＝「投機的な色彩」をもった商業資本・高利貸資本であり、その「エゴイズム」は「自由」の名で許容してはならないものであった。「ユダヤ人」は、これら代表的人物とならぶひとつの類例のなかに数えられる。それは、かの「二重構造」の論理と密接な関連をもつものとして論じられることになる。

(3)「二重倫理」とオリエンタリズム

ここで、大塚が「戦中『精神』」論文において「ユダヤ人」およびヒトラーの評価に関連して問題の発言をおこなったときに参照した「倫理」論文の箇所を確認しておきたい。それは、大塚によれば、「興味ある」記述でありながら「邦訳では省かれている」註である。[27] この註の直前には、「ユダヤ教」と「ピュウリタニズム」との資本主義観を対比したつぎの記述がみられる。

ユダヤ教は、政治的ないし投機的に方向づけされた「冒険者的」資本主義の側に立っており、そのエートスは、一言でいえば、賤民資本主義（*Paria-Kapitalismus*）であった。これにたいし、ピュウリタニズムがもっていたのは、合理的な市民的経営と労働の合理的な組織のエートスであった。ピュウリタニズムがユダヤ教から取りだしたのは、この枠組みに合うものだけだった。

この箇所は、一九三八年一一月に刊行された梶山の本邦初訳においても訳されているところであるが、[28] わざわざここを引用したのは、ヴェーバーが「ユダヤ教」の立場を「賤民資本主義」であると規定しているからである。ここをふまえて、大塚の注目した梶山訳にない箇所をみると、そこにはつぎのような記述がある。

成功は神の祝福を啓示するものである、という〔ピュウリタニズムにみられる〕思想が、ユダヤ教になじみのないものだったわけでは、もちろんない。しかし、ユダヤ教における二重倫理（対内倫理と対外倫理）の結果、この思想にもたらされた宗教倫理的意義は〔ピュウリタニズムと〕天地をひっくり返すぐらい違ったものとなり、〔この思想の〕作用における〔ピュウリタニズムとの〕親縁性が、まさにこの決定的な点においてまったくなくなってしまった。「同胞」にたいして禁止されたことが、「他所者」にたいしては許可された。（すでにそれだけをもってしても、）こうした「禁止されたこと」ではなく「許可されたこと」の領域における成功が、ピュウリタンのばあいにみられたあのような意味での、宗教的な確証の指標や方法的な生活形成への起動力であるはずはなかった。(29)

神が祝福するような「成功」であるか否かの「宗教的な確証」を求めているとき、「他所者」だからやってもいいと「許可」されているようなことで「成功」しても、それは「同胞」には「禁止」されていることなのだから、「神の祝福」は得られない。そのように考えて、己れを律しようとする「起動力」をもっていたのが「ピュウリタン」だった。「ユダヤ教」においては「許可されたこと」で「成功」してもよかった。というのも、そこには「二重倫理（対内倫理と対外倫理）」があったからである。以上がヴェーバーの主張である。

この「二重倫理」こそ、ヴェーバーにとって「賤民資本主義」を特徴づけるものである。さきにヴェーバーの『経済史』のなかで「外部経済」における「まったく思いやりのない」財務運用という指摘があったが、「投機的」と称される「ユダヤ教」の資本主義の根幹にもまた、こうした「対内倫理と対外倫理」の「二重性」がある。そして、これゆえにヴェーバーは、「ユダヤ教の倫理は、いまのところは怪訝な感じをうけるだろうが、きわめて強度に伝統主義的なものにとどまった」と述べるのである。(30)

「二重倫理」を軸とする「賤民資本主義」。これを日本の現状にかさねた認識こそ、まさに大塚史学の根幹をなす「倫理的二重構造」論にほかならない。第Ⅴ章第2節で検討したとおり、この「二重倫理」の観点から「東洋的社会」の特徴をとらえる認識は日本の社会科学界でも数多くみられていたが、それらはヴェーバーの「儒教とピュウリタニズム」にむすびついたものだった。そこにおいて、「ユダヤ」は「アジア」ないし日本と共通項をもつものとみなされていた。内田芳明が山田盛太郎の認識した「日本資本主義」の特徴を「資本の特殊日本的パーリア的特徴」および「賃労働の特殊アジア的伝統主義的停滞構造」であるとみなしたのも、こうした認識の土台があったからこそである。(31)

さらに、この「二重倫理」という考えとむすびついた「アジア的」人間類型は、地理的・文化的なちがいをこえて広がっていく。大塚は日本、中国のみならずインドやアフリカにも「アジア的」人間類型をみいだすとともに、それをさらに「共同体」論の観点から理論化して、これらの世界の特徴を「倫理の二重構造」という一点でまとめあげる。そのなかに「ユダヤ」が入ってくるのはいうまでもない。

このかぎりでいえば、「ユダヤ」と「アジア」は「賤民資本主義」をしめす類例となる。これを

「オリエンタリズム」（サイード）とよびたければ、そのとおりである。ただし、もしそのことを責めるのなら、その対象は大塚だけではない。同様の言説を展開した人々のみならず、場合によってはこうした言説を提供したヴェーバーにまでおよびかねないことを、この事実は示唆している。[32] そして、この認識には日本の現状批判の意味合いがこもっていた。ここに、「倫理の二重構造」論による日本批判は「オリエンタリズム」と強固なむすびつきをもつことになる。

(4) 「二重構造」は否定的なものだけか

とはいえ、「内と外」に「倫理」をわける「共同体」があるとして、その社会には否定的なものしかないのだろうか。この点については、興味ぶかい議論がある。社会学者の福武直は、農村部落の「共同体的なものからの解放」をとなえた論文において、「気違い部落」的な興味の対象として農村部落の問題をとらえるべきではないとした。[33] これはきだみのる[34]への批判を含意している。大塚とおなじスタンスに福武は立っているようにみえるが、大塚とは異なり、福武はきだに苛立ちを隠さない。[35] なぜだろうか。

じつは、きだみのるの『日本文化の根底に潜むもの』のなかに、大塚が「内と外の倫理的構造」でまったくとりあげなかった記述がある。長くなるが引用しておきたい。

私は、東京の論者の多くのように、部落制とその親方たちに非難だけ浴びせかけようとは思わない。部落の伝統の中にもすぐれた点もある。

ある部落で一人の少年が何千円か盗み、このことが発覚した。部落の者は互に子供のときから知り合っている。その少年の生い立ちも性質も部落の者には解っている。親方たちは部落から紐付きを出しては部落の恥だ、部落の恥は親方の大きな恥だという考えに捕われた。そこで一方事実を揉み消し、金は返済させ、その少年を一時、部落の後家の家に預け、今後の様子を見ることにした。少年は二度と盗癖を現わさず、今日では立派な労働者になっている。もしも行刑が一つの理想を持ち得るのだとしたら、過去を知った人間が裁き、人間の一生のうち起るむだ花的な罪を先天的なものから区別し、それに対応した措置を講じ、同じ類のむだ花を再び咲かせないようにするに違いない。都会では知らない人間が知らない人間を調べ刑を云い渡し、知らない犯罪者たちの収容されている場所に抛り込んで、そして法とその手続きを満足させている。

時として部落の掟は、法の及ばないところを補っている。

ここからさらに以下の事例がつづく。畑の馬鈴薯盗みをめぐるAとBの盗み合いを、駐在に引き渡すと警告しても夜番をつけても止められず、馬鈴薯盗みをみつけたらその犯人には部落を立ち退いてもらうという申し合わせによって止めさせることができた。(36)

ここでの記述にみられるものとは、「部落」のもつ人間的な温かみであり、「寛容」の精神であろう。たしかに、あくまでこれは「内と外」を意識した「共同体」独特の行動なのかもしれない。しかし、親方たちの行動は、少年の更生をただ理念的に声高に叫ぶよりも、はるかに地道で確実な方法をとっている。こうした行為は、はたして「外面的品位の倫理」だけで片づけられるものなのか。少年の「内面」は更生されず、ただ「外面的」にルールを守っているだけである、とでもいうのだろうか。

「二重倫理」を「前期的」なものとみなして批判する視角が硬直化すると、「共同体」において「現実」に機能していた、他の肯定的側面がみえなくなってしまうことにもなりかねない。大塚が『日本文化の根底に潜むもの』を読んだとき、こうした箇所に目はいかなかったのだろうか。もしこの記述に気づいていたのなら、自身の理論構造のなかに「オリエンタリズム」とよばれるべき図式化の病弊をすくなからず意識したはずである。この問題を、大塚はどのように考えていたのか。そのことを検討するまえに、もうひとつ確認すべきことがある。

3 「ユダヤ人」観をめぐって

(1) 「賤民資本主義」理解をめぐるヴェーバーと大塚

柳澤の指摘にもどる。柳澤は、大塚がナチズムのもつ「民族的共同体(「血と土」)、人種主義・反ユダヤ主義、そして全体主義と軍事的拡張主義」といった「特質を捨象し、結果的にそれを隠蔽した」としていた。しかし、ナチスの「反ユダヤ主義」の側面にかぎるとき、大塚の言説はこれを

「隠蔽」したのだろうか。この点について考えるときに確認すべきは、さきにヴェーバーが「二重道徳」と「ユダヤ教」との関係について論じていた箇所の直後にある、つぎの記述である。

イギリスのピュウリタンたちにとって、当時のユダヤ人は、まさしくかれらの嫌悪してやまぬ、あの戦争・国家調達・国家独占・会社設立投機や、また君主の築造・財政企画を志向するような資本主義を代表するものたちであった。実際、対立関係は総じて、つねにかならず留保条件をつけたうえで、おそらくつぎのように定式化しうるだろう。ユダヤ人の資本主義は投機的な賤民資本主義（Paria-Kapitalismus）であり、ピュウリタンの資本主義は市民的な労働組織であった、と。(37)

大塚のいうイギリスの「国庫的・金融的な独占商人」のモデルがここにあり、かれがこの「独占商人」を「前期的資本」とみなし、「ユダヤ人」とむすびつけていることはいうまでもない。まず留意すべきは、この箇所では「ユダヤ人」と「投機的」な資本主義――かれの有名な規定でいえば「賤民資本主義」――がむすびつけられている点である。ヴェーバーもまた、「ユダヤ人」と「投機」をむすびつける発想から逃れえているわけではなかった。そればかりか、この箇所で「ユダヤ人」は「国家独占」といった言葉と関連づけられており、国家との癒着が示唆されている。こうした記述が、大塚において「ユダヤ人」のなかに「寄生的」な営利「慾」をみいだす根拠となっていることはあきらかである。そうしたことを確認するなら、上山安敏が批判するとおり、「パーリア国家掠奪主義」というヴェーバーの考えは、「キリスト教支配の環境に置かれていたユダヤ人の存在というものに対して、深みを欠いた言説と言えるだろう」[38]。その意味では、カール＝ジークベルト・レーベルクが主張するように、「反ユダヤ主義が唯一のユダヤ人にかんする偏見の源泉なのではない」のであり、ヴェーバーの言説さえこの「偏見の源泉」たりうるのである[39]。だから、ヴェーバーに「ユダヤ人」にかんする「偏見」がない、とみなして大塚のみを断罪することはできない。

これをふまえたうえでヴェーバーの議論を確認すると、かれは「賤民資本主義」の担い手を「当時の」ユダヤ人に限定し、かつそれを「嫌悪」した主体が「イギリスのピュウリタン」であると「留保条件」をつけている。大塚は、ヴェーバーの慎重ともいえるこの限定をとりはらって――ヴェーバーとおなじく「古代イスラエル人」については除外しつつも[40]――「寄生的」（非生産力的）な営利「慾」の権化を「ユダヤ人」一般に還元し、その認識をもとにヴェーバーとヒトラーを同列視しているのである。これをみるなら、大塚の認識がナチズムにある「人種主義・反ユダヤ主義」の要素を「隠蔽」したとするのはいいすぎである。むしろ、没歴史的で一面的なユダヤ人観に陥っている時点で、「人種主義」をともなう「反ユダヤ主義」には抵抗できず、むしろこれを援護するものとなってしまっている。

(2)「ユダヤ人」一般から「中世ユダヤ人」へ

「戦後」の大塚は、こうした問題点に気づいていたのだろうか。その点を考えるうえで、中野も柳澤もまったく検討していないことがある。中野は、大塚がヴェーバーとヒトラーを同列視してユダヤ人への偏見を露骨にしめしている記述が「重要な書き換えの対象」であったという。だが、肝心の書き換え後についてはみていない。そこをみると、大塚の「ユダヤ人」観における修正のありようがみえてくる。

中世ユダヤ人の営利活動が、この上もなく強烈な「営利心」にもかかわらず、つねにいわば現状寄生的であって、「生産力」形成に結びつかなかったこと、言いかえれば、近代以前の非合理的資本主義である商業や金融業の内部にのみ跼蹐し、近代に独自な合理的産業資本の生誕にさいしては、むしろそれを妨げる方向に作用したのは、まさにこうした事情によるのである。(41)

まことに稚拙な差別意識の「隠蔽」というほかはない。かれにとって「ユダヤ人」と「中世ユダヤ人」とは、「寄生的」な営利を追求する「前期的資本」を表した互換可能で記号的なものでしかなかった。この「書き換え」はそのことを如実にしめしている。さきに上山が批判したような「キリスト教支配の環境に置かれていたユダヤ人の存在というものに対して、深みを欠いた言説」からはまったく抜け出せていない。「ユダヤ人」を「中世ユダヤ人」と書き換えても、そのステレオタイプな「ユダヤ人」観を拭い去ることは、できていないのである。

しかし、それでも途中でヴェーバーの「留保」に気づいたのか、たしかに、ヒトラーにかんする問題の記述も消え、「賤民資本主義」の担い手を「中世」のユダヤ人へと限定はしており、この点で大塚の「賤民資本主義」観は改善されている。差別意識の根底が揺らぐことはなかったけれども、その認識にある種の変化がみられることは確かである。大塚はどうしてこの記述を変えたのだろう。

それを考えるうえで興味ぶかい二つの記述がある。まず、一九五五年七月に発表された「巨万の富——歴史における富豪と民衆」である。ここで大塚は「巨万の富」が大昔からどこにでもあったことについて、商業やそれを手段とする金儲けが「人類の歴史とともに古い」ことを引きあいに出して語り、その事例として『旧約聖書』の「イザヤ書」にある表現を引用したのち、つぎのように述べる。

そののち、「バビロン捕囚」のころから彼らはさらにいわゆる「商業民族」の性格をしだいにおびるようになった。ことに、ローマ軍のためにエルサレムの神殿を完全に破壊されてからあとはヨーロッパの各地に散住し、いわゆる「ユダヤ人」として中世を通じ、今にいたるまで商業や金融の営みと巨万の富をもって知られていることは、とりたてて述べるまでもないことだろう。[42]

ここに、一九四四年段階でみられた「ユダヤ人」の描きかたがくりかえされている。商業・金融、「巨万の富」は、中世から「今」にいたるまでの「ユダヤ人」と同一視される。ここで名指されたユダヤ人もまた、「歴史的」存在ではなく、「ユダヤ人」一般なのである。そして、「巨万の富」のもち主としてフッガー家がユダヤ人とならんで挙げられている。大塚はこのフッガー家が「財閥ともいうべき企業構成」をとっており、いわば「独占」状態にあることを指摘している。[43] ここに、

「戦中『精神』」論文でのヤーコプ・フッガーの表象と「ユダヤ人」が再びむすびつけられる。

では、この論考「巨万の富」の趣旨はなにか。以下の引用で十分だろう。

> 巨万の富はしばしば民衆の生活の向上をよそに形づくられてきたし、むしろ巨万の富の蓄積がしばしば民衆の貧困をもたらし、また民衆の貧困を土台として遂行されてきたという、いわば反比例の関係さえみられるということもほぼ明らかだと思う。[44]

ところが、「ユダヤ人」一般を「前期的資本」に還元するこうした記述が、一九五六年一一月刊行の、あの『欧州経済史』においては影を潜めている。「賤民資本主義」にかかわる記述をみると、そこにはつぎのようなことが述べられている。

> 中世ヨーロッパの封建社会内部におけるユダヤ人たちは、宗教上の理由もてつだって、カースト制のない社会の内部にありながら、自分からカースト化し、その結果社会的に周囲から全く隔離されるという顚倒した関係にたった。そうした民族を、ヴェーバーは、「賤民民族」となづけたのである。ところで、ユダヤ人のみとはいわず、「前期的資本」の担い手たる商人層は一般に何らかの形で自ら「共同体」（ギルドその他）を形づくり、それにより独自な商人身分として多かれ少なかれ「賤民」化する傾向をもつのをつねとした（極端な一例を示せば、中世ヨーロッパでユダヤ人と並ぶ金融業者として知られていた「カオール人」Kawertsche は、実は多くイタリアの

都市アスティ出身のキリスト教徒でありながら、その地位はユダヤ人にきわめて近かった)。そうした特徴をとらえて、ヴェーバーは「前期的資本」の営み一般を、「非合理的資本主義」とよぶと同時に、ときに「賤民資本主義」Paria-Kapitalismus ともよんだのである。(45)

ここでの大塚は、「前期的資本」と等号的な関係をもつ「ユダヤ人」を「中世ヨーロッパ」にいた者に限定している。あくまでこの記述は中世初期の話の流れで書かれた教科書的なものであり、とりたてて注目すべきものではないかもしれない。だがしかし、一年前にあれほど軽率にも「ユダヤ人」は「現在」にいたるまで「巨万の富」の権化であることは「とりたてて述べるまでもないだろう」と述べていた人物が、こうした「中世」の「ユダヤ人」にかんする議論において「現在」の「ユダヤ人」とのつながりについてまったく言及しないのは不自然ではないか。いくら『欧州経済史』が経済史学の教科書だとしても、この変化はただ学問的な理由だけから説明できないであろう。では、ほかに変化した理由は考えられないのか。

(3) 『夜と霧』にたいする「感銘」

この点について示唆をあたえる記述がある。それは、「生物と歴史の間――川喜田愛郎『生物と無生物の間』を読む」(一九五六年一一月)という書評のなかにある、つぎの一節である。

今年の暑中休暇は弘文堂版『経済学全集』の執筆〔『欧州経済史』のこと〕にすっかり追われて

しまって、落ち着いて読書できるような時間の余裕などほとんどなかったが、しかし幸いにも珠玉の二編に接することができた。一つはフランクル『夜と霧』、この翻訳はベストセラーとして洛陽の紙価を高らかしめたから、もはや誰もが知っておられよう。他は川喜田愛郎『生物と無生物の間――ウィルスの話』で、これも岩波新書の一冊としてかなり広く読まれているはずである。いずれも惹かれるように読みつづけ、巻をおいてのち、私の心は深い感銘にとらえられた。もっとも、両書の内容はおよそかけはなれたものであるから、その感銘はさまざまだが、何よりもさりげない叙述のなかに見えかくれする太い、強靱な科学的精神に深くうたれたと言っても誤りでないだろう。(46)

一九五六年の夏、まさに『欧州経済史』を書き上げる直前に、大塚は同年八月に刊行されたヴィクトール・フランクルの『夜と霧』の訳書を読んでいた。宮澤正典によれば、本書は「ホロコースト」とよばれるユダヤ人大虐殺の実態を知らしめ、過去にあった稚拙な「反ユダヤ主義」的思考にたいし反省を促すうえで多大な影響をおよぼした、とされる。(47)この本の冒頭にはみすず書房の編集部がつけた序文がおかれているが、そこにはドイツの「アウシュヴィッツ」を「南京事件」とむすびつけ、「アウシュヴィッツ」を介しながらいわゆる日本の戦争犯罪を問う視点がある。そして、この著者のフランクルが「ユダヤ人」として収容所体験をしたことが記されている。(48)ここできわめて重要なのは、訳者の霜山徳爾による解説において、その言語を絶する数の「ユダヤ人」殺害のおぞましき内容が、英帝国の主席検事ハートレイ・ショウクロス卿の言葉の引用をもってつぎのように報告されていることである。

「千二百万人に上る殺人！　これによってヨーロッパのユダヤ人の三分の二以上が殺されたのであります。それは殺人者たち自身の計算でも六百万人以上を数えています。そしてこの殺人は、まるで大量生産工業のようにアウシュヴィッツをはじめダッハウ、トレブリンカ、ブッヒェンワルト、マウトハウゼン、マイダネック、オラニーンブルクなどのガス室やかまどで行われたのであります。」(49)

大塚が「感銘」をうけたというとき、そこには「反ユダヤ主義」を擁護するとみなされてもいたしかたのない過去の発言が頭をよぎったのではないか。すくなくとも、「暴利」をむさぼる「ユダヤ人」という扁平なイメージとは異なるユダヤ人がそこにいる。しかもみずからが「経済的」にみて「合理的」だと理解していたナチスによって死を強制されていた、被支配者としてのユダヤ人が。そうしたものがなければ、営利「欲」の塊としての「ユダヤ人」一般、という一年前まで維持してきたイメージを、いともあっさりと変更することなどできるはずがない。

もちろん、大塚がこの『欧州経済史』のなかで過去の記述を変更した理由がほかにありうることまでは否定しない。だが、その変更時とこの『夜と霧』における「感銘」とはみごとに一致している。そして、この『夜と霧』の影響力を大塚自身がみとめている。状況証拠からみて、『夜と霧』が『欧州経済史』における「ユダヤ人」についての叙述に何らかの影を落としていることは、まち

がいないとまではいわないまでも、かなり可能性が高いとみざるをえまい。(50)

(4)「留保条件」をめぐるヴェーバーと大塚

とはいえ、ヴェーバーにも共通する「深みを欠いた」というほかはない「ユダヤ人」観まで、大塚は変更できなかった。たしかに、大塚は「賤民資本主義」の担い手を「中世ヨーロッパ」に限定してはいる。しかし、そこでの「ユダヤ人」のありようについては、「カースト制のない社会の内部にありながら、自分からカースト化」したという側面だけを述べるにとどまっていて、「ユダヤ人」にたいする「キリスト教」側の迫害が「賤民民族」化をもたらした側面にはまったく目を向けていない。この点にかぎれば、ヴェーバーの「ユダヤ人」にかんする「問題的視点」を誤読する「不生産的な」ものに堕していた、と大塚が批判した(51)ヴェルナー・ゾンバルトの『ユダヤ人と経済生活』のなかにあるつぎの一節のほうが、ユダヤ人迫害という歴史的事実についての感受性をもっているとさえいえるのである。

しかし、中世全般にわたって、そして近代になっても、ある企てにより送荷、債務などの本来の受取人として隠れるということの動機が幾度となくユダヤ人に働いていたに違いない！　そしてそれゆえに、あのような隠匿をもたらす歓迎すべき手段として、無記名証券の形式が現れてきたのだ。無記名証券は、ある地域のユダヤ人共同体から迫害のうねりが過ぎ去るまで、財産をみえないようにすることを可能にした。無記名証券によってユダヤ人は、自らの貨幣を随意にどこかに預けて危険にさらされた瞬間にワラ人形をつうじてそれを消し去ること、あるいは、それまで彼らが占有していた痕跡をまったく残すことなく自己の債権を譲渡することができるようになった。[52]

しかし、なおも「ユダヤ人」をめぐる大塚とヴェーバーの言説を比較してみるとき、気になる訳文がある。本節(1)の冒頭で引用した部分で、さきに「実際、対立関係は総じて、つねにかならず留保条件をつけたうえで、おそらくつぎのように定式化しうるだろう」と訳した箇所である。一九六二年八月刊の梶山力と大塚の共訳はつぎのようになっている。

必要な留保条件をつけておくならば、対立関係は次のように定式化できるであろう。[53]

この引用は、一九三八年一一月刊の梶山訳では訳されていなかったため、[54] 大塚がのちの改訳にさいして完訳しなおした箇所である。だから、ここにかぎっては、大塚訳とよんでさしつかえない。そして、現在の大塚単独訳においても、この箇所は「必要な留保条件をつけた上で、対立関係は事実つぎのように定式化できるだろう[55]」となっており、梶山・大塚訳はほぼ踏襲されている。

しかし、この訳はヴェーバーの原文とニュアンスを異にする。ヴェーバーが »mit den stets unvermeidlichen Vorbehalten« と記した箇所（さきの引用では「つねにかならず留保条件をつけたうえで」と訳している）を直訳すれば、「つねに不可避の留保条件をともなって」となる。つまり、「留保条件」

は必須なのであり、「ユダヤ人の資本主義」と「ピュウリタンの資本主義」を「賤民資本主義」と「市民的な労働組織」との対立関係に「定式化」することには慎重な態度を要することが表明されているのである。

ところが、大塚の訳文のとおりであると、対立関係の「定式化」において「留保条件」は、「必要な」ものさえあればよいという程度の扱いになってしまっている。これでは、「定式化」にたいして慎重な態度を「留保」することを訴えたヴェーバーの主張は伝わらない。逆に、「留保条件」が「必要」最低限であればこの「定式化」はまったく正当なのだ、というように読まれてしまう恐れさえある。(56)

この原文と訳文とのちがいは、そのまま「留保条件」の重みにたいするヴェーバーと大塚の意識のちがいをあらわしていないだろうか。ヴェーバーの「ユダヤ人」観には、「迫害」という問題への考慮がほとんどみられない。この点は問題である。しかし、それでも「留保条件」が「つねに不可避」であることは自覚していた。つまり、ヴェーバー自身は「ピュウリタン」と「ユダヤ人」との関係を「定式化」しつつも、その「定式」の扱いについては慎重を期すことを警告していたのだ。だが、大塚の訳のばあい、この「定式」は「必要な留保条件」さえ揃えば自由に使えるものとして読まれても致しかたない。ヴェーバーにくらべると、「留保条件」にたいしてあまり重きはおかれていないのである。

これは、ヴェーバーの警告を無視したことにならないか。そこに危険はないのか。こうした問題に、大塚はほどなく直面させられることになる。そのときにかれの前に立ちはだかった一人のユダヤ人作家、それが「シュテファン・ツヴァイク」であった。

4　シュテファン・ツヴァイク『権力とたたかう良心』をめぐって㈠

⑴「読んでいない」にもかかわらず

一九六三年七月に活字化された、とあるインタビュー。それはつぎの奇妙なやりとりではじまる。

――この本は『権力とたたかう良心』という題なのですが、権力というのがカルヴァン、良心がカステリオンというわけです。ここにまず問題があると思うのですが……。

大塚　そうでしょうね。そういわれるような面が全然ないとは言えないでしょうけれども、その一面だけをとって、それだけを前面に押し出してくると、その当時の実際のカルヴァン対カステリオンという関係がかなり歪められて考えられる可能性があるのではないか、というふうに私なんかは感じますね。

ここでとりあげられている『権力とたたかう良心』の著者は、シュテファン・ツヴァイク。原著タイトルは、『カルヴァンに抗するカステリオン――その権力に抗する良心』（一九三六年）。そして、これはその本の邦訳についてのインタビューであり、のちに「二つの自由」という表題をつけて公にされたものである。(57) しかし、最初からインタビュアーも「問題がある」といい、大塚も「歪められて考えられる可能性がある」とネガティヴな印象をいきなり表明する。まだ本の内容にもふみこんでいないのに、決めつけている感さえある。

その理由は、直後をみるとすぐにわかる。インタビュアーは、この本がカルヴァンを「頭のてっぺんから爪の先まで身を堅めた独裁者」とみなし、かれのもとには「まさにテロ」というか「スパイ網に支えられたそういう独裁者の権力のみがある」と解しているいっぽうで、「カステリオンはまったく無力で何ももたない人間だ、ただあるのは良心だけだ」、つまり「自由を求める良心だけがカステリオンにある」と考えている、と伝える。大塚は愕然とする。

大塚　独裁者的テロリストだというのですか。……私は、この本を自分でまだ読んでいないのでなんとも言えないのですけれどね。いま、お話をうかがったかぎりではね、その当時のヨーロッパ、スイスを含めてのヨーロッパ状勢のなかで、政治的にもカルヴァンがすでに全権力をにぎり、あるいはヨーロッパの独裁者になってテロリズムを行なっている、そしてカステリオンはその前にふるえる小雀のごときだったというような感じを、仮に与えているとすると、あるいは、そういうものとして描き出されているのだとすると、わたしなんかにはそうとう疑問がありますね。(58)

疑問の内容はさておく。ここでまず問題にしたいのは、大塚が「この本を自分でまだ読んでいない」にもかかわらず、いきなり批判をはじめようとしているところである。[59] 竹内との対談で、大塚は情報がすくないにもかかわらず「文化大革命」にたいして肯定的な評価をくだした。それとおなじことを、しかも、今回は本が目のまえにあるにもかかわらず、大塚はやってしまっている。インタビュアーは本を現場で確認しながら話をすすめている。[60] それなら自分の目でまずその内容を確認する、と「留保」すればいい。だが、大塚はそれさえしていない。

これを学者の「良心」から非難するのは簡単だが、問題の核心はそこではない。本を「読んでいない」にもかかわらず、何らかの直感が働いて大塚がひどく動揺している――この状況があきらかにしているものこそ重要なのである。「かぎりでは」、「とすると」と幾度も仮定的な表現を使いながら、この本の核心を探り、それにたいして必死に批判を試みようとする大塚。そのなかに何を読みとることができるのか。このインタビューの焦点はそこにある。

(2) カルヴァンは「自由」の思想家か、「独裁」の思想家か

まず、大塚のカルヴァン像を確認しておきたい。これまでの検討でも示唆されているが、大塚にとってカルヴァンの教義とはすなわち「中産的生産者層」のためのものであった。「ジャン・カルヴァン――宗教改革の民衆的意義」(一九四六年一二月)において記されているように、かれにとって「カルヴァンの教理は近代社会を構成する主体的・精神的諸条件、正確に言えば、そのうちの特殊決定的な主体的条件を創造した」のであり、その点でカルヴァンは「正しい意味での近代思想の

精神的「父」」であった[61]。大塚が「カルヴァンの教理」のなかで重視するものとは、「神への服従こそ真の自由」という「「預定」の教説の基本的論点」にふくまれている、つぎの思考である。

世界史を動かしその方向を決定するものは、ただひとり神の聖なる意志と決断のみである。そしてそれは、個々人の主観的な恣意をもっては如何ともしがたい鉄の必然性を帯びて立ち現れる。人間のとるべき態度はただこの鉄の必然性たる神の意志に服従すること、すなわち、正しき意味での信仰であり、そこにおいてのみ、彼は真の自由に到達することができるであろう[62]。

では、なにゆえに「神への服従こそ真の自由」となりうるのか。それをかれは「魔術からの解放」という観点から以下のように説く。「われわれの内心は隅々にいたるまで神によって明晰に透視されている。われわれの魂は神の前に何の隠れ場所をももたない。われわれのなすべきは、ただ、彼の聖き意志の前に謙虚にひれ伏し、自己の良心に従って彼の栄光のためにせい一杯生活し行動するのみである。まことに聞くだけでも痛みを感ずるほどの鋭い「良心」！　この「良心」の覚醒は民衆のうちに倫理的＝合理的な内面的自覚を力強く昂揚し（いわゆるMassenreligiosität）、そしてその結果は、およそ神の聖き意志に反する（すなわち、良心の声とかかわりのない）魔術的＝非合理的なものを排除するか、ないしは少なくもそれを徹底的に敵視する、という精神的雰囲気の歴史的形成となったのである[63]」。これがかの「近代的人間類型」の「倫理的＝合理的な内面的自覚」とむすびつけられると同時に、カトリックから「儒教」をへて「日本文化の根底に潜むもの」にいたる「魔術的＝非合理的なもの」への批判となっていることはいまさら詳言するまでもない。

では、『権力とたたかう良心』にツヴァイクが刻もうとしたのは何であったか。まさに大塚が「近代思想の精神的「父」」と解したカルヴァンの独裁志向という実態であり、それに抗した人文主義者カステリオンの自由志向への賛歌であった。大塚のように、カルヴァンのもたらした「内面的自覚」の精神を高く評価する者からすれば、つぎのツヴァイクの発言は驚くべきものであろう。

大がかりな組織技術のおかげでカルヴァンは、ひとつの都市全体を、これまで自由であった何千という市民のすむひとつの国家全体を硬直した服従機構（Gehorsamsmaschinerie）にかえ、あらゆる自立を根こそぎにし、自分の唯一の教義のためにあらゆる思想の自由を奪いとることに成功したのであった。

そして、ツヴァイクはこれに対抗したカステリオンの無力さを、この引用の直前でつぎのように強調する。「たった独りで武装もしない人間が、数千数万の人間に守られ、さらには国家権力（Staatsgewalt）という戦闘的装置にまで守られているカルヴァンに戦いを挑み、しかも打ち勝つなどどうしてできようか！」[64]。ツヴァイクの記述からは、このカステリオンなる人物が孤立無援のなかで独裁的カルヴァンに対抗した人物としてみえてくる。大塚はそこに問題をみいだしていた。

(3)「正統派」カルヴァン対「自由」カステリオン

大塚はまず、ルイ一四世によるポール・ロワイヤルの人々やパスカルなどへの迫害のほうが「おそらくカルヴァンどころではない」と主張する。そして、こうした「絶対王制」にむすびついたのが、イエズス会でありカトリック教会の教権であり、「都市貴族的商人的リベルティン」という「自由思想の担い手」である、という。するとインタビュアーは、『権力とたたかう良心』のなかに「正統派プロテスタンティズムと自由なプロテスタンティズム」という対比があることを指摘する。これにたいして大塚は、「そこには重要な問題がひそんでいるようです」といって自説を述べはじめる。

かれは「自由なプロテスタンティズム」を、「たぶんカルヴァンの「預定説」に代表されるような宗教的厳格主義に対して、その教義を水割りしてゆく人々、ルネサンス的な自由思想で水割りしてゆく人々のこと」、「禁欲的な色彩がうすめられてゆく」思想をもった人々のことだろうと推測する。そして、これらの人々の性格を、つぎのように規定する。

そういう人びとは社会経済史的にみると、オート・ブルジョアジーとか、都市貴族とかよばれる大商人・大金融業者とひじょうに結びつきが強く、重なり合っていて、両者ともどもますます絶対王制の権力の側に結びついていくという傾向を示していたわけです。オランダでも、そういう自由思想家といいますか、リベルティンとよばれる人びとは都市貴族と重なり合い、勤労民衆を主要な担い手とするカルヴィニズムとひじょうに激しい対立をしていた。それどころか、そういうリベルティン的都市貴族は、ある歴史家がサルタニズム――トルコのサルタン

〔スルタン〕にも似た専制的支配の意味――と評したぐらいのはげしい圧迫をカルヴィニスト的民衆に加えていたわけですね。カルヴァンのときにも、本質上それと同じ事情がすでに存在していたんです。(65)

ここで確認しておきたいのは、「自由プロテスタンティズム」の代表格である「大商人・大金融業者」およびそれとむすびついた「絶対王制の権力」に、カルヴァンおよびカルヴィニストとなった「勤労民衆」が「圧迫」されていた、と主張している点である。第Ⅴ章第1節(3)で確認した、あの「宗教的二重構造」の図式がそのまま適用されているのである。そして、リベルティン的都市貴族の「専制的支配」を「サルタニズム」と何の違和感もなく表現する。ここに「大塚史学」と「オリエンタリズム」との結合関係が如実にあらわれているのはいうまでもない。

こうした見方にしたがい、大塚は以下のように「ツヴァイク」を批判する。カルヴァンはこうした状勢のなか「眇《びょう》たる反抗の一拠点をつくり、ただ護り抜こうとしていた」のに、「その一地点の、しかも一面だけをとりだして、あたかもヨーロッパ全体にカルヴァンが独裁的に君臨していたかのような印象をあたえるのは私にはまったく比重を失した、いや事実を逆立させているように思われます」(66)。つまり、「ツヴァイク」はヨーロッパ全体での支配―被支配関係の認識を誤っている、それを正確に認識していれば、カステリオンが「絶対王制の権力」の側にたっていて、カルヴァンはむしろこの権力により「圧迫」をうけていたことがわかるはずだ、というわけである。

さらに、大塚はつづける。「絶対王制の権力」の庇護のもとにおかれた文化人や知識人は、エラスムスやモンテーニュといった「ユマニスト」であっても、ルネサンス文化を創造した芸術家であっても、カルヴァンに比べて「文化形成力、あるいは思想形成力というものが劣ってござるをえない」。以上のように述べたうえで、大塚はつぎのような発言をする。

セルヴェートやカステリオンたちは、カルヴァンの眇たる抵抗の拠点の内部では、いちおう圧迫されていたといえるでしょう。が、かれらが圧迫されたのは、カルヴァンたちが必死の抵抗の拠点としていたその内部での話なのですね。そこから外に一歩でも出れば、カルヴァン自身が危い。その内部でさえしばしばそうだった。だから、いったいカルヴァンが独裁者であってカステリオンは弱い小雀のように追いかけまわされたんだというふうに表現することは、その当時のヨーロッパ全体の歴史の流れのなかにおいてみると、ちょっと私にはバランスを失しているのではないかと思われるのですがね。(67)

ここでカルヴァンやカステリオンが生きた同時代についての知識のない者はとまどうことになる。なぜエラスムスやモンテーニュといった「ユマニスト（人文主義者）」の名がカステリオンとむすびつけられるのか。そして、カステリオンと並んで登場する「セルヴェート」とは何者か。そして、かれらがなぜ「文化形成力、あるいは思想形成力」においてカルヴァンに比較して「劣ってござるをえない」というのか。じつは、この点に大塚とツヴァイクの対立軸が潜んでいる。

(4) セルヴェ殺害の「過誤」?

一五五三年一〇月二七日、ジュネーヴ北方シャンペルの丘の上で、ミゲル・セルヴェ(大塚の表記では「セルヴェート」)は多くの市民のまえで焼殺された。その理由は、三位一体の教説を信じなかったからであった。三位一体の教説の否定は、当時、神を冒瀆する考えとして非難されていた。その神学的根拠についてツヴァイクはくわしく書いていないが、『権力とたたかう良心』の刊行される六年前に日本で書かれた黒崎幸吉のカルヴァン伝によればつぎのとおりである。

セルヴェ神学の特徴は「汎神論的」であった。キリストは誕生の前から存在していない。すなわち、誕生してから後の「神の子」であって、「永遠よりの神」ではない。精霊もまた父(神)および子(キリスト)から出てきた「子」である。したがって、旧約聖書の時代に精霊は存在しない。神は万物の本体である。これは、当時のキリスト教の根本思想を否定しており、カトリックのみならずプロテスタントでも受けいれることのできない発想であった。ほかにも、セルヴェはカルヴァンの予定説を否定していた。すなわち人間はあらかじめ神によって救われる者と救われぬ者に選別されており、そのことを人間が知ることはできない、という説は誤謬である。換言すれば、神の意思の奴隷として人間をみることはできない。これは、カルヴァンの支柱となる教義を否定した、かれからすれば許しがたい異端説であった。(68)

問題は、カルヴァンがこの根拠をもってセルヴェを殺害した点にある。本来、プロテスタントはカトリックによる「異端審問」を嫌悪していたはずであった。宗教改革とは、教会の権威ではなく個人の「自由」な解釈の権利を与えようとしてルターらがはじめたものであった。カルヴァンはそれを否定して、当時のカトリックと同じレベルの犯罪行為に手をそめたのではないか。
ところが、大塚はあの「ジャン・カルヴァン」において、黒崎の著作を援用しながらつぎのようにカルヴァンを擁護しているのである。

なお、ここで、リベルティンとの戦いに関連してあの有名なセルヴェート事件につき一言しておきたい。「その時代におけるもっとも興味深い、またもっとも優秀な頭脳の所有者の一人」（トレルチ）といわれ、またウィリアム・ハーヴェーに先立つこと一〇〇年にしてすでに血液循環の原理を発見していたといわれるセルヴェートを、宗教裁判によって焚殺の刑に処したことは、何といっても、カルヴァンの誤謬であり過失であったとされており、のち彼の精神的末裔たちが彼のために贖罪の記念碑さえ建てている。私にも、この事件に関しては、カルヴァンに少なくとも何ほどかの過誤があったように思われる。ただ、しかし、この事件を以上のように述べてきたような当時の社会情勢と照し合わせて考え、とくに問題のセルヴェートの背後にリベルティンの勢力が強く動いていたこと、そして、リベルティンが一たび勝利を獲たばあい、その結果がおよそ社会的に何であったかをその後の世界史的経緯に徴して考えるならば——とくにオランダの国民的衰退を想え——この過誤については、炯眼な政治的・社会的指導者としてのカルヴァンの心事に対して同情を禁じえないのである。(69)

カルヴァンのセルヴェ殺害を「過誤」すなわちミスとして扱い、しかもセルヴェートの背後に「大商人・大金融業者」とむすびついた「リベルティン」の影を読みとって、セルヴェの死を「勤労民衆」すなわち中小生産者の勝利のためにやむをえなかったこととみる。大塚の「生産」重視の発想からすれば、このセルヴェの殺害は「鉄の必然性」をもつものなのである。この姿勢は、はたして正当化しうるのだろうか。この点において疑問をもたざるをえないのは、黒崎幸吉の文献の扱い方である。黒崎はセルヴェ殺害についてかならずしも擁護しておらず、むしろカルヴァンの教会・国家観から出てくる問題としてきびしく批判しているのである。

黒崎によれば、「如何なる主義原則にても之を政治方針として採用することは有り得べきであって、極端に云えば正義に反せる誤れる主義方針すらも之を政治上の方針として採用する事は可能」であり、「況んや一定の主義、特殊の方針を以て政府の主義方針とすることは有り得べき事である」。そして「一国の政府が其の方針に忠実であり、之を完全に実現せんとすればする程其の政府はこれに反対する者を出来るだけ圧迫しなければならない」(例えば、「国体」および「私有財産制」の護持のためにそれを「破壊」する者を処罰する日本)。したがって、カルヴァンがジュネーヴ神政の方針として福音主義的なキリスト教主義を採用し、その徹底のためにセルヴェを死刑としたのは「何等咎むべき理由がない」。

だが、これは「政治の方面から」考えた場合の評価である。では、「信仰の方面から」考えた場合はどうか。ここで黒崎は痛烈なカルヴァン批判を浴びせかける。

而してカルヴィンは基督教の本質上之を政治的権力を以て強制すべきものであるとの確信の上に立つて居つたのに反し、予は全然基督教の信仰は政治的権力を以て強制すべからざるものであると信ずるのである。従つてカルヴィンのセルヴェートに対する行為は此の彼の根本的誤謬より発生したる当然の結果であつて、重大なる過誤であつた事を断言せざるを得ないのである。(70)

おなじ「過誤」という言葉を用いていても、大塚と黒崎では大きく異なる。大塚にとってセルヴェ殺害は「何ほどかの過誤」にすぎない。黒崎にとってこの事件はカルヴァンの「重大なる過誤」である。しかも、それは「政治」において容認されることを「信仰」の問題と混同するカルヴァンの「根本的誤謬」に由来するのである。

「政治」と「信仰」をわける黒崎の論法に、当時の言論弾圧のきびしさをかいくぐった現状批判を読みとることは可能であろう。しかしそれ以上に問題を感じるのは、「終戦」をへて言論の「自由」が得られた時代に発言しているはずの大塚が、むしろ思想ないし信仰の「強制」を「勤労民衆」の勝利のために肯定している点である。大塚はこれまで、「戦後民主主義」を標榜した思想家の代表とみなされてきた側面があった。しかし、この両者を対比するならば、すくなくとも黒崎の発言は大塚のセルヴェ殺害評価を擁護するものとならない。そればかりか、「信仰」における「自由」という観点からみたばあい、大塚の言説はむしろ黒崎よりも後退している印象すらうけるのである。

たしかに、「大商人・大金融業者」の「絶対王制の権力」よりも「勤労民衆」の「自由」が勝利するのは、政治経済的観点からすれば望ましい。しかし、その勝利のために「信仰」における「自由」がうしなわれ、ひいてはそれに従わぬ人間をあるひとつの「信仰」から断罪し死にいたらしめることは、宗教改革の出発点から考えれば「何ほどか」ではすまない「重大なる過誤」であるといわざるをえないはずである。

(5) 人文主義をこえたカステリオン

ところで、このセルヴェ殺害にたいして人文主義者たちはどう対応したのだろうか。それを鮮明に描いたのが、まさにツヴァイクのつぎの記述だった。

しかしこれらの人文主義者たちは、真実を十分に知っていても、その真実のためにたたかう勇気はない。つねにたいていのばあい、生の運命は分かたれている。認識する者は行為する者にあらず、行為する者は認識する者にあらず。これらの悲劇的で悲嘆にくれた人文主義者たちはみな、心動かす芸術的な手紙をやりとりしたし、ドアを閉ざした書斎のなかで嘆き悲しんではいたが、表にでて反キリストにたちむかう者はなかった。[71]

この箇所には、大塚の指摘する人文主義者の「文化形成力、あるいは思想形成力」の弱さがきびしく指摘されている。大塚は「読んでいない」ためにこのツヴァイクの人文主義者にたいする批判を知らなかったのであろうが、ツヴァイク自身はすでに一九三四年の『ロッテルダムのエラスムスの勝利と悲劇』において、人文主義者の代表格たるエラスムスの弱点を認識していた。

しかし、当時この書物はヘルベルト・マルクーゼによってつぎのような論難をうけていたという。「つまりツヴァイクはエラスムスをだしにして、「美と知という高尚な領域の住人」である自分たちが時事的な政治的問題に関して「いかなる党派にも与しない」のは、決して「臆病者」だからではなく、常に「自由」でありたいからであると主張しているのである。だが、彼が後生大事に守ろうとしている「自由」や「真のヒューマニズム」を脅かす敵が現れた時、これと闘うためにはやはり何らかの党派を組む必要があるのではないか[72]」。

たとえ「自由」を守るにしても、そのためには「党派」を組むことにより創出される「文化形成力、あるいは思想形成力」が必要だ。マルクーゼの批判は大塚のそれと共通している側面がある。つまり、無党派では「自由」は守れない、と。では、ツヴァイクはこの困難をどのように乗り越えるべきだと考えるのか。その理想像をかれはカステリオンにみいだした。

ところがカステリオンは――これこそかれの不朽の栄光である――これら人文主義者たちすべてのなかからただひとり決然と表に出て、おのれの運命にたちむかった。英雄的な勇気をもって迫害された僚友たちのために声をあげ、おのれの生命を賭した。狂信的なところは一切なく、狂信の徒に刻々と脅かされながらも決して悲嘆することなく、トルストイアン的な毅然とした態度で、怒り狂った時代にかんするおのれの信条を軍旗のごとく掲げている。いかなる人間もひとつの世界観を強制されることがあってはならないし、地上にあるこの世のいかなる権力

(Macht) もひとりの人間の良心を権力で支配する (Gewalt haben) ことは許されない、と。そしてかれはこの信条を、一党派の名においてではなく、人道 (Humanität) という不朽の精神から作り上げている。だから、かれの思想も、かれの言葉の多くも、時代を超えるものであり続けてきたのだ。(73)

すなわち、かつての人文主義者の弱さをこえてカルヴァン独裁に批判の声をあげた点を、ツヴァイクは評価する。そして、その不偏不党性こそが党派を超えた共感をよんだのだ、と主張するのである。

ツヴァイクによれば、カステリオンはセルヴェ殺害に対して公然と批判をした唯一の人文主義者である。それがためにかれはカルヴァン一派からえんえんと命を狙われつづけた。しかも、カルヴァンはみずから手をくだそうとせず、その手下や取り巻きを使ってかれを裁判の場へとひきずりだし、死にいたらしめようとしていた。その試みは、結局カステリオン自身の死によってなしとげられることはなかった。これが、『権力とたたかう良心』の後半部をなしている。そこでカステリオンにより展開された、カルヴァンによる信仰の強制および「異端」認定の愚かさへの痛烈な批判、思想信条により人が死刑に処されることは許されないという主張、これが普遍性をもっているとツヴァイクは考えた。だからこそ、以下のようにかれは述べることができた。

しかも、この歴史的な論争の内的な問題設定はその時代的な枠をはるかに超えている。これは、せまい神学上のことや、セルヴェというひとりの人間のことではない。正統派のプロテスタンティズムと自由なプロテスタンティズムとのあいだの決定的な危機でさえもない。この決定的な論争において投げかけられているのは、それよりはるかに遠大な超時代的問題である。「それはわれわれの問題、われわれの争点である」(Nostra res agitur)。つねに新たに別の名前や形式をとりながらも戦いぬかれねばならぬ闘争が開始されているのである。(74)

「われわれの問題、われわれの争点」。ツヴァイクにとってはそれが、じつはナチス独裁にどのように対抗するのか、という「問題」であり、それへの服従か反抗か、という「争点」であった。一九三四年冬、ザルツブルクにおいてツヴァイクは、武器隠匿の嫌疑で家宅捜索をうけ、イギリスに亡命する。このとき、かれはカステリオンのごとく筆一本で昂然とナチズムにたたかいを挑むことに決めたのである。そして、信仰や言論等の自由を認めなかったカルヴァン神政の独裁的内容のなかにナチスと同一のものをみいだし、それと全面的に対決するべく書かれたのが、『権力とたたかう良心』であった。(75) そこには、近代革命の始祖としてのカルヴァンにたいする肯定的イメージはない。いまやカルヴァンは、普遍的に存在する革命的独裁を象徴するものとして立ちあらわれていたのである。

5　シュテファン・ツヴァイク『権力とたたかう良心』をめぐって（二）

(1) 不寛容にもとづく「自由」と寛容にもとづく「自由」

さきの大塚へのインタビューにもどろう。ここにおいて、インタビュアーはツヴァイクのカルヴァン像とそこに込めた主張をつぎのように伝える。

もう一つ本書で決定的にいわれていることに、ちょうど、ヒットラーが「余はドイツ民族である」、ルイ十四世が「朕は国家なり」というような信念をカルヴァンは冷酷なまで確信していたということがあります。カルヴァンは「神の意志を正しくこの地上に伝えるのは自分の使命である。そして私のみが、それをなすことを得る。だから私のみが正しい」と言って、他の人々の意志とか良心というものはまったく認めなかったということを、ツヴァイクは痛烈に叩きつけているのです。(76)

カルヴァン＝ヒトラーという図式。これを聞いた大塚は、韜晦に韜晦を重ねる。たしかに、「自分こそが神の代弁者だ」という「自己確信」をもったという点で「独裁者」だというのなら、「イスラエルの預言者」も、「カルヴァン」も、「クロムウェル」も、「ある意味ではヒットラー」も、さらには「スターリン」であってもその流れのなかに入るだろう。しかし、と大塚はつづける。

キリスト教禁欲が残した外側のかたちでは共通点があると言えるでしょうが、だからそのなかに盛られている精神的内容までも同一視するということになると、私はひじょうに問題だと思うのです。(77)

では、「精神的内容」にかんして何がちがうというのか。そこで、大塚は、リベルティンにつらなる「寛容」の思想をもつ「ルネサンス的自由」とカルヴァンの「自由」の区別という観点からつぎのように主張する。

ルネサンス的な、リベルティン的な自由思想、それに対してプロテスタント的な禁欲思想もある別の意味での自由の観念と根底において結びついていた。この二つの自由がぶつかったとき、そして、歴史上どちらが勝ったばあいに、近代社会とその自由が生み出されるにいたったのかというと、それは、決して、大商人的都市貴族に結びついていたルネサンス的自由思想の勝利からではなかったのです。たとえば、オランダでは、それが勝利をおさめた結果、封建的な勢力の抑圧的な支配がつづけられたではありませんか。共和国がついに倒れるまで。それと逆に、イギリスでは、リベルティン的自由思想がチャールズ一世の宮廷とともに排除された。その結果、かえって信仰の自由、宗教の自由、思想の自由がのびのびと成長しうる起点が創り出されたという、この歴史のアイロニーを考えてみなければならないと思います。(78)

つまり、「カルヴァン」や「クロムウェル」には、「リベルティン的自由思想」とは「別の意味での自由」があったのであり、「ヒットラー」や「スターリン」とはちがう、というのである。そして、「リベルティン的自由思想」にある「寛容」の思想ではない「自由」の思想が勝利するほうが、「信仰の自由、宗教の自由、思想の自由がのびのびと成長しうる」と大塚は考えている。かれによれば、それは「誰が救われ、誰が亡びるか、はじめから決まっている」という「ある意味無慈悲なもの」をふくむ「預定説」に由来している。そしてその発想は、「自分自身の生活のなかで預定されていることをみずから実証するほかない」、だからそのように「証し」せねばならないという「行動への強力な心理的推進力」を生むという意味で、「かえって希望にあふれた思想ともなりえた」ものであった。(79)

なるほど、たしかにカルヴィニズムの系譜に属するとされるピュウリタンが一大勢力を誇ったイギリスや、その末裔たちによって独立をなしとげたアメリカにおいて、「信仰の自由、宗教の自由、思想の自由がのびのびと成長」したとはいえるだろう。そして、大塚史学の立場からすれば、それは「エゴイズム」にたいする「ある意味で無慈悲」ともいえる否定の徹底によって達成された「自由」だったのである。

そこでツヴァイクをみてみると、かれもイギリスやアメリカにおける「信仰の自由、宗教の自由、思想の自由」の成長は認めている。だが、その評価は大塚のものと異質である。
こうして、ほかならぬことさらに残忍なやりかたで個人の自由を制限しようとしたカルヴィニズムの体制から、奇妙きわまる転変をへて政治的自由の理念が成立した。カルヴィニズムが最初に効力を発揮した領域、すなわちオランダとクロムウェルのイングランドとアメリカ合衆国において、自由で民主主義的な国家理念がもっとも望ましいかたちで実現した。ピュウリタンの精神からできている近代のもっとも重要な記録のひとつがアメリカ独立宣言である。それがこんどはフランス人権宣言に決定的な影響をあたえることになった。そして、史上まれにみる旋回が起こった。両極が触れあったのだ——まさに不寛容が浸透したとされるかの国々が、ヨーロッパにおける初めての寛容の避難所となった。はたして、まさにカルヴァンの宗教が法律である場所で、カステリオンの理念が現実となったのだ。(80)

ツヴァイクもイギリスやアメリカで「自由」が成長したことはみとめている。だが、そうした国々の列に、かれは「封建的な勢力の抑圧的な支配」がおこなわれたと大塚の主張するオランダもふくめている。しかもその理由は、本来カルヴァンの「不寛容」が法律のごとく浸透していた地域において、カステリオンの「寛容」が現実となったからだというのである。なぜか。

(2) 「もっとも純粋な真理」という名の「権力」

かれにとってカルヴァンとカステリオンの論争にふくまれる重要な「争点」とはなんであったのか。それを端的にいいあらわす表現がある。

ひとりの精神的な者が自分の真理に内在する圧倒的な力 (Gewalt) をもはや信頼せず、腕ずくでの暴力 (Brachialgewalt) に訴えるその瞬間、この者は人間的自由にたいし宣戦を布告する。いかなる理念であれ何であろうと、他者の信念を画一化し規制するために恐怖政治《テロル》に訴えるなら、そのときからこの理念はもはや理想などではなく、残虐行為である。もっとも純粋な真理でさえ、他人に権力 (Gewalt) で強制されるなら、これは精神にたいする罪となる。[81]

社会の悪を根絶し、民衆を救済せねばならない——このこと自体は、道徳的にみて「もっとも純粋な真理」のひとつであろう。大塚がカルヴァンやカルヴィニズムに仮託して語ったつぎのことは、まさに「もっとも純粋な真理」の具現である。

『愛には虚偽《いつはり》あらざれ、悪は憎み、善はしたしめ』〔ロマ書、12・9——引用者註〕。神の事業である隣人愛(真に勤労民衆を尊重すること)の実現を邁進するのに、何の恐れるところがあろう。それを阻もうとする社会的不正を憎むのに、何の憚るところがあろう。[82]

だが、ツヴァイクが問題としたのは、この真理が物理的な「暴力（Gewalt）」によって強制される事態であった。すなわち、カルヴァン神政が支配するジュネーヴにおいて起こった事態、「人間的自由」を窒息させるような事態を招来させた「もっとも純粋な真理」による「権力」（＝暴力）の実態であった。

洗礼式でちょっと笑っただけで、説教時に居眠りしただけで、投獄される。賭けごとやトランプ等の遊びは禁止事項とされ、これを破れば投獄やさらし者である。果てはカルヴァンを「先生《メートル》」とよばずにカルヴァン「さん《ムッシュー》」と言っただけで投獄、歌を陽気に歌えば市外追放、殴り合いをすれば死罪、猥褻な言動をすれば人だかりのなかで燃えさかる焚き木の前に立たされる。そして、カルヴァンの教義に否をとなえた者にたいしては、鞭打ち、拷問、死刑などの過酷な刑罰が科せられた。(83)

かれが問題としたのは、単に教義上のことだけではなく微細な生活慣習までもが監視対象となり、ひとつまちがえば投獄ではすまず市外追放や死刑にまでいたったということである。すなわち、民衆の生活のすべてがひとつの「規律（discipline）」に支配されるという事態である。ツヴァイクはカルヴァンの所業と帰結を描くこの章のタイトルを「規律」としたが、それはカルヴァンの支配がもたらしたジュネーヴ市内の寒々しい光景をナチス独裁下のドイツと重ねるためだった。

ツヴァイクによれば、ジュネーヴ市民の行動はスパイによって監視され、カルヴァンに密告された。いつ自分の知らぬところで自分の身が危険にさらされるかわからない。その恐怖が蔓延した結果、ジュネーヴはカルヴァンの望みどおりの都市となった。神を恐れる、臆病で、醒めた、無抵抗でカルヴァンの意志に服従する都市に。都市全体が明るさを失い、市民はみな厳格で気むずかしい顔になってしまったのである。それはカルヴァンとおなじ表情であった。(84)

しかし、それほどまでに苛烈な独裁であるのなら、市民がその危険を察知して事前に受け入れを拒否することもありえたはずであろう。実際、カルヴァンは独裁政治を敷こうとして、いちど同志のファレルとともにジュネーヴから追放されている。にもかかわらず、かれらはもう一度呼び戻されることになった。なぜなのか。その背景を、ツヴァイクはつぎのような精彩に満ちた記述であらわしている。

市当局は、カルヴァンやファレルといった堂々たる人格のもち主（Persönlichkeit）に代えて、苦労して数名の従順な説教者をみつけてきた。だが、かれらは厳しい措置により民衆に嫌われることを恐れて手綱を締めることなくだらりと地面に垂らすばかりである。カルヴァンがあそこまで精力的に、いやそれ以上に過剰なまで精力的に始めたジュネーヴでの宗教改革の構築は、かれらのもとであっという間に停滞してしまう。そして、市民が信仰にかんする事柄への不安に襲われるため、追い出されたカトリック教会はしだいに勇気をとりもどし、巧妙な交渉人をつかってジュネーヴを再びローマカトリック信仰へと奪還しようとするまでにいたる。状況はますます危機的なものとなる。しだいにカルヴァンに改革されてかれをあまりにも頑固で厳格にすぎると思っていた人々が不安を覚えはじめ、結局はやはり鉄の秩序のほうが危急の混沌《カオス》よりましだったのではないかと考えるようになる。ますます多くの市民が、さらにはかつての反対者の多くでさえもが、追い出したカルヴァンを召喚したいと熱望する。結局、市当局は民衆一般の希望を聞き入れるしか方途がなくなる。(85)

ここにツヴァイクのいう「問題」がみえてくる。すなわち、ほんらい尊重されるべき「人間的自由」の理念が混沌《カオス》への不安ゆえに放棄され、独裁体制およびそれに承認された唯一の「教義」への個人の依存を深めるという事態である。かれにとってそれを実現したのが独裁者カルヴァンであった。カルヴァンは事細かに民衆の生活を監視し「規律」を守らせた。それを破る者には死を与えることも辞さなかった。民衆はカトリックの世界に脅かされた混沌《カオス》への不安から「改革」を望んだために、カルヴァン独裁を容認してしまった。そこから出来したものとは、「人間的自由」を抑圧した恐怖政治《テロル》に怯える生活である。こうした人物から生まれた思想、すなわち「もっとも純粋な真理」という名のもとで「権力」を振るうような思想に、近代民主主義を成立させる基盤となった「自由」の思想など出てこようはずはない。それがツヴァイクの主張であった。

(3)「寛容」の復活

では、ツヴァイクの視角からみて、なにゆえにこの独裁から人々は解放され、「自由」は回復しえたというのか？　さきにも確認したように、ツヴァイクはカルヴァン派が攻勢を誇った場所でカステリオンの理念たる「寛容」が息をふきかえしていることに着目する。かれによれば、それは「規律」の弛緩であった。カルヴァン神政はその絶対的権力を長期にわたり押しつけることはできなかったのだ、と。そして、その理由をかれはつぎのようにテーゼ的に述べる。

筋肉が絶え間なく極度の緊張で痙攣した（gekrampft）ままでいられないように、情熱がいつまでも白熱したままではありえないように、精神的な独裁もまた思いやりのない急進主義《ラディカリスムス》を維持しつづけることなど絶対に不可能である。こうした独裁の過剰な圧力に苦しみ耐えねばならないのは、せいぜい三十年のことにすぎない。(86)

急進主義的独裁という情熱の痙攣状態がしだいに弛緩していく。ツヴァイクにとっては、それが「独裁」の軛から人々が解放されていく過程だった。この視点を鮮明にしているのが、ツヴァイクのオランダ観である。さきにもみたように、大塚によればオランダは「寛容」の思想が蔓延した結果、「封建的な勢力の抑圧的な支配がつづけられた」地域であった。すなわち封建的支配者がはびこる地であって、そこから大塚の望む「信仰の自由、宗教の自由、思想の自由」が「のびのびと成長」することなどありえない場所であった。ところが、ツヴァイクの見方はちがった。

猛烈な勢いで、ひょっとするとあまりにも猛烈すぎる勢いで、カルヴィニズムはオランダに浸透していった。アカデミーという狂信的な学校で鍛えられた説教者たちは新たに改宗した国でさらにカルヴァンよりも厳格にせねばならないと考えた。しかし、二つの世界を束ねる皇帝〔神聖ローマ皇帝を兼ねたスペイン皇帝〕からまさに初めて自らを守った民衆のあいだに、すぐさま抵抗が芽ばえた。こうして新たに戦い取られた政治的自由を、良心に反する教条主義的な行為の強制に代えるつもりはなかった。(87)

あきらかなように、かれにとって教条主義的なカルヴィニズムの理想の弛緩とは、じつはオランダ独立戦争で獲得した「政治的自由」を守ろうとした「民衆」による「抵抗」であった。ここに大塚の指摘するような「封建的な勢力の抑圧的な支配」という観点は微塵もみられない。むしろ、大塚が否定的にみた「寛容」の理念は、オランダ「民衆」が自己の「政治的自由」を守るためにたてられた「軍旗」だったのである。

最近では、カルヴィニズムの系譜に連なるピューリタニズムの勢力が強かったとされるアメリカの「信仰の自由」の思想の起源もまた、カルヴィニズムの厳格主義ではなく「寛容」の思想にあったことが指摘されている。(88)「政治的自由」の起源をカルヴィニズムにではなくカステリオン的な「寛容」に求めるツヴァイクの主張は、こうした研究と一致する点をもっている。

ツヴァイクにとって「つねに新たに別の名前や形式をとりながらも戦いぬかれねばならぬ」もの、守り抜かれねばならぬものとは、人文主義の伝統に由来する「寛容」の思想であり、「自由」の理念であった。それは、たとえ独裁によって破壊されつくしたようにみえても、完全に失われてしまうものではなかった。というのも、かれからすれば「改革」に熱狂し独裁を支持するような「痙攣」状態はいつまでもつづくものではないからであった。それこそがかれの希望であり、その希望のためにナチス独裁とたたかうと宣言したのが『権力とたたかう良心』だったのである。

大塚はこうしたツヴァイクの主張を、「読んでいない」にもかかわらずインタビュアーの話から嗅ぎとっていた。かれはインタビュアーからつぎのようなことを聞かされる。カルヴァンに「人間の気持ち」などわかるまい、かれの「政治的勝利」は「預言者的狂信、この偉大な偏執狂のおかげ」などとツヴァイクが述べている。——大塚はインタビュアーの発言をさえぎる。

カルヴァンの思想は、たしかにある意味で非人間的なものを含んでいるし、そしてその点で、私が全然問題を感じないなどというのではありません。が、しかし、人間的とは、いったいどういうことを意味するのですか。(89)

きだみのるが「部落」における盗みを犯した少年の保護と更生の事例に託した、「共同体」のもつ人間的な温かみ。大塚がきだの著作で捨象した論点が、ここで問われる。大塚はツヴァイクのいう「人間的」ということにたいして反発を覚えずにいられない。「カルヴァンの教理」に由来する「ある意味で非人間的なもの」、その「心理的推進力」がもつ「希望にあふれた」側面を擁護するからである。したがって、「人間的」であることが、ユマニストたちのいう「寛容」の思想を意味するのであれば、大塚はこれを拒否する。だが、カルヴァンの独裁的側面、その「非人間的」性格を肯定するなど、「人道」の観点でみれば不可能である。そのことを大塚は自覚せざるをえなかった。ここに、ツヴァイクの痛烈なカルヴァン批判をうけて苦悩する大塚の姿がみてとれる。

(4)「ユダヤ人」一般のカルヴァンへの意識?

こうして、インタビューは最後の質問へと入る。まず、この質問の仕方が問題である。

最後に、ツヴァイクはユダヤ人、それもブルジョアのユダヤ人として、ヒットラーが出てきたために身の危険が迫り、財産をすてて、国外に亡命せざるをえなかった。それに、ヒットラーというドイツにとっては外国人が代わって権力を握ったという、この現実が、図式的にはカルヴァン対カステリオンの関係の二重写しになるので、カルヴァンを代用して、ヒットラーに激しい抵抗を示した。このことは前にもふれましたが、このユダヤ人・ユダヤ教というものは、ヒットラーの問題を離れても、カルヴィニズムに対して宗教的に何か特別なものがあるのではないか、とも思うのですが、どうなのでしょう。(90)

ここでまず指摘されているのは、ツヴァイクが「ブルジョアのユダヤ人」であるという事実と、かれのヒトラーという「外国人」によるドイツ支配への批判のなかにある種のナショナリズムが宿っていたということである。つまり、「ユダヤ人」でありながら愛国主義者として「外国人」による「独裁」と戦った闘士としてツヴァイクは評価されている。問題となるのは、インタビュアーがこの話をしながら、そもそも「ユダヤ人・ユダヤ教というもの」がカルヴィニズムにたいし「宗教的に何か特別なもの」をもっていることが、ヒトラーとカルヴァンの「二重写し」の原因となっているのではないか、と訊いていることである。ナチス期のユダヤ人の事柄が、カルヴァンのいたころのユダヤ人の事柄と混同され、「ユダヤ人・ユダヤ教」一般で考えるべき問題として設定されてしまっている。ヴェーバーの立場からみれば、これはあきらかに「つねにかならず」つけるべき「留保条件」を欠いた没歴史的な質問である。このインタビュアーは、大塚がかつて犯した過ちをくりかえしているといわざるをえない。

これにたいして大塚は「私は何も的確なことは申せません」といいながら、「が、こういうことはあると思います」と、つぎのように答える。

ユダヤ教的な思想はむしろ、どちらかというと、商人や金融業者、だからリベルティン、つまり自由思想家たちの社会的基盤をなしていたような、そういう大商人や大金融業者という人々に結びついていくものでした。この点は、ヴェーバーがゾムバルトの見解をみごとに論破しているとおりです。ところが、そういう富裕な社会層の生活様式、行動様式を攻撃し、それに対立して、むしろ貧しい中小の生産者層に結びついていったのがカルヴィニズムだったのです。そこにこそ救いに預定されていた人びとを見出していた。社会的には、この点が決定的な対立だった、といえるのではないかと思う。それで、このばあいリベルティン的なカルヴァン批判が出てきても、その点ではおかしくないでしょう。(91)

ここで大塚はヴェーバーの「留保条件」を意識しているのか、あくまで過去の話として語っている。しかし、ここで質問と関連づけてこの回答を理解してみると、これは過去の話ではなくなってしまっている。ここでインタビュアーは、「ユダヤ人」一般が過去から現在にいたるまでカルヴァン批判をやっている、と前提して質問している。大塚により、その原因は「大商人や大金融業者」と「貧しい中小の生産者層」との対立関係に還元される。そして、ツヴァイクは「ブルジョアのユダヤ人」と名指されている。こうなると、宗教的出自が「ユダヤ教」ならば社会階層としては「大商人や大金融業者」の類の「ブルジョア」となる、というかたちで記号的にむすばれ、そのなかにツヴァイクも入ってしまう。

これに対抗的に配置されているのが、宗教的出自がカルヴィニズムで、社会階層は「貧しい中小の生産者層」である人々である。大塚は、そこで唱えられる「自由」に――修正すべき点はあるとしながらも――「積極的」なものを求める。本章の最初でみたように、ヒトラーの「合理的」側面を大塚は評価していた。それは「貧しい中小の生産者層」をとらえるものであったからだ。となれば、ヒトラーの「独裁」を批判するなかからツヴァイクの語る「自由」は、「ユダヤ教」を信仰する「大商人や大金融業者」たちの主張する、「絶対王制の権力」の庇護を前提とした、「貧しい中小の生産者層」の支持を得られない「自由」として、無効化されてしまうことになりはしないか。

(5) 経済的合理性と政治的自由

インタビューの末尾において、大塚はこの問題に答えねばならなくなる。インタビュアーから、ヒトラーに対するツヴァイクの「激しいプロテスト」を評価する発言を聞いた大塚は、苦悶しながらつぎのように吐きだす。

あのような一種の禁欲的な行動様式のなかにもられている、およそ精神的系譜を異にした乱暴な思想、そのようなものを批判しようとする限りにおいて、私は共感をもちたいのですが、それをほかならぬジャン・カルヴァンにうつしかえて、そして、その行動様式のある種の外面的な共通性のために、カルヴァンをヒットラーと全く同じに考えるということは、どうかと思うのです。ヒットラーのばあいでも、一から十まで全部むちゃくちゃだと思いませんし、経済政策の上では、合理的なものをある限度内でもっているでしょうが、それはそれです。ともかく、カルヴィニズムにはある種の非人間的なものがあるといわれ、それが資本主義体制のなかに伝えられているといわれますが、そうした一面だけを強調し、しかもそれをカルヴィニズムと、いわんやカルヴァンと同一視してしまうことは少々問題ではないでしょうか。スターリニズムがやはりレーニズムとはちがうように……。(92)

大塚は、ヒトラーのもっていた「合理的なもの」を「経済政策」に限定し、政治的に「乱暴な思想」の面をみとめて、ツヴァイクの批判をこの点で評価する。扁平だったかつての、それこそ「乱暴」にすぎた「ユダヤ人」観からすれば驚くべき変容である。かれは、「リベルティン」的である「ユダヤ人」ツヴァイクの「自由」を希求する言葉に耳を傾けようとしたのであった。そのかぎりにおいて大塚は、もはや自己の「ユダヤ人」への偏見には安住できなくなっていた。

だが、同時に大塚は、ヒトラーとカルヴァンの「独裁」の共通性は「外面的」なものにすぎず「精神的系譜」は異なる、として両者を切り分ける。「ある種の非人間的なもの」があっても、その方向には「希望」をもてる思想ともてない思想がある、といわんばかりに。さらに、かれはそれを「スターリニズム」と「レーニズム」との区別に重ねる。たとえおなじ「独裁」であっても、「自由」を希求するものとそうでないものがある、というかのように。そして、ヒトラーにかんしてさえ、「一から十まで全部むちゃくちゃだと思いません」と、その「合理性」を否定することには最後まで抵抗した。

これが意味しているのは、以下のことだろう。「シュテファン・ツヴァイク」の存在は、大塚に自己の「ユダヤ人」像とそこに潜む「反ユダヤ主義」の修正を迫るものであった。また、カルヴィニズムに潜む「非人間的なもの」にたいする批判の必要性を大塚に表明させるものであった。しかしそれでも大塚は、「非人間的なもの」が「心理的推進力」をうみだし「希望」をもたらすかぎりにおいて「独裁」を肯定した。そして、「非人間的なもの」がもたらす「自由」の側面を擁護し、リベルティン的な「寛容」を「絶対王制の権力」にすがるものとして否定した。すなわち、それが志向する「自由」を、「貧しい中小の生産者層」と敵対する「大商人や大金融業者」の思想として否定した。

つまり大塚は、「必要な留保条件」をつけたうえで、「賤民資本主義」と「市民的な労働組織」という二項対立を「ユダヤ人」と「ピュウリタン」に重ね合わせる「定式」を維持したのだった。これが「大塚史学」における「前期的」なものと「近代的」なものとの峻別という図式の「エートス」におけるコロラリーであることはいうまでもない。このようにして、「大塚史学」の根本思想は、「シュテファン・ツヴァイク」という存在によって突きつけられた「現実」によって揺らいだものの、そうした「現実」を「留保条件」とみなすことによって維持されたのであった。

6 大塚史学の限界

ここに、「大塚史学」の限界がみえてくる。「大塚史学」にとってアキレス腱だったのは、独自の「二重構造」論である。日本経済において顕著な特徴であった賃金格差や大企業と中小企業の格差、これを経済学的に説明する「二重構造」の概念を、大塚は「共同体」の「二重倫理」の問題と支配—被支配の構造とに重ね合わせた。そして、「社会的真空地帯」において「絶対王制の権力」に「寄生」することにより支配する側の一員となる「前期的資本」と、そのなかで「共同体」の内部にあって貧困に苦しみながら支配される「中小の生産者層」との対立関係の理論をつくりあげ、後者にその可能性をみた。そして、後者による前者の包摂こそが歴史を推し進めるとみていた。

こうした認識の由来は、「生産」に社会を動かす「主体性」をみとめ、「流通」を「寄生的」とみなす思考にあった。それは、マルクスの『資本論』から導出された、かれなりの「経済学」の根幹であった。「大塚史学」の理論は、たしかに経済的な「二重構造」が固定化していた日本への批判としては有効なものでありえたかもしれない。しかし、「主体」の問題が議論の俎上に載ってくるとき、そこには致命的な欠陥があらわれてくる。

大塚は「主体」の性格を、その「出自」が「小生産者」であるのか「前期的資本」であるのかの二項対立によって規定した。その対立項は、どんなことがあってもけっして揺らいではいけなかった。「人種主義・反ユダヤ主義」や「独裁」にたいするある種の甘さは、そこから噴出してきたものだった。「大塚史学」の土台をなした「経済学」を安易に「主体」の問題に援用した帰結であった。大塚のなかの「オリエンタリズム」も、「領土」なき「社会」の認識の欠落も、また「共同体」にたいする硬直化した評価も、すべてこれに起因している。「文化大革命」にたいして情報もないのに肯定的な評価をくだしたのも、このような認識枠組みの色眼鏡を信じた結果にほかならない。こうして、丸山の指摘した問題点があらためて浮き彫りになる。大塚は〈生産の優位〉の発想にもとづく「経済的」合理性をあまりに重視したために、「政治的」にみて非合理的な人権弾圧や民主主義の破壊という「独裁」の負の側面を軽視しすぎていたのである。[93]

こうしてみてくると、もはや「大塚史学」のなかには何の可能性も残されていないかのようである。しかし、とくに「ツヴァイク」をめぐるインタビューをみると、丸山が批判したようなナチスの政治的なマイナス面にたいする評価の甘さは残るものの、大塚はナチスの「合理的」側面を強調していた一九六〇年ごろまでの認識の修正を余儀なくされている。さらに、大塚の「ユダヤ人」認識にかんしていえば、「戦中」にくらべると著しく改善されているといってよい。おそらく、「ツヴァイク」を単に「ユダヤ人」出自の「ブルジョア」とだけしか認識していなかったのなら、かれのヒトラー批判に「共感」などしないだろう。

それればかりではない。そこではカルヴィニズムにたいしてある種の懐疑がみられる。「心理的推進力」をもたらした「非人間的なもの」にたいする不安が、ヒトラーの「独裁」とカルヴァンのそれを同列視する「ツヴァイク」の議論によって沸きあがってきたのである。はたして、「非人間的なもの」からくる「心理的推進力」がもたらす社会は「希望」に満ちた社会なのか。望ましい「自由」は得られるのか。

「生産」と「小ブルジョア」を中心軸として構想されてきた思想の、ほころびと揺らぎ。ここに、「大塚史学」の唯一の可能性がみえているのである。

終章

大塚史学の残した課題

1 「資本主義の精神」がもつ「規律権力」

(1) ヴェーバーの結論部の「取り違え」

中野敏男は、大塚批判のもうひとつ重要な論点として、「倫理」論文の結論部の「取り違え」をあげている。その要旨をまとめると、以下のようになるだろう。

大塚は「倫理」論文の結論が「禁欲の結果もたらされた富がかえって貪欲への誘惑を生み、それが信仰の堕落を招くという、かの「神中心」から「富中心」への転換」、すなわち「所有の世俗化作用」について述べた箇所にあるとみた。その理解をもとに、かれは「近代的生産力の観点から、職業人たらんと欲する「主体」をもたらしたプロテスタンティズムの倫理の意義を高く見て、そこからの倫理の堕落を憂い、人々に「本来」の意味の自覚、あるいは意味への覚醒を求める」思想を導きだした。

だが、「倫理」論文においてその要素はヴェーバーの主張の重点ではない。かれの「自分の結論としたいと考えている」内容とはつぎのとおりである。「「職業人」を理想とするプロテスタンティズムの禁欲が直接に人々を規律して、忠実な職業労働という規範に組織し、これが近代的経済秩序という「強力なコスモス」を作り上げるのに大きな力を与えた」。「そして近代においては、この

「コスモス」が一切の諸個人の生活スタイルを否応なく決定し支配するようになる」。したがって、ヴェーバーの批判対象は、「職業人を理想とする人間の規律化とそれにともなって進行する社会的秩序の物象化的な自立そのもの」である。

ここから中野は大塚とヴェーバーの決定的な相違をあきらかにする。「ヴェーバーの近代批判が、社会秩序の物象化とその起点となった「職業人」理想そのものに向かっているのに対して、大塚の近代批判は、貪欲の蝕みによって堕落したとされる近代人を批判して、むしろプロテスタンティズムの「職業人」理想に立ち帰らせようとするものなのである」。

この論点がどのような意味をもつのかについて中野は以下のように力説する。戦中から戦後の日本は「社会のシステム化が進行する総力戦以後の時代」であり、そこで社会的秩序は「強力な目的志向」をもって「物象化的な自立の方向」にむかい、個人を「能動的な参与」をする「臣民」としてこの秩序に「隷属させようとする」。したがって、この「物象化」されて自立してゆく社会的秩序のなかで「主体化」を要求するということは、——それがたとえ「批判」であろうとも——戦中にあっては「総力戦体制を担う能動的な国民」としての「臣民化」の要求とならざるをえないし、大塚の「戦後啓蒙」もまた、「総力戦体制を引き継いでシステム化・物象化してゆく戦後社会の現実」がある以上、「ひとつの規律権力」つまり「戦後動員の思想」になってしまう。大塚は「このシステムの物象化と人間の主体化の相関」をまったくみていないから、かれの「主体化」という言説は「動員の思想」へと「はまっていってしまう」のである[1]。

この理解は、ヴェーバーの結論を大塚が「取り違え」たことを端緒にして、両者の「近代」理解の相違を析出し、そのうえで大塚の「主体化」称揚が、じっさいには社会的秩序の「強力な目的志向」に個人を「隷属」させる「規律権力」となってしまうさまを描いている。この見方からすれば、大塚が提唱する「現実の経済的利害状況」にかなう「生産倫理」の復活は、そうした「規律権力」でしかないことになる。

(2) 消された「気づいたふし」

ところが、中野は一九九七年段階の論文において、この議論からはみだすようなことを指摘していたのである。かれはここで、みずからの「主体化」を要求する批判的言説がその基盤である「物象化」された社会的秩序に組み込まれてしまっているという問題に、一九六四年ごろの「あるほんの一時期」大塚は「気づいたふし」があることを指摘したばかりか、「日本におけるヴェーバー研究の文脈をもうひとつの近代批判の方向へと転轍する重要なきっかけを作りだしている」という評価までをあたえているのである。そのうえで、「大塚自身はその問題をそれ以上展開することはなかったが、それを引き継ぐものたちには、もう少しは果たすべき役割と課題が残されているかもしれない」と述べている。(2)

つまり中野は、大塚は「規律権力」と化してしまう「主体化」の議論の問題点に気づき、そこで「近代批判」という「ヴェーバー研究の文脈」の原点にたちあっていた、と指摘しているのだ。この論点は、「動員の思想」から一歩抜けだしうるかもしれない側面を大塚がもっていたことを示唆しており、看過できない。しかし、一九九七年の中野論文は大塚から引き継ぎうる「役割と課題」

があることを示唆しながら、大塚の「気づいたふし」の具体的な中身をしめさなかった。そればかりか、この箇所はこの論文を収めた『大塚久雄と丸山眞男』のなかでは削除されている。その代わりに、大塚の「動員の思想」が「彼の〈信仰〉」と結論づけられ、「戦後啓蒙それ自体の問題点」を表象する典型として扱われたうえで、「大塚その人については、もういいかも知れない」と片づけられた記述が結論となっている。[3]

たしかに、この書き換えによって、大塚の批判的検討をつうじて「戦後啓蒙」に首尾一貫する「動員の思想」とその問題点を徹底的に切開するという中野の意図ははっきり伝わるものになった。だが、これによって中野は、大塚の思想にあるとみられた「戦後啓蒙」＝「動員の思想」とはべつの側面を消去してしまっている。この箇所が削除されたのは、中野がいうように、大塚は「戦後啓蒙」の枠組みがもつ問題について「それ以上展開することはなかった」からかもしれない。だが、一九六三年になって大塚は、「非人間的なもの」がもたらす「合理性」をもった「独裁」の問題に気づきはじめている。つまり、大塚がみずからの「史学」に存在する問題点をこえて「規律権力」とは異なる道を模索しはじめていることがうかがえるのである。そこに、大塚から継承しうる「果たすべき役割と課題」があるのか、あるとすれば、それは何であるというのか。

(3) 「合理的非合理性への不安」

中野が大塚の「気づいたふし」をみいだす根拠にあげたのは、「»Betrieb«と経済的合理主義」（一九六五年一一月）にあるつぎの箇所である（なお、中野は断片的に引用している）。

要するに、私には、近代における徹底的な合理化の背後にもなお厳存するという、あの合理的非合理性、ヴェーバーはときにそれは資本そのものだとも言っておりますが、その行方こそが、どうしても問題になってくるのであります。(4)

つまり、ここで問題としているのは、「近代」において「徹底的な合理化」がなされても残っている「合理的非合理性」がどこに向かうのか、ということである。これを大塚がどのような文脈で語ったのかについて、中野の一九九七年の論文では明示されていない。しかし、「転轍」について語った箇所の附註にある中野自身の文献をみていくと、その直前の箇所がすでに検討されており、この「気づいたふし」の内実が何であるのかがはっきりとしめされていることがわかる。その内容をみておこう。

まず中野は、大塚がこの論文のもととなる講演をおこなった「マックス・ヴェーバー生誕百年記念シンポジウム(5)」についてつぎのような評価をくだしている。「このシンポジウムの眼目は、第一に、それまでの日本におけるウェーバー研究が総括されたことであり、第二に、近代的な合理主義の進展の根底にある〈非合理的なもの〉についてのウェーバーの主張が注目されたということである。特に後者は、既に定着していた近代化論者＝ウェーバーという視点を根底的に問題化するものであった」。

中野はつづける。大塚のような「従来の「近代化論」の見地からすれば、日本社会における「前近代性」とは、伝統主義的な規範に拘束された、その「非合理性」」である。その「立論の根拠」は、「自由で自立した諸個人が「合理的」に行為する可能性と能力を持つという〈西欧型近代市民社会〉の「合理性」を範型とする」ことによって得られたものだった。だが、大塚は、ヴェーバーが「この「合理性」の根底において「人間自然の幸福感を強力に変形するような〈非合理的なもの〉」の存在を強調していること」に気づき、「この問題のもつ深刻な意味」を指摘したのであった[6]。その内容を中野は要約して伝えている。長くなるが、ここでは大塚の該当箇所を引用しておきたい。

ヴェーバーは、周知のように、「プロテスタンティズムの倫理と資本主義の『精神』」の最後の有名な一節で、こういう意味のことを言っています。「資本主義の『精神』」は、行きつくところ、精神のない専門人、心情のない享楽人、そうしたニヒツ（内容皆無なもの）を生み出す。しかも、それらのニヒツは、自分は人類がかつて到達したことのないような、人間類型の最高段階に立つにいたったと自負するようになる、というのです。すでに半世紀以上もまえに、こうした大衆社会［追記・管理社会］的状況の到来を予告したことは、じつに驚嘆すべきことですけれども、それだけにまた、こういう文化状況のもとで、そして、現在の困窮状態がなにによってもたらされ、われわれはどうすればその状態から救われうるか、そういったいわば広義での宗教意識や苦難の神義論（マルクス主義のそれも含めて）の可能性をまったく否定しさってしまうとき、しかもそのうえで、研究者たちに、自分でダイモーンを見つけてひたすらザッへにつけ、というとき、それは現代に対して、とくに研究者ならぬマッセ（大衆）にとって、いったいなにを意味することになるでしょうか。また、それとともに、預言者について、原始キリスト教について、宗教改革について、歴史における変革の原動力を鋭く問題としてきたかれの学問的立場と、それは、十分に整合的でありうるのでしょうか。私がヴェーバー理論に内在的に感じるところの問題点は、まさしく、こうしたことなのです(7)。

この箇所を、中野はつぎのように評価する。「大塚にとって、〈西欧型近代社会〉の理念を支えた「禁欲」のエートスは、侵略戦争と敗戦という事態を招いた日本社会について、「現在の困窮状態が何によってもたらされ、われわれはどうすればその状態から救われうるか」を知らしめる手懸りに他ならなかったであろう。そうした立場からみると、〈西欧型近代市民社会〉の「合理性」の根底に〈非合理的なもの〉が存在しており、この〈非合理的なもの〉こそが徹底的合理化を推し進めた揚句、不可避に、かの「大衆社会状況」を導くとするかのようなウェーバーの主張は、全く悲劇的な袋小路に入り込んだものと捉えざるを得ないのである(8)」。

中野が大塚の「気づいたふし」にみいだしたものとは、「西欧型近代社会」の批判をおこなうヴェーバー像の発見であり、その主張への抵抗であった。つまり、単純にヴェーバーを支持する者としての大塚像とは異なる側面がここにあらわれているのである。その内容をもうすこし吟味してみよう。

(4) 実体の問題か学問の問題か

みずからの「主体化」宣揚の根拠となったはずの近代の「合理性」のなかに「非合理性」があり、しかもその「行方」のさきにこうした「大衆社会的状況」があることを、ヴェーバーは「予告」している。大塚にはこの点に「気づいたふし」があった。山之内靖の言葉でいえば、「合理化の行き着く果てという問題」を大塚がとりあげ、その結果「近代批判者として」ヴェーバーに焦点をあてたという意味で「画期的な意味をもっていた」というのである。[9] 内田芳明によると、「官僚主義化され非合理的となった現在の大衆社会の文化状況に関する」、この「近代文化形成の底にあった「非合理的なるもの」の行方いかん」という問題の提起は、「七〇年代の以後の世界資本主義支配下の社会的状況の中では、きわめて重要な意味を持ってくるはず」であった。[10] この両者において、すくなくともつぎの点では一致をみている。大塚の提起にたいして、「人々はまだ対応して討論する問題意識は一般に欠けていた[11]」。この内田や山之内とおなじ認識にもとづき、中野は大塚の提起の先進性をみとめたのである。

しかし、この問題提起の評価をみていくと、山之内と内田の両者をみるだけでも大きな食いちがいがでている。大塚にたいする丸山眞男の反論[12]への評価もふくめて両者の議論を確認していくと、そこからは興味ぶかい論点がでてくる。

内田は、「現代文化の問題性の根底を問う新しい神義論（Theodizee）を、果してキリスト教は過去にそうであったように、再び今、提出することができるのかどうか。それとも他にどんな宗教に現在それが可能なのか」という「避けることのできない重大な現代の文化問題」を重視しており、その提起者としての大塚をたかく評価する。その観点から、かれは丸山が大塚の「非合理的なるもの」の「行方」をめぐる問題提起に「正面から反論した」ことをとりあげる。内田は、「マルクス主義」と「実証主義」という二つの「信仰」という名の「魔術」からの「解放」においてヴェーバーの「ザッヘにつけ」という姿勢は重要である、と丸山が発言したこと自体は「正しく、かつ鋭い」ものだと評価する。しかし内田はつぎのように丸山を批判する。丸山は、大塚の提起が「現代の普遍的現象としての文化問題」にたいしてなされたのに、それを「学問の領域における少数の知的エリートの課題にすりかえた」。それに、丸山の「魔術の園からの解放」という提起もまた「単なる学問領域だけにみられる問題ではなくして、むしろアジア的日本的な過去の全思想伝統からの解放を意味するはずだった」のだし、このことは大塚も課題として意識していたのだから、これまた「丸山の反論が実は反論としての意味をもちえていない」。丸山はこの問題に「まだ目覚めてはいなかったようだ」、と。(13)

いっぽう山之内は、「大塚がこだわっている非合理的なものが、キリスト教という宗教の存在である」とみなしたうえで、大塚は「『職業としての学問』その他に表現されている最晩年のヴェーバーの学問論」を「キリスト教に現れた予言的価値の作用を否定する恐るべき無神論」ととって、大塚が「この報告により、キリスト教の信仰をもつ社会科学者として、ニーチェの観点に立つヴェーバーの学問論と正面から対決した」と理解する。いわく、「大塚は、自分の解釈がヴェーバー本人の立場とは異なることを承知の上で、あえてヨーロッパ近代の起源をなす宗教改革に立ち戻り、そこで語られた宗教的予言のカリスマを永遠の課題として選択したのです」。そのうえで山之内は丸山の反論をとりあげ、そこで「俗流マルクス主義の歴史客観主義と日本化されたランケ史学」という学問における日本の「アニミズム的伝統」（「事実主義の信仰」）といったもの以外に「大塚の立場」もまた批判の対象となった、というのである。その内容とは、山之内によれば以下のとおりである。「丸山はヴェーバーの宗教社会学も、歴史を分析的に整理する一つの理念型的構成に他ならないとみているのであり、大塚のように、それを歴史を超越する予言的カリスマとして捉えるのは当たらない、と述べているのです」。そして山之内は、丸山の見解は「価値不可知論者としてのヴェーバー」であったと結論づける。(14)

二人の議論を、丸山評価までふくめてややくわしく紹介してきたのは、ここに両者の大塚を評価する観点の相違がはっきりとみてとれるからである。内田は「世界資本主義」のもとにおける「文化問題」一般という実体の問題関心からヴェーバーに拠りつつ「苦難の神義論」の必要性を説いた大塚を評価するのにたいし、山之内は学問の方法上におけるヴェーバーとの対決から「苦難の神義論」を重視する大塚が「信仰」にもとづく態度決定をしたとみている。中野は、大塚がヴェーバーの議論のなかに「悲劇的な袋小路」しかみず、これを悲観的にしか評価できなかったことを批判しているが、この評価は山之内の系列に属するものだといえよう。だから、中野はここに「近代批判者ヴェーバー」と大塚との分かれめをみるのである。なぜ、このような評価と観点のちがいがでてくるのだろうか。学問上のヴェーバーにたいする抵抗と、現代の大衆社会的状況にたいする批判とは、はたして重なりあうのであろうか。節を変えて検討してみることにしたい。

2 「誤訳」によるヴェーバーへの抵抗

(1) 予言者の出現か、思想の復活か、「それとも」機械化された化石化か

学問上のヴェーバーへの抵抗と、現代の大衆社会的状況への批判。そのことを考えるうえで重要な一文がある。ヴェーバーが「倫理」論文の末尾近くで述べている、「強力なコスモス」の「外殻(Gehäuse)」に囲まれた世界の将来についての推測にかかわるところである。

> 将来この外殻のなかに住むのは誰なのか、そして、この巨大な発展がおわるときには、まったく新しい予言者たちが現われるのか、あるいはかつての思想や理想の力強い復活がおこるのか、それとも――そのどちらでもないなら――ある種のひきつった尊大さで粉飾された機械化された化石化がおこるのか、まだ誰にも分からない。最後のばあいであるなら、たしかにこうした文化発展の最後に現れる「末人(die »letzten Menschen«)」にとっては、つぎのことばが真理となることもありえよう。「精神なき専門人、心情なき享楽人。この無のもの(Nichts)は、人類のかつて達したことのない段階にまですでに登りつめた、と自惚れるだろう」と。[15]

まず問題となるのは、この箇所の意味するところである。最近のヴェーバー入門書に準拠すると、つぎのようになる。「残された資本主義的営利経済の「鋼鉄の外殻」の中に生き残るものとは、いったいだれなのか。おそらくそうした発展の果てに残るのは、「精神のない専門人、心情のない享楽人」で、かれらは自分たちこそが人類の発展の最高の段階に登りつめたのだと自惚れることになるだろう」と。この著者である牧野雅彦はつづけて、これが「まるで現代の精神状況を予見したかのような印象的な言葉」であると評している(16)。この「末人」にたいする批判が「倫理」論文の基調音をなしていることは、ヴェーバー研究者の誰もがみとめるところである。ところが、この点についてさらに踏みこんだ解釈をおこなうとき、さきにみた山之内と内田では力点のおき方が異なっているのである。

総動員体制論の視角をもつ山之内のばあい、神から委託された財産を「管理する僕」、「営利機械」としての人間、「できあがった合理的・近代的・機能主義的秩序に奉仕する人間という、近代的社会秩序に適合的な人間類型」が「自己の一貫した倫理的基礎を見出した」のは「禁欲的プロテスタンティズム」であったという点を、「ヴェーバーの言わんとした中心問題」として理解する。そのうえでかれは、さきの末尾のことばを、「「精神なき専門人、心情なき享楽人」としての現代人に投げかけられた深刻な問い」であると同時に、「その起源としての禁欲的プロテスタンティズムそのものに対する問い」であったと結論する(17)。この主張は、「ヴェーバーの近代批判が、社会秩序の物象化とその起点となった「職業人」理想そのものに向かっている」とするさきの中野の理解と符合する。こうした立場からすれば、さきの引用箇所において主張したい力点は、プロテスタンティズムから「精神なき専門人、心情なき享楽人」にまで一貫している近代の精神構造への批判だったということになる。

内田は以上のような解釈をつぎのように批判する。「化石化」の問題は「ヴェーバーの最大の関心事」であることをみとめたうえで、ヴェーバーが「それとも」と強調している「意味は非常に重い」とする。そして、「この〔「それとも」の直前で述べられている〕ことばの中には、予言者の出現か、思想の復活かが、将来起こるかもしれない、ということへの根拠ある期待・希望をヴェーバーがもっていたように読みとれる」と主張する。「なぜなら、ヴェーバーにおいてもしもこの期待・希望が根拠なき幻想であるとするならば、その時は、人間性の死滅だけに志向されている一切の文化・文明の営みそれじたいも、またそのことを社会科学的に追求し語るということも、ヴェーバーにとって、無意味、ニヒリズム以外のなにものでもなくなるからです[18]」。内田は、「末人」にかかわる問題がヴェーバーにとって最重要であったのとはべつの側面として、予言者の出現あるいは思想の復活が将来ありうるかもしれないと「期待」をかけていたことを、「それとも」という表現から導きだしている。この解釈は、第I章第2節(3)でみた大塚による「生産倫理」の「復活」の提唱と重なるもののようにみえる。

さらにいえば、カルヴィニズムまでさかのぼる「職業人」の《没意味化》にたいするヴェーバーの批判意識を把握している点において、内田とは逆に山之内や中野とおなじ理解を提示していた折原浩もまた、「それとも」に着目してかれの将来にかんする「多義的可能性」の認識をとりだし、そこに「《覚醒予言》性」をみいだしていた[19]。したがって、ヴェーバーの趣旨をプロテスタンティズムから「末人」にいたるまでの近代秩序形成とその精神的系譜にたいする批判であると理解し、かつこの点をとくに重視する総動員体制論的な視角からすれば、予言者の出現あるいは思想の復活のなかに意義をみいだそうとする点にかぎっては、大塚と内田と折原が同一のスタンスをとっていることになるのである。[20]

(2) 「それはそれとして」という誤訳

しかし、だからといってそのことがヴェーバーの解釈においてもかれらがまったく同一であることは意味しない。この点を考えるうえでのとば口となるのが、折原による大塚訳の誤りの指摘である。それは、さきほどの引用箇所にある「最後のばあい」から始まる一文の原文 ›Dann allerdings könnte…‹ において、›dann‹ については「最後のばあいであるなら」と解して訳すべきところを「それはそれとして」と訳してしまっているところにある。その理由を、折原の指摘にもとづいて説明すると、以下のようになる。

(1) 「それとも (oder)」というかたちで「予言者の出現」あるいは「思想の復活」と「機械化された化石化」とがはっきり区別されている。

(2) 「そのどちらでもないなら」の「なら (wenn)」という仮定の接続詞と、「そのばあい (dann)」という仮定の従属文をうける接続詞とが語法のうえで対応している。

(3) 「ある種のひきつった尊大さ」と「自惚れる」が意味のうえでも対応している。

以上から、折原は「「それはそれとして」以下は、第三の「機械的化石化」〔機械化された化石化〕のばあいを敷衍したものと解釈して「もしそう〔第三のばあい〕だとすれば、そのばあいにはたしかに……」と訳す」とした。この的確な指摘は「倫理」論文（下）の梶山・大塚訳にむけられたものである。この箇所は一九三八年の梶山訳にあっては「最後の場合であるなら」と訳されていたにもかかわらず、一九六二年の段階で大塚によりさしかえられてしまっていた。折原は一九六八年からことあるごとにこの訳語の問題について指摘してきたが、一九八九年の大塚訳にいたっても訂正されなかった。[21]

さらにいえば、ヴェーバーはさきの引用の直後でパラグラフをかえて「そうはいってもやはり私たちはこれと同時に価値判断と信仰判断の領域に迷いこむのであり、この純粋な歴史叙述が背負うべきものではない」として、これ以上の「価値判断」にかかわる記述をやめている。[22] この点とさきにみた折原の指摘をまじえつつ、安藤英治はこの箇所をつぎのようにきわめて冷静に解釈しているが、ことばを補ってその内容を説明すれば以下のようになる。

ここで「価値判断」にあたるものとは「末人」についての記述である。まずヴェーバーは、①予言者の出現、②思想の復活、および③機械化された化石化の三つのケースのどれになるのかは「まだ誰にも分からない」と判断を保留する。ところが、①と②については「将来の推測」のみにとどめるのにたいし、③だけは「精神なき専門人、心情なき享楽人。この無のもの（Nichts）は、人類のかつて達したことのない段階にまですでに登りつめた、と自惚れるだろう」という「価値判断」

をくだしている。›dann‹はそのことを明確に表示しているのだから、梶山のように「最後の場合なら」と解して訳されねばならない。

ところが、大塚の「それはそれとして」という誤訳はつぎのような問題をもたらす。「大塚訳にしたがって「それはそれとして、こうした文化発展の……」と読むと、「こうした文化発展」というのは、漠然と三つの場合全部を指すように受取られる」。そして安藤はつぎのように指摘する。この「ドイツ語研究者の初学者でもやらない〝誤訳〟」は、「より高次の〝解釈〟の問題」であり、「ウェーバーに対する訳者大塚の〝思い入れ〟のあらわれなのだと私は考えている」[23]。

まずここで重要なのは、「それとも」と強調してまでしめそうとしたヴェーバーによる予言者の出現および思想の復活と「機械化された化石化」との区別およびその意味を大塚訳が見落としていたことである。その区別は、前者の二つのケースが「推測」にとどまっているのにたいし、後者は「価値判断」にふみこんだ点にまでおよんでいる。そしてわざわざヴェーバーはそれ以上の議論を展開しないように慎重を期している。つまり、ヴェーバーは「推測」と「価値判断」を厳密に分けて自己が「予言的カリスマ」たらんとすることを禁欲し、あくまで学者たらんとしているのである。この点を大塚訳がとり逃がしているのは疑いようがなく、その点で山之内が丸山に仮託したヴェーバー理解と大塚批判には妥当性がある。

この「推測」と「価値判断」との厳格な区別について問題提起したのは折原である。かれはこの箇所で「それとも」のもつ重要性を意識して、この強調に「多義的可能性」の問題を読者の判断にゆだねるという「価値自由」の原則をみいだしていた[24]。この点を内田はさらに掘り下げ、この引用箇所でヴェーバーが予言者の出現あるいは思想の復活に「期待・希望」をいだいたと解してもそれは「確信」をもったものではなく、そこでかれがまず問題としたのは「予言者」「思想」「理想」の世界史における意義と役割という学問的なものであった、という指摘をおこなっている。[25] この点において、大塚の「それはそれとして」という誤訳は、内田や折原のヴェーバー理解と袂を分かつ重大な問題を裡にふくんでいると考えざるをえない。

(3) ヴェーバーの主張にたいする理解とその改変

では、なぜ大塚はこのような理解に達してしまったのだろうか。そこで、大塚の誤訳で理解をしたときの問題点をさらに検討してみよう。そのばあい、さきにみた三つのケースすべてが「こうした文化発展」を指す。すると、予言者の出現があっても、思想の復活があっても、結局のところその発展の最後には「末人」の跳梁する世界となってしまうことになる。

これと、さきにみたシンポジウムでの大塚の発言を対比してみよう。大塚は、ヴェーバーが「資本主義の『精神』」は、行きつくところ、精神のない専門人、心情のない享楽人、そうしたニヒツ（内容皆無なもの）を生み出す。しかも、それらのニヒツは、自分は人類がかつて到達したことのないような、人間類型最高の段階に立つにいたったと自負するようになる」と述べたといっている。つまり、大塚は、「それとも」という表現を顧慮することなく、なにがあっても「資本主義の『精神』」は「末人」へといたらざるをえないというのがヴェーバーの主張だと理解していたのだった。したがって、大塚はヴェーバーが予言者の出現にかんしても思想の復活についても否定的な

「価値判断」をくだしたと理解していた。これがさきにみた「倫理」論文末尾の引用とあきらかに異なることは疑いない。大塚は「思い入れ」により、この箇所の記述と食いちがった「ヴェーバー」像をつくっていたことになる。

ここまでくると、大塚は›dann‹の含意をまったく理解していなかったかのようである。ところが、かならずしもそうではない。梶山・大塚訳（下）が刊行される半年前（一九六二年一月）に公表された文章には、さきの引用の「大意」がつぎのように提示されている。

> では、この巨大な発展の行きつくところ、どんな事態が生じてくることになるのだろうか。新しい預言者が現われて変革の方向を指し示すことになるかも知れない（そのばあいには、その客観的可能性を社会科学の立場から検討することができよう）。また、復古的傾向が力づよく台頭してくるかも知れない。しかし、もしもこの鋼鉄のような機構が何らの変革も蒙らないまま、ついに一大自動機械《オートメイション》のような状態にまで化石化するにいたったときには、その内部で生きる「人間」、かつての「禁欲的倫理」の担い手の末裔たる人々は、こういう相貌をとるようになるのではないか、とヴェーバーはいうのである。[26]

「こういう相貌」とは、「精神なき専門人、心情なき享楽人」となることを指している。一見してあきらかだが、ここでの大塚は、ヴェーバーの想定する「末人」の世界のケースを「化石化」すなわち「最後のばあい」と理解している。このエッセイの冒頭には「倫理」論文の件の箇所がほぼすべて転写されており、そこでは ›dann‹ に該当する箇所に「もし最後のばあいだと」という表現があてられている。そして、当該箇所の解釈では一九七七年六月に刊行した『社会科学における人間』においても同様の記述をしているのである。[27]

ここに奇妙な事実があきらかになる。大塚は ›dann‹ の内容を「もし最後のばあいだと」という意味で正確に把握していた。にもかかわらず、翻訳においてはヴェーバーの主張の重大な改変につながりかねない異なる意味の訳語を選択していた。これは、もはや「思い入れ」どころではない。確信犯的なヴェーバーの主張の改竄さえ疑わせるものである。そのような危険もかえりみず、なぜ大塚はこのような「誤訳」をおこなったのか。いよいよ、安藤のいう「思い入れ」の内容が問題となる。

(4) 「資本主義の精神」の原理主義的「復活」とファシズムへの不安

では、大塚はこの誤った「倫理」論文末尾の理解からなにをひきだしたのだろうか。そこで、大塚が「生産倫理」の「復活」を提唱した「戦後『精神』」論文の文言にいまいちど立ち戻ってみよう(本書第I章第2節(3))。この直前で大塚はさきにみたヴェーバーの末尾の文言を引用する(ただし、「末人」にかんする一文は割愛されている)。そのうえで、まず「機械的化石化」のケースをヴェーバーが「予測していた」と理解し、その状態を「突き抜ける」ために、「思想家によって指し示された新しい道が現実の経済的利害状況のうちにみごとに定着するならば」と条件をつけたうえで、「生産倫理」の「復活」を提唱する。では、残りの二つのケースについてのヴェーバーの記述を大塚はどう把握し、これにどのように反応したのか。その内容は、この直後の註のなかにしめされている。いま一つ、ヴェーバーが「かつての思想や理想の力強い復活がおこる」という可能性を指摘したことであるが、これは本文で述べたところとは異なった意味で、筆者はひじょうに重要であると考える。フランクリン以来二〇〇年の間に世界史の上に生起した経済的利害状況の巨大な変化をまったく無視して、かつての「資本主義の精神」が原型のまま、ファンダメンタリズム的化石化の姿でもって、ふたたび力づよく復活するとすれば、それはファシズム以外の何ものでもない。その意味で、ヴェーバーにおける「資本主義の精神」の研究はファシズムの研究にも連なっていくのである。(28)

このように、大塚はヴェーバーが「かつての思想や理想」の「復活がおこる」可能性をみていたことを把握してはいた。しかし、かれはそのなかに「資本主義の精神」をそっくりそのまま復活させる「ファンダメンタリズム的化石化」の危険性を読みとった。というのも、この事態はそのまま「ファシズム」になると考えたからだった。つまり、大塚は「倫理」論文の読解のなかで、プロテスタンティズムの禁欲の倫理から生まれでた「資本主義の精神」の原理主義的復活が「末人」の棲む現代の「大衆社会」において起これば「ファシズム」にいたるかもしれないという不安を自覚したのである。

しかし、ここにはもうひとつの可能性が示唆されている。それは、かつての「資本主義の精神」

を、「経済的利害状況の巨大な変化」を考慮にいれながら「復活」させる可能性である。したがって、ここで「復活」させるのは「資本主義の精神」そのものではない。そう理解すれば、さきの「生産倫理」の「復活」という意味も理解できよう。つまり現代において「資本主義の精神」のうちにふくまれた「生産倫理」を、「資本主義の精神」とはべつのかたちで「復活」させること、これこそが大塚の考えた「健全な」社会建設への方途であった。

　この両面をあらわしているのが、「思想家によって指し示された新しい道が現実の経済的利害状況のうちにみごとに定着するならば」という表現である。まず、「思想家」が「新しい道」へ導くことじたいに肯定的な可能性をみとめている。これは、さきにみた「苦難の神義論」の意義を強調することと符合するし、ある意味で新しい予言者の出現への期待をしめしたものとみることもできよう。そのうえで、あくまでこれが「現実の経済的な利害状況」と一致することが求められている。つまりそれにそぐわない「思想家」による「新しい道」への教導の危険性が示唆されているのである。これが、さきの「ファシズム」につながる「ファンダメンタリズム的化石化」への危惧の裏返しであることはいうまでもない。

　これらの大塚の意見はなにを意味しているのか。それは「より高次の〝解釈〟」によってうまれた「ヴェーバー」像との対決であった。大塚は、学問論（「ザッヘにつけ」）における主張にかんする理解をこの結論部と「整合的」に理解しようとした。そのために「倫理」論文の末尾を「誤訳」してしまい、記述されていない「価値判断」をみずからの問題意識にひきつけて読みとって対決した。そこに大塚がみたものとは、予言者の出現であれ思想の復活であれ機械化された化石化であれ、すべてのばあいにおいて「資本主義の精神」は「末人」の巣くう世界にいたると突き放してしまった「ヴェーバー」であった。

そこで大塚は、「資本主義の精神」をそのまま「復活」させて「ファシズム」にいたる「ファンダメンタリズム的化石化」の方向と、「資本主義の精神」とはべつのかたちで「現実の経済的な利害状況」に定着させる「生産倫理」の「復活」の道とを区別することで、みずからのうちにある「ヴェーバー」像と対決したのである。したがって、さきほどみた「より高次の〝解釈〟」によるものであったとはいえ、「ファシズム」への危機感をヴェーバーに読みとったところは、そのまま山之内や中野の「倫理」論文の理解へとつながっており、近代主義的なヴェーバー像からの「転轍」としても評価できよう。そして、それはヴェーバーの主張の重大な改変をともなうような「誤訳」によって提起されたものだったのである。

3　大塚史学の批判的継承に向けて

(1)「昨日の世界」からの警告

近年の研究においては、大塚を中心とした「戦後民主主義」に奉ずるとされる人々の近代主義的なヴェーバー像に懐疑的で、むしろカルヴァンやカルヴィニズムから陸続する「資本主義の精神」

の「規律化」の要素にたいして根底的な批判をおこなったヴェーバーの姿勢のほうが重視されるようになっている。だが、こうした「倫理」論文の読みかたはかならずしも近年のみにかぎられるものではない。たとえば、さきの『権力とたたかう良心』におけるツヴァイクにも、同様の見解はみられるのである。

正当にもヴェーバーが資本主義にかんする有名な研究において証明したように、絶対的な服従を説くカルヴィニズムの教説ほど産業主義の準備に力を貸した要素はなかったのであり、それは学校においてすでに宗教的なやりかたで大衆は均一化され機械化（Mechanisierung）されるよう訓育されたからなのである。[29]

かれによれば、カルヴァンのような「規律」に服することをよしとする精神が「資本主義」をうみだしたのだった。また、急進主義的独裁という熱情の痙攣状態がしだいに弛緩していくと述べている箇所は、「資本主義の精神」をうちたてた宗教的熱狂による「痙攣（Krampf）」が弛緩していくさまを描いたヴェーバーの「プロテスタンティズム」論の記述を彷彿とさせるものである。[30] 大塚の立場からすれば、この宗教的熱狂の消失とは「資本主義の精神」の根幹をなす「禁欲」から「倫理」が抜け落ちていく過程であり、ネガティヴなものであった。[31] しかし、ツヴァイクはこの点を肯定する。なぜなら、それは「独裁」の軛から人々が解放されていく過程だったからである。だから、「規律」と「痙攣」による独裁的支配など長つづきするものではない、それではなくその「弛緩」

による「寛容」の精神の再生こそがイギリスとアメリカの「自由」の繁栄の起源である、ということになる。

さらにいえば、カルヴァンがいったんは追放の憂き目にあいながらも再びジュネーヴを支配下におく場面の叙述などは、ナチス政権の成立を念頭におきながら、人々が求めてやまぬはずの価値としての「自由」がそこから逃走したいという呪詛の対象となる、という問題にとりくんだエーリヒ・フロムの『自由からの逃走』（一九四一年）のテーマに連なるものである。しかも、この書は宗教改革の主要人物たるカルヴァンやルターのパーソナリティ分析から近代における独裁成立の理由を探っている点で、まさにツヴァイクの問題意識と軌を一にしているが、この論考は、ほかならぬヴェーバーの「倫理」論文の分析を下敷きにしている。(32) したがって、現代に主流をなす近代批判的なヴェーバー像は、大塚が「絶対王制の権力」に与するものとして打ち捨てた人文主義的理想の系譜に連なるツヴァイクのなかに存在していたことになる。

こうして、ツヴァイクの論点は「昨日の世界」にとどまらない「われわれの問題、われわれの争点」として、現代において再浮上した。逆にいえば、「大塚史学」の影響力が大きかったとされる一九六〇年代まで、ヴェーバー研究のなかでこの「規律」の問題が日本では主要な論点になっていなかったということをしめしている。「経済的」合理性を貫徹し「社会的不正」を糺して民衆のためにおこなわれるのであれば、ナチスやスターリン主義といった悪しき「独裁」に陥らぬかぎり、カルヴァンやクロムウェルやレーニンといった人々による大塚の認定する良き「独裁」は、社会の進歩のために容認されうる。この思考が一定の承認を得ていなければ、大塚が「戦後民主主義者」

の代表格とみなされ文化勲章を授与されるほどの存在となることは、ありえなかったのではなかろうか。その影響力ゆえに、ツヴァイクのいう「われわれの問題、われわれの争点」はヴェーバー研究の論点になりえなかった。これまでの検討から、そのように考えることも可能である。このとき、大塚の最後の提起はどのように評価しうるのか。

(2)「信仰」からの突破口とその限界

さきの記述を慎重にみると、大塚の批判の矛先はあくまで「資本主義の精神」であってその一六―一七世紀のプロテスタンティズムそのものではない。したがって、そのなかにかれがみずからの「信仰」を護持しようとする姿勢をみいだし、「社会秩序の物象化とその起点となった「職業人」理想」をふくんでいるこのプロテスタンティズムへの批判意識の甘さとその限界を指摘することは容易である。しかし、この「生産倫理」についての議論はたんに学者のみならず「大衆社会」に生きる人々全般にかかわっている。その意味で、大塚のここでの提起を「信仰」や学問論、さらにはヴェーバー解釈上の問題のみに還元するのは過小評価といわざるをえない。

それ以上に重要なのは、いっぽうで大塚が「経済的利害状況の巨大な変化」を無視したかつての「生産倫理」の原理主義的称揚が孕んでいる危険を察知し、その「復活」においてべつの可能性を示唆したことの意義である。というのも、「生産倫理」を批判的に再構築すると仮定したとしても、それを「現実の経済的利害状況」との相関を条件にふくめるとき、その論理的基礎を近代資本主義の構築にあって大きな役割をはたしたキリスト教、とりわけプロテスタンティズムに一義的に求めることが可能なのかどうかという問題を提起しているからだ。それは、将来にかんしてもキリスト教に立脚した「近代」ヨーロッパのごとき発展を最善とみなそうとする思考への批判的視座を提供しうるものでもあった。それが、大塚の「気づいたふし」の深奥だったのである。「ヨーロッパ」の発展段階をかならずしも日本の「近代化」の模範とはしないという発想のもと西洋経済史研究のうちから「移行」の理論をとりだしていくなかで、大塚が毛沢東の「ゲリラ戦」のなかに「共同体」から「社会主義」への新たな可能性をみたことは、その証左だといえよう。

ただし、大塚はそこに潜んでいる「独裁」の問題点をうまく位置づけることができなかった。これは、カルヴァンや「レーニズム」をヒトラーと峻別することで「独裁」のなかにある「自由」をみいだそうとしたかれの弱点の露呈でもあった。それは、「信仰」を捨てられなかった大塚の限界でもあった。どこまでも大塚史学は「生産」が第一の思想であり、「小ブルジョア」に寄りそう実践的理論の構想であった。やや時代の幅をひろげた観点からすれば、「大塚史学」とは、渡辺尚が提示するような「生産の優位」なる「二〇世紀初頭の形態完成以来、一世紀にわたり資本制日本経済を刻印してきた型」――すなわち、「西洋化＝近代化の目標が外部から与えられるため」つねに「外部要因」を意識しながら他律的かつ受動的に「比較的短期」にとどまる「臨機的対策」を更新しつづけざるをえなくなる日本経済の「類型的危機」にたいする「恒常的対応」として「日本の産業資本は、何を作るかでもどのようにして売るかでもなく、どのようにして作るかに収斂した」という「日本経済一般の型[33]」――とみごとにパラレルな関係をなす思想であったということもできるかもしれない。だが、そうした日本資本主義の「現実」にとらわれて「生産の優位」という「合理性」を重視するがゆえに、その「生産」優位主義のもつ暴力性を適切にとらえることができなかった。

(3)「自己同一性」という幻想の放棄

それでもなお、大塚が発したこの提起を受けとることができるとすれば、いかにして可能なのか。とくに「生産」から浮遊した経済など存立しえないことがあきらかとなるなかで、「物象化」され自立化した社会秩序に屈することのない「生産倫理」の確立が要請されているいま、この課題はますます重要性をおびている。その観点でみたとき、大塚のいう「生産倫理」もまた、安易な「ファンダメンタリズム的化石化」による「復活」にならぬかたちで批判的に検討されねばなるまい。そこで、抽象的ながらその視座を提示しておきたい。

かつて大塚から継承しうる「果たすべき役割と課題」があることを示唆していた中野は、「「多様な差異を組織して自己同一性をうちたて」ようとする営みそのものが、必ず選別と排除を含む」ことを指摘して、「そうしたアイデンティティという営みそのものとの抗争が不可避だ」と宣言する。[34] つねに自己を固定化させることなく自己と異なるものの混入や、ばあいによっては敵対を避けがたいものとしてみとめる必要性を中野は訴えているのである。この思考が「大塚史学」を活かす道である。

「大塚史学」を史学ないし社会科学理論としてみるばあい、その最大の失敗とは「近代的」な世界を「商品生産＝流通」によって「同一」的に覆われたものとして考えたことである。いかにそれが「等価交換」の形式をとっていようとも、それが「倫理」としての「等価交換」（フェア・トレード）を実現してはいないことを、「現実」の世界経済は教えている。本山美彦は、昨今のグローバル化の進展による現在の金融業が、戦前の地主とおなじく「高利貸」的なものであり、市場がそもそも「公平」ではないと主張しているが[35]、こうした認識は、大塚の「前期的資本」の理論で描かれた世界が、こんにち世界経済の実情をしめす見取り図となりうることを示唆するものである。

その印象は、「世界市場の金融的世界においては、生産と社会的再生産から遊離した投機的金融資本がかけめぐっている[36]」という八木紀一郎の指摘によってさらに強められる。大塚の「共同体」論の視座でいけば、現状は各国家ないし地域は「共同体」となっており、その間の「社会的真空地帯」において、「生産者」の経済状況を無視した、酷薄なまでの利益「収奪」がおこなわれているのだ。こうした状況にあって、「共同体」の外部にたいする攻撃的なイデオロギーが流布するのは当然の事態であるといえる。

したがって、この連鎖を食い止めるために必要とされることは何か。そこで「共同体」内部での市場創出とその拡大ということを考えそうになるが、それはまさに「自己同一性」の確立である。「共同体」内部において「自己同一性」に合わない「他所者」を選別し排除して「社会的真空地帯」のなかに放り込むことにしかならない。「投機」的な行為に走る者をさらに増殖させるだけである。そうではなく、あえて「共同体」を外部に開き、「抗争」が起こることも厭わず「他所者」を受けいれるような市場の創出が必要である。このとき、「倫理」のもつ意味がでてくる。

重要なのは、つねに外部の「他所者」にたいして開かれていることである。大塚の「生産」＝

「共同体」、「流通」＝「社会的真空地帯」という観点であえていうなら、たとえそこで「不等価交換」による「抗争」があるとしても、「生産」はつねに現存する「流通」に開かれていなければならないのである。そうしなければ、結果的に「生産」と「流通」との協働もできまい。また、そうした交流による「他所者」の眼は、「共同体」のなかに巣くう「自己同一性」へと内閉する傾向にたいし「抗争」により歯止めをかけることも可能にするだろう。そこにしか「自由」もないし「民主主義」もない。

ここにひとつの逆転が起きる。大塚史学において意義があったのは、「中産的生産者層」創出の理論ではなかった。むしろ、「前期的資本」の理論からはじまる、あの「二重構造」の理論こそが現代の世界をとらえるうえで有効な視座を提供しうる、ということである。とすれば、大塚史学の「近代」像はむしろ「ユートピア」とみなすべきものであり、大塚が「前期的」とみなした世界を「現実」として理解すれば、大塚史学は現在においても「復活」しうるということになる。

4　ユートピアと現実の狭間で

(1)「可能性への信頼」

一九六七年に公にされた大塚へのインタビュー「私はいかにして世界を捉えたか」の初出稿の冒

頭には、かれの『著作集』に入れられる段階で削除されてしまった、「思想」としての大塚史学の中心とおもわれる言葉が記されている。

可能性への信頼がなければ、およそ学問をする意味はないではないか。学問の姿勢としても、同時に人間の生き方としても――[37]。

おもえば、大塚史学とは「可能性への信頼」によって成り立っていた。かれは一九四六年の「ジャン・カルヴァン」論においても、カルヴァンの「教理」にあの価値の「倒錯」――私的「利潤」さえ追求していれば「全体」への貢献となる、という「倒錯」――にたいする「批判力の弱さ」があったことを認めていたが、その「社会史的限界」にもかかわらず「古き福音」にもとづく「隣人愛」が「新たな社会的発現形態」をとってあらわれてくる必要性を説いていた[38]。また、かれは一九四七年四月二〇日に脱稿したという「ロビンソン・クルーソウの人間類型――その歴史的意義と限界」（一九四七年八月）でも、デフォウの『ロビンソン・クルーソー漂流記』において「いわば近代的人間類型の明るい側面のみが描き出され、暗い側面は全く捨象されている」ことを記してその「近代資本主義の歴史的限界」について指摘しつつ、「その生ける方面はより高い人間類型のうちに止揚され、より高められつつ保存されねばならない」と主張した[39]。さらに、大塚は「『経済人』のユートピア的具象化としてのロビンソン物語」（一九六六年八月）においても、同時代のスウィフトの『ガリヴァー旅行記』に『ロビンソン・クルーソー漂流記』の描かなかった「中産的生産者層」

の「暗い面」が集中的に書かれていることをみとめつつ、それでもデフォウが「明るい面」に託した思いをつぎのように訴えた。

彼は政治に関係してしばしば投獄されるなど、まったくの辛酸をなめている。ウィッグ党とトーリー党のあいだを動揺して後世の人々に疑惑を残すようなこともやった。また、実業家として煉瓦のマニュファクチャーを立派に経営したこともあるが、それも政治的圧迫のためにつぶされ、破産してしまった。そして、最後には引きこもって数々の著作をものした。その一つが『ロビンソン・クルーソウ漂流記』である。ともかく、彼は一生涯人生の荒波にもまれつづけた人で、人間性の暗い面を知りすぎるほど知り抜いている人だったと思われる。それにもかかわらず、『ロビンソン・クルーソウ漂流記』では、彼はこの暗い面にあえて目をつむって、明るい面だけをユートピア的に理想化して描いてみせた。しかも、そのばあい、スウィフトが完全に見失っていた、当時の中産社会層の人々の行動様式のなかに含まれている「経済人」(したがって「経営者」)という資質を抜きだしてユートピア的に理想化し、それによって明確な人間形成の理想像をつくりあげたのである。そして、そこにこそ、晩年のデフォウが祖国イギリスの将来にたいして抱いていた衷心の願いがこめられていたように私には思われてならないのである。(40)

こうした「ユートピア」への傾斜がその「理想像」たる「経済人」のもたらす弊害――すなわち

「近代資本主義」にふくまれた種々の問題点——を糊塗しかねない点のあることは、いまさらいうまでもない。それがすでに学問的に批判されつくしていることは序章ですでに述べたとおりである。[41]だが、それでもなお大塚のなかにある種の「可能性」をみいだすとするなら、それはどこに求められるのか。——それは、このような「ユートピア」主義を貫徹させながらも、その「現実」との落差を実感し、その両者の間を埋めようと苦闘したあげく、「現実」に打ち倒されていった、大塚の生きざまのなかにある。

(2) 「戦後」の現実に揺さぶられて

たとえば、「終戦」の直後。大塚は自分がおこなった「全体」へと貢献する「生産倫理」の宣揚——「戦後」でいえば、「近代的人間類型の創出」の呼びかけ——にまったく反応しなかった「わが国社会」にたいして、つぎのような怒りをぶつけていた。

おそらく多くの知識人たちは、この両三年間にもはや、いやというほど思い知らされたことであろうと想像する。そこには近代人に特有な内面的自発性も見出されない。市民社会特有の「公平」——あの中世的な「公正」ではない——の特性も見出されない。近代科学成立の基盤たる合理性も見出されない。さらに近代精神を根底的に特徴づけているあの民衆への愛と尊敬、名も無い民衆の日常的経済生活を深くも顧慮するところのあの社会的関心もいまだ見出されない。このことはわれわれが少しく注意深くわが国社会の現状を眺めるならばおよそ自明のことであろうと思う[42]。

大塚を「動員」の思想とみなす立場からすればにわかに信じがたいことであるが、大塚にとって戦時期の「わが国社会」のなかに「内面的自発性」、「公平」、「合理性」、「民衆への愛と尊敬」は存在しなかった。かの闇取引の現実を思い浮かべるなら、そのようになる。大塚の思想がたとえ「動員」に加担するものであったとしても、その理想は実現されなかった。かれの「動員」の「ユートピア」は、戦時下の「わが国社会」に敗北していたのである。

その後、大塚は日本における「社会主義」の台頭にすくなからぬ期待をよせていた。そのことは第V章の検討からも垣間みえよう。だが、それさえも早くに敗北を喫する。一九四七年二月一日、マッカーサーの指令によってゼネストは回避された。ゼネストはできなかった。その日に脱稿したのが、あの「経済建設の実体的基礎」であった。初出のその末尾は、じつはつぎのようになっていた。

> さて、わたくしは本稿において現下の吾国経済の再建問題につき直接にふれる意図は毛頭もなかつた。何よりもわたくしのはたけではないからである。然し乍ら、また、以上の叙述が現下の経済再建問題に何らかの大把みなヒントを与へるのではないかとゆう事は、ひそかに考えてはいる。もちろん、吾国はイギリスでもオランダでもなく、また現在は廿世紀中葉ではある。にも拘らず、そこにいまなお切実な意味をもつ真理が含まれているのではないか。経済建設は

「自然な」構造的順序を追って遂行されるものでなければならない。すなわち、農民解放＝土地改革なる歴史的条件の整備の上に社会的自存性を充分にもつところの生産力の建設として遂行されなければならない。つまり、経済建設の実体的基礎は、根なし草的な貿易などではなく、何よりもそうした国内における生産力でなければならないのである。でないと、おそらく吾国はまたまた国際的な食客乃至は厄介者、果ては困り者となるほかないのではないか。(43)

この論文は同年二月の『改造』二八巻三号の巻頭論文である。その前におかれた「巻頭言」では、ゼネストを禁じられたことが五・一五事件とならぶ「白色テロ」ないし「反動」として非難されるいっぽう、「ストライキそのもの、または、ストライキの側に遺憾はなかつただろうか」と問う文章になっている。そして、その総括として「ストライキの権威は十分ではなかつたようである」という結論をだして、「新しき権威の確立」を訴えるものとなっている。(44)つまり、大塚の論文は「ストライキの権威」が「十分ではなかつた」原因を探るものとして重要な役割を果たしているのである。

ここでかれがいうのは、経済建設の「「自然な」構造的順序」、かの「農→工→商」の順序である。そして、「農民解放＝土地改革」による「社会的自存性を充分にもつところの生産力」の建設がなければ「国際的な食客乃至は厄介者、果ては困り者」となることを訴えている。ここでさきほどの「巻頭言」と突き合わせれば、大塚の主張したいことが明らかになる。つまり、「土地改革」による「農」の「生産力」の建設も不十分なのに、「工」におけるゼネストなどできる段階にはなかったのだ、という総括なのである。

直前の一月一六日に「社会主義への傾向」が「力強く前景にあらわれつつある」とまで謳っていたかれの言葉から推察するに、ゼネストの中止は大塚のなかで残念きわまりない「現実」だっただろう。「なければならない」を三度もくりかえしているところに、その心中おだやかならぬところがみてとれる。[45] そのとき、大塚のなかで戦時下に犯した、あの失敗が脳裏をよぎったかもしれない――。

(3)「戦中」の現実に揺さぶられて

大塚史学を「動員」の思想として読む中野の議論を「強引な手法」と批判する柳澤が指摘したのは、大塚の二重の戦略である。柳澤によればそれは、ひとつは皇国主義・伝統主義にもとづく「日本主義」への批判であり、いまひとつは金融資本主義と化した西欧的近代の「超克」である。このとき、その内容は以下のような慎重さをともなっていたと、柳澤は主張する。

資本主義の「超克」と日本の「世界史的使命」の達成という二重の問題が仮定法的に設定され、それへの可能な方法として、西欧的な近代的生産力の発展的・批判的な継承の必要性が説かれた。[46]

そして、この点にかんし柳澤は「大塚の考えの重層性と多面性」を重視していると強調して、中野の手法が一面的であるとの批判的見解をうちだしている。[47] 序章でみたように、中野は戦時期の大塚の言説を、「近代」の超克のために宣揚された「動員」の言説として批判しているが、その根拠とは、あの一九四四年七月に発表された「最高度〝自発性〟の発揚」において、大塚が「超克」や日本の「世界史的使命」の達成のために「生産力の拡充」が必要であることを「現実」として認識していたことであった。なぜ柳澤はこれを一面的な評価として批判するのか。それは、柳澤が参照した「経済倫理の問題的視点――工業力拡充の要請にふれて」（一九四四年五月）の、つぎの箇所に起因している。

而して吾国が今や世界史的使命を達成するためには、近代的生産力（工業力）の拡充がどうしても必要だといふのであるならば、このことはまさに真剣に考へねばならぬ問題である事も明瞭であらう。吾々の「経済倫理論」の問題的視点は現在、まさしく、この辺に焦点を集めねばなるまいと思ふ。[48]

この箇所をみれば、たしかに「世界史的使命」の達成のために「生産力」の拡充が必要であることとは「仮定法的に設定され」ており、それが「現実」の段階にあるか否かの答えは「留保」されている。この点で大塚はたしかに近代の「超克」に一定の距離をおいて「抵抗」しているといえるだろう。中野はこの点を看過している。だが、それは果たして「大塚の考えの重層性と多面性」として無垢に評価しうる質のものであろうか。つぎの箇所をみると、その内実があきらかとなる。それは、中野が参照していた「最高度〝自発性〟の発揚」のなかにある。

> 即ち、新しく自らを形成しつつある「経済倫理」の基軸的構造契機をなす「生産責任」は、何にもまして「生産」責任でなければならないのである。この点は一目当然きはまること、あるひはタウトロギーとさへ思はれようが、決して、決してさうではない。ことに吾国が世界史的役割を完遂するためには生産力の拡充がどうしても不可欠である現在、われわれはこのことを再三再四熟考すべきであらうと思ふ。(49)

一見してあきらかだが、ここで「世界史的使命」の達成のために「生産力」の拡充が必要であることは、もはや「仮定」ではなく「現実」となっている。すなわち、ここで大塚は近代の「超克」を「現実」のものと認識し、そのために「生産力」の拡充をせよ、と主張しているのである。そこに「仮定法的」な慎重さはない。まさに「動員」のための言説というほかはない。

なぜこのようなことが起きたのか。それは両論文の脱稿の日付にある。前者は「一九四四年四月二一日」であり、後者は「サイパン島激戦の報を耳にしつつ稿」とある。すなわち、一九四四年六月なかばの米軍サイパン島上陸という時局の激変と切迫した状況をうけて、大塚はそれまでの「仮定法的」慎重さを捨て、「世界史的使命」の達成のために「動員」を宣揚する言説へと疾ったことを意味しているのである。

では、なにゆえにこれを大塚が失敗だと感じていたと断定できるのか。それは、後者の「現在」

という表現にある。戦後『著作集』に収められるとき、この箇所は「というのならば」と書き換えられている。これは、まさしく戦時「動員」に加担した言説を隠蔽し、「サイパン島激戦」以降においてさえあたかも「世界史的使命」の達成という目的にたいして「仮定法的」に距離をとっていたかのように振る舞おうとしたことの証左にほかならない[50]。

大塚にとってこれは痛恨の誤りであった。もし、さきのような「仮定法的」慎重さを貫徹していれば、戦時「動員」の片棒を担ぐような発言をすることもなかったであろう。このことは、大塚の二重の戦略がきわめてもろく危ういものだったことをしめしている。それは、「重層性や多面性」として無垢に評価できるものではなかった。ましてや柳澤のいうような「戦前の研究を土台にしつつ、戦時期の緊迫した状況の中で、それに対する緊張関係の下で、冷静な学問的姿勢を堅持しつつ深められた成果[51]」でもなかった。むしろ、その「緊張関係」の下で、「ユートピア」と「現実」との狭間に揺さぶられ、崩れ去り、傷ついた、その結果の産物であった。

(4)「教授方にも理解してもらえるようなワク組みを」

一九六八年一二月。もはや「大塚史学」がその影響力をうしなう最後のとき。大塚は「大学紛争に思うこと」という短文を雑誌『世界』に寄せる（なお、これは『著作集』にない）。そこでかれは、血気にあふれる若い世代に向かって、つぎのような説諭をおこなった。

努力して、自分たちの内的状況や問題観を、てんでんばらばらではなしに、整然と表現して、世代のちがう教授方にも理解してもらえるようなワク組みを作ることをやってほしいのです。こういう努力こそ、大学生の大学生たるゆえんじゃないでしょうか。それはまた、これからのすべての改革の必須の前提となるでしょう。だから、それを放擲して、外にむかって緊張を噴出させ、やにわにゲバ棒をもつことには、私は絶対に反対なんです。これは、一見前進のように思われても、真の解決をもたらさないばかりか、さまざまな悪い副作用をもたらし、とくに長期にわたって、とり返しのつかないモラルの荒廃を残すことになるのです。大学がこうした自殺行為をやって、どこから希望が生れてくるのですか。心から学生諸君に望みます。ぜひ、ぜひ、冷静になって、目を足もとから大空へと転じて、よく考えて欲しい、と。[52]

かれの眼前にひろがった光景は、あまりにも陰惨なものだった。そこで訴えるかれのメッセージは、まるで虚空に向かって放たれているかのようだ。もはや「大空」などみないし信じてもいない、「大衆」と化した学生たち。頼むから、私にもわかる「ワク組み」をつくってくれ。「ゲバ棒」という暴力に訴えるなら、それは何の羅針盤もない「モラルの荒廃」しかもたらさない。「とり返しのつかない」ことになる前に、「冷静になって」くれ。もういちど「希望」をもってくれ。「ユートピア」主義者の悲痛な叫びである。

この嘆きを、「大学紛争」に「ゲバ棒」をもって参加した若い世代の思いを理解せぬ道徳的お説教として非難するのは容易である。しかし、大塚を単なる「ユートピア」主義者として断罪するには、この発言はあまりにも生々しさをもって現在に迫ってくる。たとえば、さきの引用の「やにわにゲバ棒をもつ」という箇所を「ネットでうさ晴らしをする」と変えれば、どうだろうか。まさに現在の日本の「大衆社会」状況をきびしく批判するものとして説得力をもちえないか。

　ここに大塚史学が安寧の床につくことを許されぬ根拠がある。大塚はみずからの「ユートピア」をかかげ、それと「現実」とのギャップにもがき、苦しみ、最後は敗北した。影響力をうしなってからは、その内容に疑問符をつけられ、学問的にも葬送された。にもかかわらず、「思想」としての大塚史学が放ったこの乾坤一擲の言葉は、いまだに古びていないばかりか、逆にきわめて痛烈な「大衆社会」批判となりうる。なぜなら、かれは「ユートピア」なき社会のなかにかの「ファンダメンタリズム的化石化」の「現実」を読みとっていたからである。まさに「グローバル化」とともに進行する「右傾化」とは、すなわち大塚の危惧した「共同体」どうしの血みどろの敵対の再現へといたる過程である。それは、まさに大塚が踏んだ轍である、「非人間的なもの」の暴力的発動（すなわち「革命」）への渇望であり、その帰結としての「ファシズム」を招来させるものにほかならない。

　むろん、この大塚のお説教には危険がつきまとう。さきほどの「ネットでうさ晴らしをする」という箇所を「デモに行く」とすれば、デモ弾圧のお墨付きを与える文章ともなりかねない。また、この文章に若者への無理解とエリート主義を嗅ぎとることもできるだろう。それはきびしく批判してもよい。だが、それを根拠に大塚が身をもって提起したことまでも見うしなってはならない。こうした「大衆」が一挙に動いたときにそのコントロールはむずかしいということ、しかしその「大衆」のなかからしか「変革」は生まれえないということ、にもかかわらず明確な「ワク組み」なしの「大衆」運動は前進にならず、むしろ「悪い副作用」をもたらすという警告である。こうした「大衆社会」の過酷な「現実」を、傷ついた「ユートピア」主義のなかからかろうじて見すえようとした点にこそ、大塚の「思想の力」があり、そこに継承すべき課題がある。

(5) 結語

「大塚史学」がその大きな影響力をうしなってから四〇年あまりがたつ。すでにその学問的葬送は終わったはずである。だが、いまだ「前期的資本」の世界と見まごうような「生産者」や「勤労民衆」にたいする暴利的収奪が「グローバル化」のもとで進行し、格差社会の深刻化を各国でうみだしている。人々は新しい「ユートピア」さえみいだせない。そのようななかで、各国においては「右傾化」と排外主義の蔓延、および世論のセンチメント化が急速に進行する。人が使い捨てられることを是とするような収奪社会がつづくかぎり、「思想」としての大塚史学は、貧困にあえぐ「生産者」や「勤労民衆」のための思想として、原理主義的なかたちで亡霊のように生きつづけることになるだろう。――「大塚史学」を葬送したはずの、学問における「思想の力」が、いまここに問われている。そして、その「ファンダメンタリズム的化石化」を食い止める叡智こそが、現在において要求されているのである。

註

序章

（1）読売新聞朝刊、一九九六年七月七日。大塚の著作については、かれの名を省略する。

（2）関口尚志「バブルを拒んだ経営者の魂──大塚久雄の「歴史と現在」」、『聖学院大学総合研究所紀要』二三号別冊、二〇〇一年、二一頁。ここで言及した大塚のコラムについては、同上、三八頁にも抄録されている。

（3）関口「経営者の魂」、三七頁。なお、本論文の引用内の強調部はすべて原著者による。

（4）朝日新聞夕刊、一九九六年七月二五日。なおこの弔辞は『みすず』一九九六年九月号に掲載された。丸山眞男「弔辞（大塚久雄追悼）」、『丸山眞男集』一六巻、岩波書店、一九九六年、二五九頁。

（5）近藤和彦『文明の表象　英国』山川出版社、一九九八年、一一〇─一一一頁、註二〇頁。「口述筆記」とあるように、このとき丸山は病床についており、書くこともできない状態にあった。大塚の告別式において、弔辞は武田清子が代読した。なお、この丸山の追悼文については、道重一郎「大塚久雄と松田智雄──大塚史学の理論構成とその意義」、住谷一彦・和田強編『歴史への視線──大塚史学とその時代』日本経済評論社、一九九八年、一六六頁や、柳父圀近「「前期性の克服」──大塚久雄と丸山眞男」、『聖学院大学総合研究所紀要』二三号別冊、二〇〇一年、七七頁にも引用されている。

（6）近藤はこのような丸山と大塚の「距離」を指摘して、「丸山と大塚の近さを強調するわたしの論調は、この丸山最後の公的発言（『丸山眞男集』刊行中であるから、彼の弔辞が大塚の告別式で代読されるばかりでなく、のちに公刊されることを十分に意識しての口述である）に影響されすぎているかもしれない」と留保している。近藤『文明の表象　英国』、註一九頁以下。なお近藤がその根拠としている、丸山が実名をあげないながらも大塚との「距離」を語っている箇所は、「思想史の方法を模索して──一つの回想」（一九七八年）、『丸山眞男集』一〇巻、岩波書店、一九九六年、三三五─三三九頁。

（7）道重「大塚久雄と松田智雄」、一六六頁。

（8）近藤『文明の表象　英国』、一一二頁。

（9）『大塚久雄著作集』（以下『著作集』と略す）全一三巻、岩波書店、一九六九―一九八六年。『著作集』は一九六九年から翌年にかけて全一〇巻が刊行されたのち、一九八六年に再刊された際、さらに三巻が追加刊行されている。
（10）ここでつかう「大塚史学」は、内田芳明にならい狭義の意味、すなわち「大塚久雄の経済史学」に限定する。内田芳明『ヴェーバーとマルクス――日本社会科学の思想と構造』岩波書店、一九七二年、三一〇頁。
（11）『欧州経済史』（一九五六年）、『著作集』四巻、六三頁。もともと発表した段階の原稿と『著作集』との異同に無視できない箇所があるものを除き、大塚の文献は基本的に『著作集』からの引用とする。
（12）豊田四郎『社会経済史学の根本問題――史的唯物論と「大塚」史学』研進社、一九四八年、「はしがき」一頁。なお、〔 〕はすべてこの論文の筆者によって補われたものである。
（13）内田『ヴェーバーとマルクス』、三〇九頁。この観点から内田は同書の六―八章で、「大塚史学」の体系とその精神的背景を、ヴェーバーとマルクスの「総合」という観点からとらえている。ほかに「大塚史学」の全貌を論じているものは、杉山光信「大塚史学をつらぬく原理」、『戦後啓蒙と社会科学の思想』新曜社、一九八三年、七三―九二頁。小笠原眞『ヴェーバー／ゾムバルト／大塚久雄』昭和堂、一九八八年、六章。最近では膨大な頁を割いた研究で、下記のものがある。前谷和則「いわゆる大塚史学の成立と構造について」（一）―（五）、『朝日大学教職課程センター研究報告』六号、一九九六年、三―四三頁、八号、一九九九年、三―五二頁、一〇号、二〇〇二年、四九―八四頁、一二号、二〇〇四年、四五―八七頁、一三号、二〇〇五年、四五―九〇頁。野沢敏治「大塚久雄・試論」（一）―（二）、『千葉大学経済研究』二〇巻一号、一―四四頁、二号、六七―一〇九頁、二〇〇五年。楠井敏朗『大塚久雄論』日本経済評論社、二〇〇八年。さらに、大塚の社会学史上の意義について論じたものに、前掲小笠原の『ヴェーバー／ゾムバルト／大塚久雄』のほか、富永健一『戦後日本の社会学――一つの同時代史』東京大学出版会、二〇〇四年がある。また、上野正治編著『大塚久雄著作ノート』図書新聞社、一九六五年は、大塚久雄のみならずかれについて論じた文献を整理したものとして貴重である。なお、大塚久雄からの聞き書きをもとにした伝記が最近発刊された。石崎津義男『大塚久雄　人と学問』みすず書房、二〇〇六年。

(14) 姜尚中『マックス・ウェーバーと近代』岩波書店、二〇〇三年、三〇一頁。同様の表現は、姜尚中「解説」、大塚久雄『共同体の基礎理論』岩波書店、二〇〇〇年、一六〇頁にもある。

(15) 安藤英治『ウェーバー歴史社会学の出立――歴史認識と価値意識』未来社、一九九二年、三二六頁。さらにいえば、大塚久雄の存在は、丸山眞男や川島武宜とならびヴェーバー研究でも無視できないものだった。佐野誠は「ヴェーバー研究者の次の世代は、大塚や丸山の存在を確認したうえで、先に進まなければならなかった」と指摘している。佐野誠『ヴェーバーとリベラリズム――自由の精神と国家の形』勁草書房、二〇〇七年、二八六頁（初出は以下。佐野誠「書評　ドイツの一歴史家の見たヴェーバー研究　W. Schwentker: *Max Weber in Japan* について」、『思想』九〇〇号、一九九九年、一三八頁）。なお、ここで書評されている Schwentker, Wolfgang, *Max Weber in Japan. Eine Untersuchung zur Wirkungsgeschichte 1905-1995*, Tübingen, 1998 は日本でのヴェーバー受容史・影響史を研究した労作である。邦訳は、野口雅弘・鈴木直・細井保・木村裕之訳『マックス・ウェーバーの日本――受容史の研究　一九〇五―一九九五』みすず書房、二〇一三年。

(16) 本邦初訳は、マックス・ウェーバー、梶山力訳『プロテスタンティズムの倫理と資本主義の精神』有斐閣、一九三八年。その後、大塚の手で梶山が訳さなかった箇所と梶山訳のいちぶを改訂した完全訳が梶山力・大塚久雄訳『プロテスタンティズムの倫理と資本主義の精神』岩波文庫、(上) 一九五五年、(下) 一九六二年。そして、現在の岩波文庫版は大塚単独訳となっている。大塚久雄訳『プロテスタンティズムの倫理と資本主義の精神』岩波文庫、一九八九年（もとは一九八八年に刊行されたハードカバーの訳書）。なお、その他の訳書ではまず阿部行蔵による以下のものがある。「プロテスタンティズムの倫理と資本主義の精神」、『世界大思想全集　二一　ウェーバー　社会・宗教・科学』河出書房、一九五四年、二一九―四二〇頁。「プロテスタンティズムの倫理と資本主義の「精神」」、『世界思想教養全集　一八　ウェーバーの思想』河出書房新社、一九六二年、二二九―三七六頁（一九五四年訳の改訂版だが、紙幅の都合で数多くの註を割愛）。「プロテスタンティズムの倫理と資本主義の「精神」」、『世界の大思想　二三　ウェーバー　政治・社会論集』河出書房、一九六五年、一九七―二三五頁（一九六二年訳の改訂版。抄訳のまま）。そして、最近になって新訳が出た。中山元訳『プロテスタンティズムの倫理と資本主義の精神』日経BP社、二〇一〇年。本書では大塚久雄論というテーマ設定との関係で、特記事項のないかぎり煩瑣を避けるため邦訳は基本的に岩波文庫の大塚訳の頁数をしめすにとどめる。

(17) 道重「大塚久雄と松田智雄」、一五四頁、近藤『文明の表象　英国』、七〇頁。なお、道重はこの「比較経済史学派」が「大塚史学」と同一視されたことも指摘しているが、煩瑣を避けるため本論文では「比較経済史学派」を道重に即して大塚、高橋、松田を「核」として「その周囲に形成されたグループ」と定義する。

(18) 荒井信一「戦後の諸論争と現代史研究」、『年報　日本現代史』五号、一九九九年、二三三頁。

(19) 道重「大塚久雄と松田智雄」、一八三頁。

(20) 石田雄『社会科学再考　敗戦から半世紀の同時代史』東京大学出版会、一九九五年、九二―九七頁、および道重「大塚久雄と松田智雄」、一五五頁。また、裴富吉「社会科学者思想論：『大塚史学』の再検討――中野敏男『大塚久雄と丸山眞男―動員、主体、戦争責任―』二〇〇一年は、論争の書か？」、『大阪産業大学経営論集』四巻一号、二〇〇二年、三五―四九頁では大塚を批判した代表的な言説が取り上げられている。大塚もふくめた「戦後史学」の流れを整理したものに、前掲の近藤『文明の表象　英国』一章がある。さらに、現代の歴史理論、歴史学方法論、および社会思想をふまえたうえでの大塚史学をふくめた比較経済史学派の位置づけについては、小田中直樹「ある歴史観の黄昏――私たちは比較経済史学派をいかに継受すべきか」、『土地制度史学』一五七号、一九九七年、四〇―四九頁が参考になる。大塚史学にたいする批判書についてはいとまがないが、代表的なものだけ挙げておく。マルクス主義からの批判という色彩のつよいものとしては、豊田『社会経済史学の根本問題』、および豊田も執筆している大学新聞連盟編『大塚史学批判』大学新聞連盟出版部、一九四八年や、大谷瑞郎『経済史学批判』亜紀書房、一九六九年。また、経済史学の観点からの批判では、白杉庄一郎『近世西洋経済史研究序説』有斐閣、一九五〇年、および矢口孝次郎『資本主義成立期の研究』有斐閣、一九五四年、さらには角山栄『資本主義の成立過程』ミネルヴァ書房、一九五六年がある。そのほか、歴史学の側からは越智武臣『近代英国の起源』ミネルヴァ書房、一九六六年が出された。ただし、この本は「倫理」論文批判をつうじて、大塚への批判とヴェーバー自身への批判をオーバーラップさせている点で問題があると、安藤が批判している。前掲の安藤『歴史社会学の出立』、四九四―四九五頁。

(21) 小田中「ある歴史観の黄昏」、四一―四五頁。

(22) この点についての包括的かつ徹底的な大塚批判として、安藤『歴史社会学の出立』第二部がある。「倫理」論文の本邦初訳である梶山力訳（一九三八年）の復刊書である、マックス・ウェーバー、梶山力訳、安藤英治編『プロテスタンティズムの倫理と資本主義の《精神》』未来社、一九九四年は、ヴェーバー研究そのものへの貢献のみならず、大塚のヴェーバー解釈を検討する観点からも重要な意味をもつ。このヴェーバー解釈批判を大塚の思想にたいする批判につないだものとして、山之内靖『現代社会の歴史的位相——疎外論の再構成をめざして』日本評論社、一九八二年、山之内靖『マックス・ヴェーバー入門』岩波新書、一九九七年、第二章、山之内靖『日本の社会科学とヴェーバー体験』筑摩書房、一九九九年、第二章、さらには後述する中野敏男の大塚久雄批判がある。そして、大塚とヴェーバーのちがいを大塚のキリスト教信仰の問題から迫ったものとしては、古川順一「ヴェーバーと大塚久雄——大塚久雄の見た市民社会という幻想」、『情況』第二期一一巻六号、二〇〇〇年、一五四—一六八頁、古川順一「大塚久雄——リベラル・プロテスタンティズムとヴェーバー」、鈴木信雄編『経済思想　一〇　日本の経済思想　二』日本経済評論社、二〇〇六年、一七一—二〇四頁がある。

(23) 小田中「ある歴史観の黄昏」、四〇頁。

(24) 小熊英二『民主と愛国——戦後日本のナショナリズムと公共性』新曜社、二〇〇二年、九五頁。

(25) 中野敏男「戦時動員と戦後啓蒙——大塚＝ヴェーバーの三〇年代からの軌跡」、『思想』八八二号、一九九七年、一五九—二〇四頁。この論文は、中野敏男『大塚久雄と丸山眞男——動員、主体、戦争責任』青土社、二〇〇一年の第一章をなしている。今後は注目すべき加筆訂正のないかぎり、こちらからの引用とする。

(26) 「最高度〝自発性〟の発揚——経済倫理としての生産責任について」（一九四四年）、『著作集』八巻、三四一頁。

(27) 中野の先駆としては、田川建三「翼賛の思想から帝国主義の思想へ——大塚久雄の『国民経済』論に見られる国家主義について」、『批評精神』創刊号、一九八一年、五七—七一頁。ヴィクター・コシュマン「規律的規範としての資本主義の精神——大塚久雄の戦後思想」、山之内靖・ヴィクター・コシュマン・成田龍一編『総力戦と現代化』柏書房、一九九五年、一一九—一四〇頁。さらにいえば、前掲の山之内『ヴェーバー体験』、第二章もこの観点からの研究のひとつに数えられる。裴は、田川の大塚批判や経済史家による批判を中野が検討していないことを指摘し、中野の論文をこれらの批判のうえに「議論を新しく重ねた書」というべきだと述べている（「社会科学者思想論」、四一頁）。この点は無視できない。しかし、田川の批判は、大塚がヴェーバーと自身とのあいだに決定的な違いがあることをすくなからず意識していた、という事実を「動員」の問題と関連づけていない。この関連を追究したという点で中野の議論は独自性をもっていることは指摘しておきたい。

(28) 道重「大塚久雄と松田智雄」、一五六—一六〇頁。

(29) 小熊英二『民主と愛国』、八三七頁以下。

(30) 柳澤治『戦前・戦時期日本の経済思想とナチズム』岩波書店、二〇〇八年、三四七頁、三六三頁。なお、この記述はもともと以下の論文にみられたものである。柳澤治「戦時期日本における経済倫理の問題——大塚久雄・大河内一男の思想史・学説史研究の背景」（下）、『思想』九三六号、二〇〇二年、一四一頁、一四七頁。この論文は前掲『戦前・戦時期日本の経済思想』に所収されている。今後いくつか柳澤の論文で『戦前・戦時期日本の経済思想』に収録されているものは、この書物からの引用とする。なお、同様の批判は、柳澤治「戦前・戦時期の経済思想——過去二〇年の研究状況」、『経済学史学会年報』四六号、二〇〇四年、七八頁にもみられる。

(31) 道重「大塚久雄と松田智雄」、一五七頁。

(32) 小熊『民主と愛国』、八三七頁。

(33) 柳澤『戦前・戦時期日本の経済思想』、三五三—三五四頁（もともとは柳澤治「戦時期日本における経済倫理の問題——大塚久雄・大河内一男の思想史・学説史研究の背景」（上）、『思想』九三四号、二〇〇二年、九六頁。この論文も前掲書に所収）。ここでは、一方で「戦争協力者に対する内在的批判者」と大塚を評価する上野正治が批判されている（上野正治「経済史学」、長幸男・住谷一彦編『近代日本経済思想史 II』有斐閣、一九七一年、二一二—二一四頁）。柳澤がこうした観点で大塚を論じたものとしては、「大塚久雄の農村工業論の背景——同時代日本の論争をめぐって」、『歴史への視線』、一九一—二三七頁、柳澤『戦前・戦時期日本の経済思想』、三四四—三五二頁、および二七四—二七八頁（初出は「大戦前日本の経済学者の日独比較論——ナチス・ドイツ認識と日本的特殊性の把握」、『政経論叢』明治大学政治経済研究所、七三巻一—二号、二〇〇四年、三四—三七頁、この論文も前掲『戦前・戦時日本の経済思想』に所収）がある。

（34）中野『大塚久雄と丸山眞男』。
（35）小田中「ある歴史観の黄昏」、四五―四八頁。
（36）道重「大塚久雄と松田智雄」、一五五頁、一八三頁以下。あるべき「近代」という発想に懐疑的な論者の代表として、山之内靖が挙げられている。また村上俊介「内田義彦と社会科学――内田市民社会論を中心に」、『アソシエ』一二号、二〇〇四年、一〇三頁以下では、中野とともに「市民社会論」批判の代表者として紹介されている。こうした文脈での山之内の著作としては、単著では前掲の『歴史的位相』、および『システム社会の現代的位相』岩波書店、一九九六年が、また、共著では前掲の『総力戦と現代化』がある。
（37）梅津順一「書評『大塚久雄と丸山眞男　動員、主体、戦争責任』」、『社会思想史研究』二七号、二〇〇三年、一七一頁。
（38）小田中「ある歴史観の黄昏」、四〇頁。
（39）道重「大塚久雄と松田智雄」、一八五頁。
（40）柳父圀近「「国民主義」・「国家主義」・「超国家主義」――大塚久雄の「ナショナリズム」論を巡って」、『法学』東北大学法学会、六六巻二号、二〇〇二年、二頁。たとえば、「大塚久雄における「歴史と現代」」、『聖学院大学総合研究所紀要』二三号別冊にある関口尚志、ヴォルフガング・シュヴェントカー、柳父圀近、梅津順一らの諸論考、およびかれらの討論などはその点で参考になるものである。ほかにこうした観点での論考としては、以下のものがある。前掲の柳父「「国民主義」・「国家主義」・「超国家主義」」。田中豊治「大塚史学における「市民社会」――方法論的視座から」（その一、その二）、『聖学院大学総合研究所紀要』二五号、二〇〇二年、五四―八一頁、二六号、二〇〇二年、九二―一一一頁。堀田泉「概念としての「局地的市場圏」――大塚久雄の現代的知」、『渾沌』近畿大学大学院文芸学研究科、創刊号、二〇〇四年、二三―四四頁。野沢敏治「大塚久雄と日本ナショナリズム」、『アソシエ』一七号、二〇〇六年、七七―八九頁。前掲の野沢「大塚久雄・試論」もこの文脈に属するとみてよいだろう。
（41）中野『大塚久雄と丸山眞男』、七四頁。
（42）姜「解説」、一六四頁以下。こうした大塚の思想と植民地主義およびオリエンタリズムとの共犯関係については、中野『大塚久雄と丸山眞男』のほかに、姜『オリエンタリズムの彼方へ――近代文化批判』岩波書店、一九九六年、八七頁以下、一一八頁以下、同上『マックス・ウェーバーと近代』、三〇二頁以下。ほかに、この点を大塚の『ロビンソン・クルーソー』解釈と関連づけて論じているのは、岩尾龍太郎『ロビンソンの砦』青土社、一九九四年、および増田義郎「「経済人」ロビンソン・クルーソウ――大塚久雄氏にたいする疑問」、『亜細亜大学国際関係紀要』六巻二号、五一―三三頁。さらに、この問題を「終戦」直後の大塚の「近代的人間類型」論とむすびつけて論じたものに、三笘利幸「「近代的人間類型」と「戦後」日本――大塚久雄の言説について」、『唯物論研究年誌』一〇号、二〇〇五年、八五―一〇九頁がある。

(43) たとえば、野沢「大塚久雄・試論」(一)、二四―二五頁。

(44) 野沢「大塚久雄と日本ナショナリズム」、七七頁、八八頁。

(45) 柳澤「戦前・戦時期の経済思想」、七八頁。

(46) 森武麿「総力戦・ファシズム・戦後改革」、『岩波講座　アジア太平洋戦争　I　なぜ、いまアジア太平洋戦争なのか』岩波書店、二〇〇五年、一四九頁。

(47) 同上、一五五頁。

(48) 近藤和彦「書評：住谷一彦・和田強編『歴史への視線――大塚史学とその時代』」、『社会経済史学』六六巻三号、二〇〇〇年、一一一頁。

第I章

(1) 「マックス・ヴェーバーの資本主義の「精神」」(一九六五年)、『著作集』八巻、三―一〇〇頁。大塚久雄・安藤英治・内田芳明・住谷一彦『マックス・ヴェーバー研究』岩波書店、一九六五年。この書物は、大塚によれば、著者四人が「ヴェーバー生誕百年を記念して、共同の論文を企図」してできたものだという。「大塚久雄・安藤英治・内田芳明・住谷一彦『マックス・ヴェーバー研究』序」、『著作集』一〇巻、二七五頁。この論文の内容については、富永『戦後日本の社会学』、一八九―一九二頁が簡潔にまとめている。

(2) 中野『大塚久雄と丸山眞男』、二七―二八頁。

(3) 同上、三〇六頁。
(4) 同上、二八頁。
(5) 大塚久雄「マックス・ウェーバーの資本主義の精神——近代社会における経済倫理と近代工業力」(一)—(三)、『経済学論集』一三巻一二号(一九四三年)、一四巻四号(一九四四年)、一五巻一号(一九四六年)。(三)は一九四四年一二月に脱稿したと論文内には書かれている(「戦中『精神』」論文(三)、五四頁)。いっぽう、「戦後『精神』」論文については、最初『経済学論集』三〇巻三号(一九六四年)と三〇巻四号(一九六五年)に掲載された。これと大塚他著『マックス・ヴェーバー研究』に収録されているものとの異同にかんしてとくに重要視されるべきものはない。
(6) 中野『大塚久雄と丸山眞男』、二九頁。
(7) 「戦中『精神』」論文(三)、四三—四四頁。なお、難字は一部の例外を除いて常用漢字に書き換えている。当て字や旧仮名遣いはそのまま残している。以下もすべておなじである。
(8) 同上、四五—四六頁。
(9) 「戦後『精神』」論文、『著作集』八巻、九〇頁。
(10) 中野『大塚久雄と丸山眞男』、六四—六八頁。
(11) 「戦中『精神』」論文(三)、四六頁。
(12) 「戦後『精神』」論文、『著作集』八巻、九三頁。
(13) 同上、九三頁。
(14) 「戦中『精神』」論文(三)、四三頁。
(15) 「戦後『精神』」論文、『著作集』八巻、八七頁。
(16) 「戦中『精神』」論文(三)、五三—五四頁。
(17) 「戦後『精神』」論文、『著作集』八巻、九九頁。
(18) 同上、一〇〇頁。
(19) 同上、六頁。

(20)「経済的繁栄の幻像――投機による擬制的富の結末」、『中央公論』六九二号、一九四六年、二一―二八頁。
(21) 同上、二八頁。
(22)『国民経済――その歴史的考察』講談社学術文庫、一九九四年、一二四―一二五頁。この版の底本は、『国民経済』弘文堂、一九六五年。こののち、岩波書店で刊行されるさいに誤植訂正がおこなわれたものが『著作集』六巻に収められたが、基本的な内容は変化していない。この箇所についての加筆訂正はない(『著作集』六巻、七七―七八頁)。
(23) 中村隆英「概説 一九三七―五四年」、中村隆英編『日本経済史 七 「計画化」と「民主化」』岩波書店、一九八九年、二一―二三頁。
(24) 小熊『民主と愛国』、三五―四三頁。小熊も参照しているが、遠山茂樹・今井清一・藤原彰『昭和史 新版』岩波書店、一九五九年、二一八―二二七頁。また、家永三郎『太平洋戦争』(第二版、一九八六年)、岩波現代文庫、二〇〇二年、三二〇―三四五頁も参照。
(25) 中村「概説 一九三七―五四年」、二二頁の表一―六。
(26) 香西泰『高度成長の時代――現代日本経済史ノート』日経ビジネス人文庫、二〇〇一年、五一頁以下(原本は一九八一年)。また、中村「概説 一九三七―五四年」、四一―四三頁。
(27) 香西『高度成長の時代』、二九頁、および小熊『民主と愛国』、九四頁。
(28) 経済安定本部『第一次経済白書――昭和二二年度経済実相報告書』(一九四七年)、講談社学術文庫、一九七七年、二二頁。統計上では、一九四六年にかんして具体的に以下のような事実が確認できたという。まず、(一)「商業にたずさわるものの所得全体にたいする割合」が年初の四半期には二一・〇パーセントであったのが、年末の四半期には二四・二パーセントとふえている。「商業にたずさわるものの人口」の有業者人口全体のなかでの割合が七・一パーセントでしかないことくらべると、「考えるべき」数字である。(二)一九四七年一月の東京についての「家族単位での月間の家計支出」において、四〇〇〇円をこえたものは国内の全家族の一五パーセントである。この人々の支出総額は、国民の支出額全体の三八パーセントもしめている。「当時は、形式的にはいわゆる「五〇〇円生活」の時代であったことを思うならば、一部の人たちがいかに恵まれた生活をしていたかを推知することができるではないか」。同上、二三―二四頁。

(29)「戦時経済と戦後復興経済は一見正反対の性格であり、通説もまたその見方である。しかし、戦時経済も戦後復興も不足経済である点で共通であり、計画経済が大きな役割を果たした点でも類似性がある。しかも不足経済の下で戦時経済の計画化と戦後の大改造が行われたため、日本の経済システムが大きな影響を受けた」(橋本寿朗『現代日本経済史』岩波書店、二〇〇〇年、七五頁)。橋本も指摘するように、このような見方はすでに原朗「戦時経済」、中村編『計画化と民主化』岩波書店、一九八九年、六九―一〇五頁で提示されていた。

(30) 香西『高度成長の時代』、九章、および二一〇―二一一頁。

(31) 詳細な内容は、安川七郎「証券恐慌」、エコノミスト編集部『高度成長期への証言』(下)、日本経済評論社、一九九九年、三五二―三六九頁。この「証言」は一九八二年後半におこなわれたものである。

(32)『国民経済』、講談社学術文庫版、五頁。初版の発刊は四月である。『著作集』六巻では「まえがき」の日付が「一九六五年九月」となっているが、これは一部の誤植などを訂正したあとの日付だろう(同上、四頁)。

(33) Hein, Laura, *Reasonable Men, Powerful Words. Political Culture and Expertise in Twentieth-Century Japan*, New Jersey, 2004. 大島かおり訳『理性ある人々　力ある言葉――大内兵衛グループの思想と行動』岩波書店、二〇〇七年。

(34) 大内兵衛・有沢広巳・脇村義太郎・美濃部亮吉・内藤勝『日本経済はどうなるか』岩波新書、一九六六年、一八五頁、一八七頁。

(35) Hein, *Reasonable Men, Powerful Words*, p. 217. 大島訳、二二四頁以下。

(36) もうひとつ、「幻像」論文で「歴史がわれわれに与える科学的教訓」とされている箇所から『国民経済』では「科学的」という表現が消えている。

(37)『近代化の歴史的起点』学生書房、一九四八年、一三六頁以下、および『近代資本主義の起点』学生書房、一九四九年、一三八―一三九頁、『富――その実体と幻像』弘文堂、一九五二年、七三―七四頁。前註でふれた「科学的」の消去も、一九五二年の段階でおこなわれた。ちなみに、『近代資本主義の起点』で「生産力」に付け加えられていた「政治的経済的に向上しつつある勤労民衆によって担われた」という修飾句は、『富』の段階で

「社会的経済的に向上しつつある自由な勤労民衆によって担われた」と書き換えられている。

(38) 中村「概説 一九三七—五四年」、五七頁。たとえば後でふれる有沢広巳は「日本経済は軍事化の結果、生活水準の向上を可能とするような再生産を行えなくなると考えたのである。その点において、朝鮮戦争の勃発は、日中戦争および太平洋戦争の勃発と同様の意味をもっていた」(中北浩爾『経済復興と戦後政治——日本社会党一九四五—五一年』東京大学出版会、一九九八年、三三〇頁)。

(39) 遠山・今井・藤原『昭和史 新版』、二七七頁。香西はこのうごきを、「隣国の不幸な戦乱を神風といい、ブームと呼ぶ、そのことのうちに当時の日本経済の平和的基盤の脆弱さが示されており、また日本国民の身勝手と思い上がりが露呈している」と断じている。香西『高度成長の時代』、九四頁。なお、このころに兵器生産の復活もみられる。浅井良夫『戦後改革と民主主義——経済復興から高度成長へ』吉川弘文館、二〇〇一年、二四四—二四五頁。

(40) 関西系の商社であるといわれる。香西『高度成長の時代』、一〇二頁。とくに「商社を含む繊維部門に打撃を与えた」。宮崎正康・伊藤修「戦時・戦後の産業と企業」、中村編『計画化と民主化』岩波書店、一九八九年、二二九頁。中村によれば、同年七月には朝鮮で休戦会談がはじまり、「大戦の危機は遠のき、国際的な物資の買い漁りも納まった。それとともに輸入原材料や商品価格が崩落し、朝鮮ブームは終わりを告げた」という。中村「概説 一九三七—五四年」、五七頁。

(41) 『富』あとがき」、『著作集』一〇巻、二八七頁。「あとがき」の日付は「一九五二年一月三〇日」。

(42) 「経済建設の実体的基礎——生産力か貿易か」、『改造』二八巻三号、一九四七年、七—一七頁。また、『近代化の歴史的起点』、『近代資本主義の起点』、『富』、『国民経済』それぞれの「目次」を参照。

(43) 「近代社会の生産力的基盤——貿易国家の二つの型」(一九四七年)、『国民経済』、『著作集』六巻、五八—五九頁。

(44) 同上、五三頁。「中継貿易」という表現はもともと「仲継貿易」となっていた(講談社学術文庫版では「中立ち貿易」)。また、「トラフィーク」の訳語について、当初は「仲継貿易的工業」とでも訳しえようか」となっていたのが、『富』の段階で「「加工貿易的工業」とでも訳しえようか」と書き換えられている。以上につき、

『近代化の歴史的起点』一〇〇頁、『近代資本主義の起点』一〇二頁、『富』四一頁以下参照。『国民経済』においてこの箇所にめだった書き換えはない（講談社学術文庫版、八六頁）。

(45)「近代社会の生産力的基盤」、『著作集』六巻、六〇—六一頁。

(46) 同上、六二—六三頁。

(47) 香西『高度成長の時代』、一一四—一一五頁。鶴田俊正『戦後日本の産業政策』日本経済新聞社、一九八二年、二四—三〇頁も参照。

(48) たとえば、一九五〇年までの都市在住勤労世帯のエンゲル係数は五〇を越えており、農村にくらべるとかなり生活水準が低かったが、朝鮮戦争期にエンゲル係数は一〇ポイントも低下している（橋本『現代日本経済史』、二三二頁。なお、橋本はエンゲル係数が五〇を下回ったのが「一九五〇年」であるとしているが、グラフをみるに一九五一年の誤りであろう）。

(49) 以下を参照。中山伊知郎『日本経済の顔』（一九五三年）、『中山伊知郎全集』一二集、講談社、一九七二年、一—二章。有沢広巳『再軍備の経済学』東京大学出版会、一九五三年、とくにV—VI章。都留重人「経済学の独り歩きは危い——「日本経済の顔」によせて」（一九五〇年）、『都留重人著作集』七巻、五九—七三頁。および都留「日本貿易政策の主要問題点」（一九五三年）、『都留重人著作集』五巻、一二四—一四一頁。鈴木武雄・木村禧八郎・都留重人「座談会　日本経済の表情」、『評論』河出書房、三九号、一九五〇年、三三—四四頁。香西は両者の対立をきわだたせたうえで、「貿易主義がえらばれたのは、その後の経緯からみて賢明な選択といえる」と述べる（香西『高度成長の時代』、一一五頁）。しかし、「開発主義」側の議論も、けっして「アウタルキー」（自給自足）的なものではなく、たとえば有沢は「輸出」のうえで「国際的な競争力」を培うためにこの「開発主義」が採用されるべきであることを主張している（中北『経済復興と戦後政治』、三二八頁、および中北「日本社会党の岐路——有沢広巳と一九五〇年代」、住沢博紀・堀越栄子編『二一世紀の仕事とくらし——社会制御と共生契約の視角』第一書林、二〇〇〇年、六一頁）。こうした点では、中村もいうように、双方の「発想にそれほどの違いがあったわけではなく、程度のちがいだった」といえる（中村隆英『昭和経済史』（一九八六年）、岩波現代文庫、二〇〇七年、二二五頁）。しかし、両者の対立の究極は「体制選択」の問題、つまり「経済の社会化」すなわち「資本主義の段階的な廃棄」か、社会主義的な要素を組み合わせた「混合型経済体制」の可能性をもふくめた「資本主義」の体制内での問題解決か、そのどちらを「選択」するかという点にあったという鶴田の意見もある（鶴田『戦後日本の産業政策』、二五―二六頁）。なお、この論争を理解するためには、有沢や都留の平和政策観とも関連づけて理解されねばならないが、この点については前掲の中北の研究のほか、Hein, *Reasonable Men, Powerful Words*, chapter 5（大島訳、第五章）、小堀聡『日本のエネルギー革命――資源小国の近現代』名古屋大学出版会、二〇一〇年、一―一七頁を参照。なお、ここには「後進国」「中共」といった表現がみられる点も意識しておきたい。

(50) 一九四七年といえば「傾斜生産方式」の推進にむけて政府内において「石炭小委員会」委員長として有沢が政策提言に奔走していた年である。このことを考えると、この大塚の批判は興味ぶかいものである。中村『昭和経済史』、一九七頁。Hein, *Reasonable Men, Powerful Words*, pp. 99-100. 大島訳、一〇三頁。とくに、この「国内開発主義」批判は、大塚と「大内グループ」との距離感を端的にしめす事実として意識されるべきものだろう。ちなみに、大内兵衛は戦後の「大塚史学のブーム」について、「一つには大塚君のすぐれた文献探求に対するアカデミックな敬慕と、一つには一種の少しばかり観念的な歴史観に対する青年の熱情の時代的な燃焼であったと思われる」という評価をくだしたのち、「ぼくには大塚史学〔ここでは「比較経済史学派」の意〕とマルクス史学との間には多少の距離があると思われる」としてみずからと大塚との「距離」を示唆したうえで、これが「これからの日本の経済史学界の問題である」と述べている（大内兵衛『経済学五十年』東京大学出版会、一九六〇年、三〇〇頁）。

(51) この点について、拙論「「生産力」から「生産倫理」へ――大塚久雄の言説の変遷とその経済史的背景」、『社会思想史研究』二九号、二〇〇五年、一七頁では、「軍事的生産増強」という加筆の「背景となる「現実」が、一九六五年の側には見当たらない」としていたが、まったくの誤りであった。ここに訂正する。

(52) 「世界史的な激動のなかで」（一九六五年）、『著作集』一〇巻、一九二頁。

(53) 同上、一九三頁。

(54) 「経済の論理と倫理」（一九六五年）、『著作集』六巻、四〇九頁以下。

(55)「経済の国民的自立を」、『著作集』六巻、三九九頁。
(56) 同上、四〇〇頁。
(57)「民主主義の形成と経済構造」(一九六〇年)、『国民経済』、『著作集』六巻、一二一頁。元の論文は、『思想』四三七号、一九六〇年に所載されていた。
(58) 同上、一二二頁。
(59) 同上、一二三頁。
(60)「政治的独立と国民経済の形成」(一九六一年)、『国民経済』、『著作集』六巻、九一頁。
(61) 同上、九二—九三頁。
(62)『国民経済』、『著作集』六巻、四頁。
(63) とくに、大塚の現代認識が南北問題の出現につよく規定されていたことについては、すでに成瀬治が指摘している(成瀬治『世界史の意識と理論』(一九七七年)、岩波書店、二〇〇一年、二二五頁)。
(64)「民主主義と経済構造」、『国民経済』、『著作集』六巻、一一五頁。
(65)「民主主義の精神を絶えず反省する努力をも」、『著作集』一〇巻、一七八頁。

第Ⅱ章

(1)「戦後『精神』」論文、『著作集』八巻、九二頁。
(2) 同上、九〇頁。
(3) その証拠に、「戦後『精神』」論文においてこの対立軸を読みこむ根拠となっている「文章」の文言は傍点で強調されているのに、「戦中『精神』」論文(三)ではなんの強調もされていないのである。戦後『精神』論文のほうは、以下のようになっている。「すべての人間は生活の物資をえなければならない。それにはいくばくかの費用が要る。勤勉な者は自分の勤労(industry)によって、何かそれと価値の等しいもの(an equivalent)を生産し、それで生活物資の代価を支払う。だから、彼は社会(society)の負担となることはない。怠惰な者は[社会にとって]償いのない出費となる(傍点——引用者〔大塚による傍点〕)」(「戦後『精神』」論文、『著作集』八巻、八九頁)。これにたいして、戦中『精神』論文の同一箇所は、以下のとおり。「凡て人間は生活の物資を獲なければならない。生活の物資は何程かの費用を必要とする。[ところで]勤勉なる者はその勤労《インダストリ》によつて何かそれと価値のひとしいものを生産し、之を以て生活物資の支払をなすのであつて、従つて彼は社会《ソサイエティ》にとつて負担となることがない。[之に反し]怠惰なる者は[社会にとって]償はれることのない出費となる」(「戦中『精神』」論文(三)、四五頁)。ただし、「戦中『精神』」論文にはこの直前に「時間の善用と怠惰について。特に国家《ステイト》との関連で」という文言があったのだが、「戦後『精神』」論文にこの箇所はない。なお、この引用にさいして、「戦中『精神』」論文ではもともとつぎの文献が参照されていた。Franklin, Benjamin, Thoughts of Commercial Subjects, in: *The Works of the late Doctor Benjamin Franklin*, II, pp. 114-119. この点は追記で修正されて、正確には下記の文献が参照されていたのだ、と記されている。McCulloch, J. R., Principle of Trade, in: *Miscellaneous Economical Tracts*, p. 215f.「戦後『精神』」論文でもこの修正は踏襲されている。大塚はこの文章について、フランクリンの著作ではないけれども、「彼が絶賛するところのもの」であり、彼の「雰囲気」を十分あらわすものだから、ここで引用することは「決して誤り」ではないと信じる、と述べている(「戦中『精神』」論文(三)、四七頁、「戦後『精神』」論文、『著作集』八巻、九一頁)。中野はこの箇所を大塚が「フランクリンの文章」から引いてきたとしているが、不正確である(中野『大塚久雄と丸山眞男』、六六頁)。

(4)「戦後『精神』」論文、『著作集』八巻、九一頁。

(5)「最終講義——イギリス経済史における一五世紀」(一九六八年)、『著作集』九巻、三一六頁。

(6) 大河内一男他『私は何を学んだか』青春出版社、一九六七年所収。このインタビューはのちに『著作集』九巻に収められるにあたり、「私はいかにして研究対象を捉えたか」というタイトルに変更された(「後記」、『著作集』九巻、五七二頁)。

(7)「私はいかにして研究対象を捉えたか」(一九六七年)、『著作集』九巻、三九五頁。

(8)「いわゆる前期的資本なる範疇について」(一九三五年)、『著作集』三巻、七七頁。

(9) 道重「大塚久雄と松田智雄」、一六九頁。

(10) 前谷「いわゆる大塚史学」(一)、三六頁。

(11) 最近のものでは、前谷「いわゆる大塚史学」、楠井『大塚久雄論』が代表的な研究である。

(12) もっとも、内田芳明は『ヴェーバーとマルクス』において山田盛太郎を論ずるさいに『資本論』の再生産表式論をくわしくとりあげ、マルクスから山田、そして大塚につらなる系譜を論じている。だが、剰余価値学説が「大塚史学」の理論構造にもたらした直接的な影響関係が明確ではない。その欠落を補うのが本章の課題のひとつであるともいえる。

(13) 「前期的資本」論文、『著作集』三巻、二七―二八頁。

(14) 「私はいかにして研究対象を捉えたか」、『著作集』九巻、三九五頁。

(15) 楠井『大塚久雄論』、一四頁。道重「大塚久雄と松田智雄」、一六七頁は商業資本のみの指摘にとどまる。

(16) ここでは「絶対的剰余価値」の生産にかんする『資本論』の議論のみが問題となる。「相対的剰余価値」の生産はこの議論の派生形態であることから、ここでは議論の対象としていない。

(17) Vgl. Marx, Karl, *Das Kapital. Kritik der politischen Ökonomie*, Erster Band, 4. Auflage (durchgesehen und herausgegeben von Friedrich Engels, 1890), Berlin, 1975, 1. Abschnitt. 長谷部文雄訳『資本論』第一部（上）（一九五四年）、績文堂出版、二〇〇六年、第一篇。

(18) ここで「商品占有者」と訳している箇所の原語は、›Warenbesitzer‹。マルクスによれば「商品は物であり、したがって人間にたいしては無抵抗である。もし商品が柔順でなければ、人間は暴力をもちいることができる。べつの言葉でいえば、それを捕まえることができる」。そしてこの›Warenbesitzer‹たる「商品の番人たちは、自分たちの意思をこれらの物にやどす人格（Person）として、互いに相対しなければならない」。つまり›Warenbesitzer‹とは、さしあたり自己のためにする意思で事実上その物を支配するという法学的な意味で商品を「占有（Besitz）」する者であり、法のうえで正当化された物の所持者である「私的所有権者（Privateigentümer）」とはちがう。マルクスによれば、商品を交換するにあたっては「自分の商品を譲渡することによって他人の商品を自分のものにする」さいに「商品の番人」どうしが「同意」すること、すなわち「互いに私的所有権者とし承認しあう」ことが必要だというが、この関係をかれは「経済的関係が反映されている意思関係」としての「法関係」であるとしている。以上からもあきらかなように、ここでマルクスはさきにみたような›Warenbesitzer‹と›Pri-

vateigentümer‹ との厳密な区別を意識しているのであり、そのことを訳語に反映させねばならない。だから、›Warenbesitzer‹ は「商品占有者」と訳すべきである。Vgl. Marx, *Das Kapital*, Erster Band, S. 99-100. 長谷部訳、一九一頁。この訳語決定にさいして以下の論文を参考にした。青木孝平「交換過程における占有と所有――市場経済と法カテゴリーの相関社会科学的考察」、『鈴鹿医療科学大学紀要』六号、一九九九年、八五―九九頁。ただし、さらに厳密にいえば、マルクスにとってこの「商品占有者」はあらかじめ法的主体として前提されているのではない。さきほどみたような相互承認をへて「私的所有権者」として法的な主体となりうる、としているのであって、「商品占有者」がそのままでなんらかの占有権を法的に保護された主体となっているのではない点に注意が必要である。この点、同上、八七頁を参照。

(19) というのも、労働者は「労働力をひとまとめに一度きりで売ると、この者は身売りすることになる」からである。それは「自由人」=「商品占有者」から「奴隷」=「商品」になることである。つまり、労働者じたいは「商品占有者」たる「人格」である以上、けっして販売対象たる「商品」そのものであってはならない。そのため、この労働者が「労働力の占有者」であるためには、みずからの「労働力」を「つねに一定期間にかぎって売る」ことができるようにしなくてはならない。マルクスの言葉でいえば「労働力の占有者が労働力を商品として売るためには、これを思いどおりに処分できねばならない、つまり自分の労働能力、自分の人格の所有権者でなければならない」のである。そして、マルクスは労働力の「所有権」の帰趨についてつぎのようなことを述べる。「人格としての労働力の所有権者は、いつも自分の労働力を自分の所有物として、それゆえ自分じしんの商品としてあつかわねばならないが、そうできるのは、この所有権者がいつでも一時的にだけ、一定期間においてのみ自分の労働力を買い手の思いどおりに処分するにまかせる、だから労働力の譲渡によっても労働力にたいする自分の所有権は放棄しない、そのかぎりにおいてである」(Marx, *Das Kapital*, Erster Band, S. 182. 同上、三一五―三一六頁)。最後の箇所は難解であるが、のちにみるように、マルクスは「労働力」の「所有権」はつねに労働者の側にあることを前提として、一定期間にかぎってだがこの売られた「労働力」は資本家の側に「帰属」するということを述べている。ここで「所有権」と「帰属」を厳密に区別していることに注意したい。もっとも、マルクスの交換論からすれば、商品の交換とはほんらいその商品の「所有権」をべつの者に譲渡することを意味することになるから、「労働力」という「商品」はこの交換法則からやや逸脱した特殊性を表現していることになる。宇野弘蔵のいうように「商品として購入せられる労働力は、元々、生産物ではなく、したがってまた本来商品となるべきものでもない」と批判的にみることも可能かもしれない（宇野弘蔵『経済原論』（一九六四年）、岩波書店、第三四刷、二〇〇一年、四三頁）。

（20） Marx, *Das Kapital*, Erster Band, S. 199-200. 長谷部訳、三四〇―三四一頁。前註でもふれたように、「占有」（Besitz）するのでもなければ「所有権」（Eigentum）をもつのでもなく「帰属する」（gehören）とされている点に注意。

（21） マルクスによる生産過程での剰余価値形成にかんする説明については、以下を参照。*ibid.*, S. 207-209. 同上、三五二―三五四頁。

（22） *ibid.*, S. 165. 同上、二八九頁。

（23） *ibid.*, S. 173. 同上、三〇一頁。

（24） *ibid.*, S. 174. 同上、三〇四頁。

（25） *ibid.*, S. 177-178. 同上、三〇八―三〇九頁。ここでは交換当事者間の問題として語られているが、「一国の資本家階級の総体」（*ibid.*, S. 177. 同上、三〇九頁）がもつ「価値の全体」の「増加」という問題を念頭においている点に注意。

（26） *ibid.*, S. 178. 同上、三一〇頁。

（27） *ibid.*, S. 178-179. 同上、三一〇―三一一頁。

（28） *ibid.*, S. 170. 同上、二九七頁。

（29） *ibid.*, S. 589. 長谷部文雄訳『資本論』第一部（下）（一九五四年）、績文堂出版、二〇〇六年、八八三―八八四頁。ここで「領得者」（Aneigner）と「所有権者」（Eigentümer）が厳密に区別されていることに注意。ここでは、「資本家」の得た「剰余価値」は「不払労働」以外のなにものでもなく、いわばピンはね（「領得」）されているのだ、と強力に主張されている。そして、それらの最終的な「所有権」を認められるのは、さまざまな「範疇」の人々である、とマルクスはいうのである。この「領得」と「所有権」の区別については、青木「交換過程における占有と所有」、八七頁の指摘を参照。

(30) Marx, *Das Kapital*, Erster Band, S. 179. 長谷部訳『資本論』第一部（上）、三一一頁。

(31) 楠井『大塚久雄論』、一四一一五頁の指摘も参照。

(32)「前期的資本」論文、『著作集』三巻、二九―三〇頁。なお、「本来の価値法則どおり」と表現されている箇所は、一九四七年の段階までは「本来の法則通り」となっていた（『近代資本主義の系譜』学生書房、一九四七年、三頁。「所謂前期的資本なる範疇について」、『経済志林』法政大学経済学会、一九三五年、六〇頁）。

(33) Marx, *Das Kapital*, Erster Band, S. 589. 長谷部訳『資本論』第一部（下）、八八五―八八六頁。

(34) Marx, Karl, *Das Kapital. Kritik der politischen Ökonomie*, Zweiter Band (herausgegeben von Friedrich Engels, 1893), Berlin, 1975, S. 107. 長谷部文雄訳『資本論』第二部（全）（一九五四年）、績文堂出版、二〇〇六年、一三五頁。正確には、「流通過程と生産過程の統一」のみならず「貨幣資本」「生産資本」「商品資本」という三つの循環形態の「統一」でもある、と『資本論』では述べられており、大塚もそれをふまえている。

(35)「前期的資本」論文、『著作集』三巻、五六―五八頁。

(36) 同上、三七―三八頁。

(37) 大塚は「余剰価値」という言葉を、マルクスのいう「剰余価値」と前期的資本の「利潤」の両方を包含するものとして使用している。「剰余価値」と前期的「利潤」との区別を明確に意識しての用語法だといえよう。道重は大塚のこの言葉を「剰余価値」と「封建的剰余価値」とに区別していいかえているが（道重「大塚久雄と松田智雄」、一六八頁）、マルクスによる資本―賃労働関係を前提とした「剰余価値」の厳密な定義、およびこの言葉がマルクスの学術用語として定着している現状を考えると、道重の用語法はいささか不可解とせざるをえない。大塚のほうが厳密であるとおもわれる。

(38)「前期的資本」論文、『著作集』三巻、三九頁。

(39) 同上、三九―四三頁。

(40) 同上、四三頁。具体的な「貨幣取引資本」の活動については、四四―四六頁を参照。

(41) 同上、三九頁。

(42)「初期資本主義におけるいわゆる「独占」について」(一九三六年)、『著作集』三巻、八六頁。この認識が「前期的資本」論文には明示されていない。
(43)「前期的資本」論文、『著作集』三巻、四七頁。
(44) 同上、五七―五八頁。
(45) 同上、六二頁。
(46) 同上、三六頁。
(47) 同上、五七―五八頁。後述のように、大塚はこの一般的利潤率および一般的利子率の成立にかんして、さらに「競争」という契機をいれて理解している。しかし、前期的資本の「利潤」にかんしては、「剰余価値」の不在、という要素がかれの立論を基礎づけていると考えられる。大塚によれば、「商品取引資本」があつかう「商品」は、「商品資本」、すなわち「資本」の一形態をしめしている「商品」ではなく、「単純商品」、すなわち「資本」の一形態ではない「商品」である。ここでの「商品」のなかには一片の「剰余価値」も入っていない。まして、「貨幣取引資本」や「高利貸資本」は「貨幣」のみしか扱っておらず、そこにも「剰余価値」はない。だから、「資本主義社会」のように、「剰余価値」をふくむすべての「貨幣」と「商品」(「資本」の運動過程の途中にある「生産」をもふくめて)を合計した結果としての「総資本」なるものは、「前期的資本」の活動基盤には存在しない。となれば、「総資本」のなかの「利潤」というものも出てこないし、「利潤」を「総資本」で除した「一般的利潤率」なるものも割り出せないし、その延長線上で「一般的利子率」というものも存在しえないことになる。したがって、「一般的利潤率」および「一般的利子率」の不成立を大塚が主張するおもな根拠は、「剰余価値」を前提としない「資本」として「前期的資本」をとらえていることにあるとみてよいだろう。
(48) 同上、五三―五四頁。
(49) 同上、五四頁。
(50)「独占」、『著作集』三巻、九一―九二頁。
(51)「前期的資本」論文、『著作集』三巻、六〇頁。なお、ここで大塚は「現代の独占的産業資本とはいうまでもなく異る」と断り書きをしている。

(52) 同上、六二頁。
(53) 同上、五五―五六頁。
(54) 「近代資本主義発達史における商業の地位」(一九四〇年)、『著作集』三巻所収。なお、この論文の初出は『著作集』三巻では「一九四一年」となっているが(『著作集』三巻、四七一頁)、誤りである(『西洋経済史』日本評論社、一九四〇年七月一〇日発行、一―四六頁)。この論文については、『著作集』とかなり異なる箇所がある。ここでは一九四〇年当時の大塚の考えを写しとることを主眼にするため、原論文からの引用を基本とする。『著作集』にみられる加筆については、適宜註のなかで紹介する。なおこれらの加筆は、いちぶを除きすべて一九五一年九月刊の『増訂　近代資本主義の系譜　上』におけるものである(『増訂　近代資本主義の系譜　上』弘文堂、一九五一年、一五三頁には「一九五一年三月一七日加筆」とある)。
(55) 「商業の地位」論文、『西洋経済史』、三九―四〇頁。ここで目立つ加筆は、「中産的生産者層に由来」とされていた箇所が「その基軸は中産的生産者層に由来」となっているところである(『増補』、一四六頁、『著作集』三巻、一五五頁)。産業資本家と「賃銀」労働者が「中産的生産者層」以外にも由来している可能性にふくみをもたせた表現に変えている。
(56) 「商業の地位」論文、『西洋経済史』、四三頁。ここでは「客観的な生産事情」の前に「あるいはすでに成立しつつある」という表現が加筆されると同時に、「媒介的契機」が「単なる媒介的契機」と変わっている(『増訂』、一五二頁、『著作集』三巻、一六一頁)。後者は主張をよりきわだたせるための加筆であるが、前半については「現存」という言葉により広い意味をもたせようとするものである。
(57) 「独占」、『著作集』三巻、九七―九八頁。
(58) 同上、一〇五―一一六頁。
(59) 「商業の地位」論文、『西洋経済史』、五頁。この箇所は「いかなる社会層」から「もちつつ」までのほぼすべてに傍点が付され、代わりに「発生」と「展開」の強調がなくなっている(『増訂』、一一〇頁、『著作集』三巻、一二三頁)。その結果、ここで何をとくに論点としているのかがぼやけてしまった観は否めない。
(60) 「商業の地位」論文、『西洋経済史』、二―八頁。

(61)「独占」、『著作集』三巻、九八―一〇二頁。「初期資本」についての詳細な叙述は「前期的資本」論文、『著作集』三巻、七五―八二頁。
(62)「商業の地位」論文、『西洋経済史』、一七頁。ここでは「産業資本の形成への」から「求むべきである」までのすべてに傍点が付されることになった（『増訂』、一二六頁、『著作集』三巻、一三七―一三八頁）が、これまた改訂前のほうが論点は明快である。
(63)「商業の地位」論文、『西洋経済史』、八―一一頁。
(64)同上、一四―一五頁。
(65)同上、一二頁。
(66)同上、一二―一三頁。この箇所は例外的に『著作集』のみに加筆がみられる。「ひとしく」と「しかも」（「而も」の書き換え）に傍点が付されている（『著作集』三巻、一三二頁）。論点をより明確にしたと評価できよう。
(67)「商業の地位」論文、『西洋経済史』、一三―一四頁。
(68)同上、二四―三二頁。なお、この引用箇所は同上、三〇頁から。
(69)同上、四二頁。ここで目立つ修正は三つ。「商品生産者」の強調部位が「商品生産者」に変わった。「商業」に付されていた傍点が削られ、「凡て」が「およそ」へと変更された。「近代的商品流通への志向をもつ商業」の直後に「(価値法則の貫徹！)」が加筆された（『増訂』、一五一頁、『著作集』三巻、一五九頁）。ここでの「価値法則」とは「等価交換」の法則を意味している。これにかんしては主張をより明確にするための加筆だといえよう。また、「商品」のみに傍点を付したのも、「生産者」であることよりも、「商業」における「価値法則の貫徹」を強調させたいという意志の現れと理解できる。いっぽう、「凡て」が「およそ」になっている箇所などは、やや主張を後退させた感がある。
(70)「商業の地位」論文、『西洋経済史』、四五頁。
(71)註54も参照せよ。なお、本節で検討する箇所以外の「書き換え」については、本章第3節の(5)および第4節にある、註55、56、59、62、69と当該引用箇所を参照していただきたい。なお、例外として『著作集』段階での

「書き換え」については註66で言及している。

(72) 「商業の地位」論文、『増訂』、一五一頁。『著作集』三巻、一五九頁。

(73) 「商業の地位」論文、『西洋経済史』、四五頁。『増訂』、一五一頁。『著作集』三巻、一五九頁。ここで『株式会社発生史論』(一九三八年二月刊)の第一章も挙がっているが、その内容はこの「独占」にかんする論文を敷衍した内容である(『株式会社発生史論』(一九三八年)、『著作集』一巻、二七―四七頁)。

(74) 富永『戦後日本の社会学』、一八二頁。富永はみずからの博士論文の審査において「ヴェーバーとマルクス」問題が論じられたときの大塚の「明確」な発言を引いている。「私、マルクスではないんです」(二一五頁)。

第Ⅲ章

(1) 「近代化の歴史的起点――いわゆる民富の形成について」、『著作集』六巻、二六頁。大塚の『資本論』引用箇所については、以下。Marx, Karl, *Das Kapital. Kritik der politischen Ökonomie*, Dritter Band (herausgegeben von Friedrich Engels, 1894), Berlin, 1975, S. 347. 長谷部文雄訳『資本論』第三部(上)(一九五四年)、續文堂出版、二〇〇六年、四七四―四七五頁。

(2) 同上、四〇頁、四三頁。

(3) 同上、四四頁。

(4) 「近代化の歴史的起点――所謂民富の形成について」、『季刊大学』創刊号、一九四七年、一〇頁。『近代化の歴史的起点』、二九頁。『近代資本主義の起点』、三〇頁。『富』以降においてもこの「局地的分業」という言葉は入っている。『富』、二九頁。『国民経済』、講談社学術文庫版、七二頁。この論文内の「局地的分業」が「局地内的分業」と書き換えられたのは、一九六七年の『国民経済』岩波書店、四〇頁においてである。

(5) 「ヴェーバー社会学との出合い」(一九六四年)、『著作集』九巻、二一四―二一五頁。じつは、大塚は戦争直後から栄養不足と過労になやまされて結核をわずらっていた。三たびの肺手術をへてようやくそれが治まったものの、「四十歳を過ぎて大手術の結果は、もともと隻脚という不自由な身体だけに、体力の回復は容易ではなく、手術した一九四九年、つづく五〇年、五一年、五二年とほとんどまとまった論文は書けなかった」(石崎『大塚

久雄 人と学問』、九七頁)。大塚の闘病生活については、同上、八九―九五頁にくわしい。

(6)「ヴェーバー社会学との出合い」、『著作集』九巻、二二五頁。

(7)内田『ヴェーバーとマルクス』、三一三頁。

(8)ここでの批判対象となった「大塚史学」は、大塚自身のみならず松田智雄や高橋幸八郎などもふくんでいる。大塚は戦時中から「講座派」の理論的継承者として理解されており、以下にみる「大塚史学批判」の内容には「講座派」の主要論者である山田盛太郎をはじめとした学者たちへの批判と同内容のものがあった。「日本資本主義論争」とは、一九二七年の「プチ・帝国主義論争」を端緒とし、コム・アカデミー事件(一九三六年)および人民戦線事件(一九三七年)における論争参加者たちの治安維持法違反容疑による逮捕を終結点とする、おもにマルクス主義者内部の「講座派」と「労農派」とのあいだの論争である。その内容は経済史のみならず国家論や科学方法論にまでおよぶもので、本註において要約することはできないが、大きな特徴として、「講座派」は一九三〇年代までの日本を封建的段階とみなすのにたいし、「労農派」はこれを資本主義段階とみなしていたというちがいがある。大塚が「講座派」の理論的継承者とみなされたのは、第V章以降で詳述するように、かれもまた戦時中までの日本を基本的に封建的段階とみていたからである。そして、この論争は一九三七年以降「戦中」をへて「戦後史学」にまで大きな影響をあたえた。論争全体を「戦後」一九五二年までの継承関係もふくめて概観するものでは、小山弘健『日本資本主義論争史』(上)(下)、青木文庫、一九五三年が古典的である。長岡新吉『日本資本主義論争の群像』ミネルヴァ書房、一九八四年は、「論争」に参加した人々の当時の動向を丹念に追った代表的研究。同時代人の回顧としては、守屋典郎『日本資本主義分析の巨匠たち』白石書店、一九八二年が貴重である。また、論争の個々の論点についての経済史学上の位置づけにかんしては、長岡新吉・石坂昭雄編著『一般経済史』ミネルヴァ書房、一九八三年が参考になる。なお、前掲の柳澤「戦前・戦時期の経済思想」、六八―七〇頁も参照。

(9)服部之総「「大塚史学」とは――『近代資本主義の系譜』評」(一九四七年)、『服部之総全集』二〇巻、福村出版、一九七五年、一八九―一九五頁。大塚自身は『三木清全集』第六巻月報(一九六七年三月)において、服部が大塚史学批判の「口火をきった」と回顧している(「三木さんと服部さん」(一九六七年)、『著作集』一〇巻、一〇六頁）が、服部の記述によれば、じっさいにはすでに豊田によって「大塚史学」批判が「講座派」批判とともにおこなわれていた（服部「「大塚史学」とは」、一八九頁）。
（10）浅田光輝「大塚史学の一批判」、『大塚史学批判』、一三三頁。
（11）近藤『文明の表象　英国』、七一頁。同上、註五六には、こうした批判の代表的なものとして、つぎの引用が挙げられている。「根本においてそれは単なるブルジョア民主主義の立場に立つた・小市民的な・後向きの歴史学にほかならない」（白杉『近世西洋経済史研究序説』、「序」一頁）。
（12）豊田四郎「「大塚」史学における「二つの道」」（初出一九四七年）、『大塚史学批判』、五九頁。この論文は豊田『社会経済史学の根本問題』に収められている（引用箇所は、同上、七八頁にもあり）。特筆すべき加筆訂正はないので、以下この論文については『社会経済史学の根本問題』からの引用とする。
（13）井上清「後向きの歴史と前向きの歴史――大塚史学にたいする一つの批判」（初出一九四八年）、『大塚史学批判』、八三頁。
（14）中村秀一郎「「典型への希求」――「近代社会成立史論」によせて」（初出一九四八年）、『大塚史学批判』、一九七頁。
（15）伊豆公夫「魔術の歴史学と近代精神――大塚久雄氏の歴史観および世界観について」（初出一九四八年）、『大塚史学批判』、一〇八―一一二頁。
（16）服部之総「大塚史学の系譜――『近代資本主義の系譜』書評」、『服部之総全集』二〇巻、福村出版、一九七五年、一一三頁。初出は『人文』二巻二号だが、その後『大塚史学批判』にも収められている（引用箇所にかんし、『大塚史学批判』、一五四頁も参照）。異同にかんし特筆すべきものはないので、以下は『服部之総全集』からの引用とする。
（17）「『近代資本主義の系譜』上巻序――訂正増補に際して」（一九五一年）、『著作集』三巻、二二頁。
（18）遠山茂樹『戦後の歴史学と歴史意識』（一九六八年）、岩波書店、二〇〇一年、五九―六〇頁。
（19）服部「大塚史学の系譜」、一一七―一一八頁。
（20）同上、一一九頁。

(21)「大塚久雄著『近代資本主義の起点』序（学生書房版）」（一九四九年）、『著作集』一〇巻、二七二頁。
(22) 服部「大塚史学の系譜」、一二〇―一二二頁。服部「「大塚史学」とは――『近代資本主義の系譜』評」、一九二頁にも同一の箇所がある。
(23) 鈴木武雄『市場理論』河出書房、一九四八年、七―八頁、一四―一五頁、四三―四六頁を参照。
(24) 八木紀一郎『社会経済学――資本主義を知る』名古屋大学出版会、二〇〇六年、二三頁。
(25) 鈴木『市場理論』、四六―五二頁。
(26) Marx, *Das Kapital*, Dritter Band, S. 347. 長谷部訳『資本論』第三部（上）、四七四―四七五頁。
(27) 豊田『社会経済史学の根本問題』、一一八―一一九頁。
(28) 同上、三六―三七頁。
(29) 同上、二八頁、三二―三三頁、四七頁、七〇―七一頁、一一四頁、一一六―一一七頁。
(30) 服部「大塚史学の系譜」、一二〇頁。
(31) この該当箇所は、「分解」というキータームがでてくる箇所なので引用しておきたい。「商業および商業資本の発展は、いたるところで交換価値めあての生産の方向を発展させ、その範囲を拡大し、この方向を多様化させ世界化させ、貨幣を世界貨幣へと発展させる。このゆえに、商業はいたるところで、その形態はみなそれぞれであるが主として使用価値に向けられたものである現存の生産の組織にたいし、多かれ少なかれ分解的に（auflösend）作用する。しかし、商業がどの程度まで古い生産様式の分解（Auflösung）をもたらすのか、これはまず生産様式の堅固さとその内的な構成に依存する。そして、この解体の過程がどこに突き当たるのか、すなわちどんな新しい生産様式が古いものに代わって出てくるのか、これは商業にではなく古い生産様式じたいの性格に依存する。古代の世界において商業の作用および商人資本の発展はつねに奴隷経済という結果をもたらす。起点しだいでは、直接的な生活維持手段の生産をめざす家父長制的奴隷制システムが、剰余価値の生産をめざす奴隷制システムに転化するが、これも奴隷経済という結果にすぎない。これにたいし、近代的な世界においては、これらの作用と発展が資本主義的生産様式へとゆきつく。ここから読み取れるのは、こうした結果じたいが生じたのは、商業資本の発展以外にもこれとまったく別の事情によるところがあった、ということである」（Marx, *Das*

Kapital, Dritter Band, S. 344. 長谷部訳『資本論』第三部（上）、四七一―四七二頁）。なお、「剰余価値の生産をめざす奴隷制システム」と「資本主義的生産様式」をマルクスが明確に区別している点に注意が必要である。第II章の註19でも指摘したが、「剰余価値」を生産するからといって、「資本主義的生産様式」において労働者はおのれの身体まるごと「商品」にするのではない。おのれの「労働力」を一定期間にくぎって「商品」として売るだけである。これにたいし、ある個人の身体がまるごと「商品」として「占有」され「剰余価値」の生産のために労働させられるのが、「剰余価値の生産をめざす奴隷制システム」である。これは「奴隷制システム」であって「資本主義的生産様式」ではない。いいかえれば、「近代的」ではないのである。

(32) 豊田『社会経済史学の根本問題』、三〇―三一頁。

(33) 同上、九二―九四頁。レーニン『ロシアにおける資本主義の発展』（一八九九年）、山本敏訳、岩波文庫、一九八一年、一六四―一六六頁も参照。なお、「等価交換」を前提にしたうえで販売コストが安くなると「利潤」がうまれる、という理屈については、『資本論』の「相対的剰余価値の生産」の理論が前提されていると考えられる。「相対的剰余価値の生産」とは、たとえば〈労働時間四時間分＝八〇〇〇円〉の賃金がかつては「労働力」の維持に必要な「価値」だったとして、それが〈労働時間三時間分＝六〇〇〇円〉に下がったばあい、おなじ八時間働かせて一万六〇〇〇円の「価値」をうみだしたとしても、「剰余価値」の量が異なる、つまり、かつては〈四時間分＝八〇〇〇円〉の「剰余価値」しか生まなかったのが、いまでは〈五時間分＝一万円〉の剰余価値を生むようになる、ということである。これについてマルクスは、協業→マニュファクチュア→機械制大工業という経路をたどる分業の発展過程のなかで議論しており、一見すると「生産」労働のなかでのみ妥当する議論とみられがちである（Vgl. Marx, *Das Kapital*, Erster Band, 4. Abschnitt. 長谷部訳『資本論』第一部（下）、第四編）。しかし、「等価交換」を前提とする以上、ここでの「利潤」のおおもとは「剰余価値」であるとみざるをえない（正確にいえば、「商業資本」は「産業資本」から「剰余価値」の分け前をもらっている）。そこで「商業資本」が「利潤」をあげられるとすれば、販売する「価値」の全体はそのままで、これまでの「小販売」によって顧客ひとりひとりに売ってまわっていた「労働時間」＝「価値」のコストを、一箇所での「大販売」に変えることによって切り捨て、その分をそっくり「利潤」として得る、とみるほかないだろう。「生産過程」だけに「剰余価値の生産」をみていると、この見解は容認しがたい。だが、社会全体が広義の「生産過程」であり「商業資本」はそのいちぶを担うにすぎない、という認識を前提にすれば、「商業資本」の活動さえも「剰余価値の生産」の一齣である、と理解できるのである。こうした見方を簡潔にしめすものとして、八木紀一郎『社会経済学』参照。

（34） 鈴木『市場理論』、五一頁。

（35） Marx, *Das Kapital*, Erster Band, S. 776. 長谷部訳『資本論』第一部（下）、一一四〇頁。「厳密な意味でのマニュファクチュア時代」という訳語について一言ふれておきたい。原語は »die eigentliche Manufakturperiode« なので、これに忠実な訳は「本来のマニュファクチュア時代」である。じっさい、長谷部訳はそのようになっている（「本来的マニュファクチュア時代」。同上、長谷部訳、一一三九頁）。しかし、この「厳密な意味でのマニュファクチュア時代」という訳がなされているのは、日本資本主義論争のさなか、講座派に属した服部が戦前に『資本論』を援用して幕末以前を「厳密なる意味におけるマニュファクチュア時代」とよび、これをめぐって労農派の土屋喬雄といわゆる「マニュファクチュア論争」を展開したことの残滓とみられる。この論争の経過については、小山『日本資本主義論争』、六六―八二頁、および長岡・石坂編著『一般経済史』、八八―九一頁参照。

（36） 前谷「いわゆる大塚史学」（二）、四八―四九頁。

（37） 「問屋制度の近代的形態――特に十八世紀のイギリスについて」（一九四二年）、『著作集』三巻、一八六―一八九頁。

（38） 同上、一九六―一九八頁。

（39） 同上、二〇二頁。

（40） 同上、二〇七頁。

（41） 同上、二〇六頁。この説明のさいに、宇野弘蔵訳のバジョット『ロンバード街』（岩波文庫、一九四一年）を参照している。これについての宇野のバジョット理解との対比は興味ぶかいが、今後の課題とさせていただきたい。宇野とバジョット翻訳との関係をふくめ、戦前の宇野については、大黒弘慈「宇野弘蔵の純粋――戦前・戦中の思想形成」、『批評空間』第Ⅱ期二〇号、七九―一〇一頁を参照。

（42） 「問屋制度の近代的形態」、『著作集』三巻、二一一―二一五頁。

(43) 以下の記述は、道重「大塚久雄と松田智雄」、一七〇―一七一頁の内容を拡充したものである。

(44) 『近代欧州経済史序説』(一九四四年)、『著作集』二巻、二〇三―二〇四頁。

(45) 同上、二〇三―二〇四頁。

(46) 同上、二一五頁。

(47) 同上、三三一―三四三頁。

(48) 道重「大塚久雄と松田智雄」、一七一頁。

(49) 服部『大塚史学の系譜』、一二三頁。ここに、服部が大塚の「近代資本主義発達史における商業の地位」という論文タイトルを、わざわざ「近世資本主義発達史における産業の地位」と書き換えた意図を読みとることも可能かもしれない。なお、ここで大塚が「近代」としているのを服部が「近世」と書き換えている点について付記しておくと、当時はmodernの訳語が「近代」と「近世」の二つに割れていた、という柳父章の指摘がある。柳父によれば、「近世」が純粋な時代区分をしめすものだったのにたいし、「近代」は多義的でかなり価値判断の付加された言葉であった。柳父章『翻訳語成立事情』岩波新書、一九八二年、四五―六四頁。

(50) 前谷「いわゆる大塚史学」(三)、五一―五二頁。さきにみた「近代的信用関係」の記述をもってしても、そこに「市場理論」をみいだすことはできない。信用論を基礎づける「本来の市場理論」がそこにはないからである。この点を前谷は、『近代欧州経済史序説』にある、毛織物工業における「近代的信用関係」成立の記述をみて的確に指摘している(ただ、前谷は大塚がすでに「問屋制度の近代的形態」で綿織物工業にかんし同様の議論を展開していたことに言及していない)。前谷「いわゆる大塚史学」(二)、四二頁も参照。

(51) 「資本主義社会の形成」(一九五一年)、『著作集』五巻、三―二三頁。

(52) 前谷「いわゆる大塚史学」(三)、五一頁。道重「大塚久雄と松田智雄」、一七一頁。

(53) 以下は、「大塚久雄著『近代資本主義の起点』序(学生書房版)」、『著作集』一〇巻、二七三―二七四頁を参照。なお、レーニンの言葉については、飯田貫一訳『いわゆる市場問題について 他三篇』国民文庫、一九五三年、二七頁を参照。また、マルクスについては以下を参照。Marx, Karl, *Formen, die der kapitalistischen Produktion vorhergehen*, besorgt von Marx-Engels-Lenin-Institut beim ZK der SED, Berlin, 1952. 飯田貫一訳『資本制生産に先行する諸形態』岩波書店、一九四九年。
(54)「資本主義社会の形成」、『著作集』五巻、一〇頁。
(55)同上、一六—一九頁。
(56)ちなみに、のちの『欧州経済史』(一九五六年一一月)において、この「局地的市場圏」という概念は、中世末期から近世にかけての「農村工業」において、「諸種の手工業者たちが農民たちと混住し、彼らのあいだで生産物の売買がおこなわれ、互いに販路を提供しあっている」数ヶ所の村によって形成された市場圏、と定義されている。『欧州経済史』、『著作集』四巻、一〇五頁。
(57)「資本主義社会の形成」、『著作集』五巻、二〇頁。
(58)同上、二二—二三頁。
(59)「資本主義の発達・総説」(一九六〇年)、『著作集』四巻、二一八頁。なお、マルクスの引用とされる文言に該当する箇所は見当たらないものの、類似の表現としては、「価値どおりの、または近似の価値どおりの諸商品の交換」とか、「相異なる生産部面の諸商品がその価値どおりに販売されるという仮定」といったものがある。Marx, *Das Kapital*, Dritter Band, S. 186-187. 長谷部訳『資本論』第三部(上)、二六六—二六七頁。「生産物のほぼ価値どおりの販売」という表現は、これらのような『資本論』三巻一〇章にみられるマルクスの表現を大塚が独自に組み合わせたものであろう。
(60)大石嘉一郎「農民層分解の論理と形態——いわゆる「寄生地主制」の研究のための一試論」、『商学論集』福島大学経済学会、二六巻三号、一九五七年、一九〇頁。
(61)「経済史学の課題と問題点」(一九五八年)、『著作集』九巻、四一七頁。インタビュアーは山本弘文。
(62)堀田「局地的市場圏」、三五頁。「歴史のなかのアジア」(一九六八年)、『著作集』七巻、三一二頁。堀田は言及していないが、補足しておけば、「根拠地」論は竹内好のほうがオリジナルで、大塚はこれを借用して自分の「局地的市場圏」の理論を説明しようとしている。対談の冒頭、大塚は竹内のなかに「根拠地理論」の解釈があると述べるが、竹内は「私は学問のほうはだめなんで、だから、理論化は自分ではできないと最初からあきらめております。ただ、そういう発想をだれかがつかってくれればという期待がありまして、それでいつも思いつきのような発言ばかりしているのです」と断りをいれている（同上、二八九―二九〇頁）。

第Ⅳ章

（1）「ヴェーバーの「儒教とピュウリタニズム」をめぐって――アジアの文化とキリスト教」（一九六六年）、『著作集』九巻、九六―一三二頁。また、『社会科学の方法――ヴェーバーとマルクス』岩波新書、一九六六年、一三三―一八五頁。以下、〈「儒教とピュウリタニズム」論〉と略す。

（2）「後記」、『著作集』九巻、五七〇頁。

（3）そのため、当初六節構成だった論考は、五節へと縮減されている。「東西文化の交流における宗教社会学の意義――マックス・ヴェーバーの「儒教とピュウリタニズム」を中心に」、武田清子編『思想史の方法と対象――日本と西欧』創文社、一九六一年、九七―一四七頁。「アジアの文化とキリスト教――ヴェーバーの「儒教とピュウリタニズム」をめぐって」、武田清子編『キリスト教――現代日本思想体系 六』筑摩書房、一九六四年、三六三―三九四頁。なお、新書に収められるにあたり、表題はさらに変更されている。

（4）「東西文化の交流」、一〇二―一〇三頁。

（5）同上、一三〇―一三一頁。「恥の文化」という言葉は以下からきたものである。Benedict, Ruth, *The crysanthemum and the sword. Patterns of Japanese culture* (1946), Boston and New York, 2005, p. 223. 長谷川松治訳『菊と刀――日本文化の型』（一九七二年）、講談社学術文庫、二〇〇五年、二七三頁。『菊と刀』の長谷川による初訳は一九四八年に発刊され、「戦後」の日本文化論に大きな影響を与えた。青木保は、『菊と刀』が文化人類学者の手による書物であるにもかかわらず、「実はこの本に対する日本の文化人類学者による正面からの評価ないし批判はなされていないのである。むしろ他の分野および一般読者から熱心な支持がある書物といってよいであろう」と評している（青木保『「日本文化論」の変容――戦後日本のアイデンティティー』（一九九〇年）、中公文庫、一九九九年、一七頁）。大塚の用例はこの指摘を裏づけるひとつの例であるといえる。

（6）「儒教とピュウリタニズム」論、『著作集』九巻、一〇二頁。

（7）同上、一〇八頁。

(8) 「近代的人間類型の創出――政治的主体の民衆的基盤の問題」(一九四六年)、『著作集』八巻、一七二頁。
(9) 同上、一七一頁。
(10) 同上、一七三―一七四頁。
(11) 大塚久雄・張漢裕訳「儒教とピュウリタニズム」、『宗教社会学論選』みすず書房、一九七二年、一六七―二〇八頁(もともとは『みすず』一九六九年一〇―一一月合併号に発表したもの)。なお、この書物には『宗教社会学論集』の「序文」、および「世界経済の宗教倫理」の「序論」、「中間考察」も併載されている。引用は、「訳者後記」、『宗教社会学論選』、二一四―二一五頁。また、以下も参照。「東西文化の交流」、九七―九八頁(この箇所も『著作集』収録のバージョンでは削除されている)。張漢裕「すべてが相ひ働きて益をなす」、『著作集』八巻「月報」八、一九六九年、六―八頁。上野『大塚久雄著作ノート』、五九頁。ただし、この「儒教とピュウリタニズム」が戦中からまったく知られていなかったと早合点されてはならない。すでに「儒教と道教」の全体、および「世界経済の宗教倫理」の「序論」は、細谷徳三郎訳で一九四〇年に出版されていたからである。その訳者「あとがき」には、「皇紀二千六百年孟夏」と記されている。細谷徳三郎「あとがき」、マクス・ウェーバー、細谷徳三郎訳『儒教と道教』弘文堂書房、一九四〇年、四二二頁。
(12) 『近代化の人間的基礎』序」(一九四八年)、『著作集』八巻、一六七頁。
(13) 「儒教とピュウリタニズム」論、『著作集』九巻、一一八頁。
(14) 同上、一一六頁、一一八頁。
(15) 「近代的人間類型の創出」、『著作集』九巻、一七三―一七四頁。
(16) ただし、訳語については変化がある。もともと初出段階において大塚は双方の原語に「外面的尊厳」と「内面的尊厳」の訳語をあてており(『大学新聞』五七号、一九四六年四月一一日)、これを収録した『近代化の人間的基礎』の白日書院版でも修正はない(『近代化の人間的基礎』白日書院、一二一―一二三頁)。同書が大幅な増補をへて再刊された筑摩書房版(一九六八年五月)においても訳語はそのままになっていた(『近代化の人間的基礎』筑摩書房、一九六八年、一七一頁)。「外面的品位」および「内面的品位」の訳語へと変更されたのは、『著作集』第八巻(一九六九年一〇月)収録のときになってからである。おそらく、「儒教とピュウリタニズム」論との関係で訳語を統一したものとおもわれる。

（17） Weber, Max, Resultat: Konfuzianismus und Puritanismus, *Gesammelte Aufsätze zur Religionssoziologie*, I (1920), Tübingen, 1988, S. 512-536.『宗教社会学論選』における大塚と張の共訳でも、この表記での術語をおもわせる訳はない。

（18） ヴェーバーは中国人のビジネス上の信頼関係を「ピュウリタニズムの倫理」のそれと比較し、「内面から（von innen heraus）発展したというよりむしろ、外面から（von außen）培われたのであろう（wäre）」と、接続法II式でだが結論している。そして、直後で「しかし、このことは倫理的な諸性質全般に妥当する」としている。*ibid*., S. 521. 大塚・張訳、一八一頁。

（19） 「儒教とピュウリタニズム」論、『著作集』九巻、一二七—一二八頁。

（20） 同上、一二八—一二九頁。

（21） 同上、一二九頁。

（22） Weber, Max, Die protestantische Ethik und der Geist des Kapitalismus, *Gesammelte Aufsätze zur Religionssoziologie*, I, S. 41-42. 大塚訳、五三—五四頁。

（23） 「自由主義に先立つもの」（一九四六年）、『著作集』八巻、一九一頁。なお、この論考は白日書院版『近代化の人間的基礎』に収められるにあたって副題が削られた。「自由主義に先立つもの——近代的人間類型の創造」、『基督教文化』一〇号、一九四六年、一八頁。『近代化の人間的基礎』白日書院、三九頁。なお、大塚が西欧にも「強欲ぶり」が顕著な例が数多くみられたと指摘する根拠は、「倫理」論文のなかにもある。本書第VI章第2節(2)参照。

（24） 「生産力と人間類型——近代資本主義発達史研究の基礎論点」（一九四六年）、『著作集』八巻、二五〇—二五一頁。

（25） 同上、二五七頁。

（26） ヴェーバーの該当箇所は、Weber, Die protestantische Ethik, S.37. 大塚訳、五一—五二頁。梶山力「訳者解説」（一九三八年）、梶山訳、三三—三五頁。梶山訳、安藤編、四一—四二頁。安藤『歴史社会学の出立』、二五

八―二六〇頁も参照。安藤はここで、大塚による改訳本での解説においてヴェーバーの唯物史観の問題意識を抽出した梶山の議論が「理解不十分な旧い見解として捨てられた」としている。たしかに大塚による改訳後、その「解説」において唯物史観批判の問題は消えているのは確かである。梶山・大塚訳（上）、一三九―一五三頁。大塚訳、三七三―四一二頁。だが、大塚の「終戦」直後の論考をみるかぎり、この唯物史観批判の問題が前提となっている。さらにいえば、後述のように、この問題意識はすでに戦前において大塚のなかにあった。その点で大塚は梶山の訳者解説と共通の認識を有している。これらの点は十分考慮に値する。

(27)「商業の地位」論文、二四―二五頁、三五頁。一九五二年の段階で「構成的主体性」は「形成的主体性」と書き換えられ、また「構成してゆく主体的契機」の直前には「能動的」が加筆されている（『増訂』、一三一頁、『著作集』三巻、一四二頁）。

(28)『欧州経済史序説』（一九三八年）、『著作集』二巻、四一九頁。

(29)『近代欧州経済史序説』、『著作集』二巻、一五三頁。『近代資本主義の系譜』、九〇頁。『増訂』、一三一頁。『著作集』三巻、一四二頁。

(30)「大塚久雄著『近代資本主義の起点』序（学生書房版）」、『著作集』一〇巻、二七二頁。

(31)「いわゆる「封建的」の科学的反省」（一九四六年）、『著作集』七巻、二三二―二三八頁。大塚の註記をみるかぎり、かれがこの該当箇所においてヴェーバーで参照したとみられるのは以下である。Weber, Max, *Wirtschaft und Gesellschaft*, 5. Auflage, besorgt von Johannes F. Winckelmann, Tübingen, S. 625-630, bes. S. 628-630. 世良晃志郎訳『支配の社会学』II、創文社、一九六二年、二八九―三九七頁、とくに三〇三―三一六頁。Weber, Max, *Wirtschaftsgeschichte. Abriß der universalen Sozial- und Wirtschaftsgeschichte*, aus den nachgelassenen Vorlesungen herausgegeben von S. Hellmann und M. Palyi (1923), 3. Auflage besorgt von Johannes F. Winckelmann, Berlin, 1991, S. 68-81. 黒正巌・青山秀夫訳『一般社会経済史要論』（上）、岩波書店、一九五五年、一五五―一五七頁、一七三―一九五頁。Weber, Max, Die sozialen Gründe des Untergangs der antiken Kultur, *Gesammelte Aufsätze zur Sozial- und Wirtschaftsgeschichte*, (1924), Tübingen, 1988, S. 300-311. 堀米庸三訳「古代文化没落論」、『世界大思想全集　社会・宗教・科学思想編　二一　ウェーバー』河出書房、一九五四年、一―二六頁。

Weber, Max, *Agrarverhältnisse im Altertum*, *Gesammelte Aufsätze zur Sozial- und Wirtschaftsgeschichte*, S. 253-278. 上原専禄・増田四郎監修、渡辺金一・弓削達訳『古代社会経済史』東洋経済新報社、一九五九年、四五八—五〇二頁。

（32）「所謂「封建的」の科学的反省」、『潮流』八号、一九四六年、二八頁。『近代化の歴史的起点』、一六六頁。『著作集』七巻、二三八頁。

（33）「所謂「封建的」の科学的反省」、『潮流』八号、一九四六年、三二頁。『近代化の歴史的起点』、一七四—一七五頁。『著作集』七巻、二四三—二四四頁。

（34）この書き換えに関連して、前註32、33でのヴェーバーの参照箇所について補足しておく。まず註32の箇所であるが、一九四六年（および一九四八年）段階にここで参照指示されていたヴェーバーの論考とは、「古代文化没落の社会的諸根拠」であった。それが、『著作集』においては『古代社会没落論』へと参照箇所の明示を切り替えている。ヴェーバーがその記述のなかで封建社会の中心となる内陸都市を「その生産と商品の重心が局地的な（lokal）市場形成に依存している都市」として明確に特徴づけていることと関係があるのだろう（Weber, Agrarverhältnisse im Altertum, S. 256. 上原・増田監修、渡辺・弓削訳、四六三頁）。一方、註33の箇所について、大塚は当初、帝政期ローマの末期における「王の商人」の消滅と「小売業をいとなむ民衆」の台頭が語られている箇所に注目していた可能性が高い。なぜならそこには、古代の資本主義を「政治に根拠をもっていた」とする、大塚の「前期的資本」観と結びつく記述がみられるからである（*ibid.*, S. 276. 同上、四九九頁）。ただし、中世封建制について論じた本論との関係は不分明である。また大塚は、奴隷労働が主人に利益をもたらす条件として「広範な局地的（lokal）貨幣経済的分業」をヴェーバーが挙げている点にも注目していたが（*ibid.*, S. 24. 同上、四〇頁）、これもまた農奴制へと移行した中世封建制との関係が判然としない。『著作集』に収録されるにあたり、この参照指示は全面的に改められ、「沿海文化」（古代）から「内陸文化」（中世）への移行の諸相をしめした複数頁にまたがる箇所の参照へと書き換えられた（*ibid.*, S. 272-278. 同上、四九四—五〇二頁）。すなわち、前者の箇所の周辺を厚く参照する一方で、後者は削除されたのである。大塚からすれば、「古代奴隷制的」なものと「封建的」なものとの区別を意識している以上、両者においてともに「局地的」分業がなされていたとしても、古代のそれは中世のそれと異なる側面があると考えざるをえない。以上のような理由で、ヴェーバーが古代の「局地的貨幣経済的分業」に言及した箇所は参照指示から外されたのだと思われる。

(35)「いわゆる「封建的」の科学的反省」、『著作集』七巻、二四〇頁。大塚のヴェーバー参照箇所は以下。Weber, Agrarverhältnisse im Altertum, S. 3. 上原・増田監修、渡辺・弓削訳、六―七頁。大塚が参照指示した引用註頁（前掲邦訳「三―四頁」とある）は誤りである。なお、「古代オリエント」ならびに「古代奴隷制」の事例について、大塚は以下を参照している（「いわゆる「封建的」の科学的反省」、『著作集』七巻、二四〇―二四三頁）。Weber, *Wirtschaft und Gesellschaft*, S. 580-584, S.625-628. 世良晃志郎訳『支配の社会学』Ⅰ、創文社、一九六〇年、一四三―一五六頁。世良訳『支配の社会学』Ⅱ、二八九―三〇二頁。Weber, Agrarverhältnisse im Altertum, S. 100-101, 114-115 und 120-121. 上原・増田監修、渡辺・弓削訳、一八八―一九〇頁（大塚の参照指示にある「八八―九〇頁」は誤り）、二〇九―二一三頁、二二〇―二二二頁。

(36)「所謂「封建的」の科学的反省」、『潮流』八号、一九四六年、三〇頁。『近代化の歴史的起点』、一七〇頁。

(37)「いわゆる「封建的」の科学的反省」、『著作集』七巻、二四三頁。

(38)「資本主義社会の形成」、『著作集』五巻、七頁。

(39) 同上、七―八頁。

(40) 同上、九頁。

(41) Weber, *Wirtschaftsgeschichte*, S. 269. 黒正・青山訳（下）、一七〇―一七一頁。

(42)『共同体の基礎理論』（一九五五年）、『著作集』七巻、七―八頁、二〇―二二頁。

(43) 同上、一五頁。

(44) 同上、三八―四〇頁。

(45) 同上、四〇―四一頁。

(46) Weber, *Wirtschaftsgeschichte*, S. 269, S. 303-304. 黒正・青山訳、一七〇―一七一頁、二四〇頁。

(47)『共同体の基礎理論』、『著作集』七巻、四一―四二頁。

(48)「資本主義社会の形成」、『著作集』五巻、一六―一七頁、二一―二二頁。

(49)『欧州経済史』、『著作集』四巻、七八―八一頁。「首都市場圏」の概念が「大塚史学」のなかではじめて登場するのは、以下である。「リーランドの『紀行』に見えたる当時の社会的分業の状態――マニュファクチャー期開始点における国内市場の地域性について」(吉岡昭彦と共著、一九五三年)、『著作集』五巻、九七頁。

(50)「初期独占論――その経済学的把握の素描」、『著作集』三巻、四二四頁。

(51)『欧州経済史』、『著作集』四巻、八四頁。ピレンヌからの引用箇所については、アンリ・ピレンヌ(大塚久雄・中木康夫訳)『資本主義発達の諸段階』未来社、一九五五年、五一頁参照。

(52)「資本の封建性と近代性――後進社会究明の前提条件」(一九四六年)、『著作集』三巻、四一一頁。ここで「社会科学的に、理論的な観点から」とされていた箇所は、初出(『帝国大学新聞』昭和二一年七月九日号に掲載)の段階では「社会学的理論的に」となっていた。その後一九四八年の『近代化の歴史的起点』に収められた段階でも「社会学的、理論的に」と初出を踏襲した表現をとっていたが、一九四九年の『近代資本主義の起点』に入ったときに「社会学=経済学的、つまり理論的に」と書き換えられた。これは、あきらかに「大塚史学批判」の影響である。たとえば、服部は一回目の書評で「ドイツの「社会学」は、その生誕の日からマルキシズムの対立物としての自己を意識した作品であった」と説き、大塚はその「社会学」に「とりつかれてしまわれた」と批判していた。これまでの検討をみてもあきらかなように、大塚としては「経済学」(マルクス)を補完するために資本の「性格」というヴェーバーの「社会学」(とりわけ「倫理」)の観点を採りいれていたわけで、こうした批判は誤解であった。だから、「経済学」と「社会学」の連携ということも考慮にいれて、「社会学=経済学」というように表記を変えざるをえなかったのだろう。服部は「マルクスをなんら直接批判せず、かえってマルクスが与えた経済学上の諸成果を「社会学的」に変質せしめる」という「社会学の約束」とは「正反対」の性格をもつのが大塚の「ひととなり」だと述べていたが、「大塚史学」のその後の展開は服部の期待に応えたものだったのだろうか。参照したのは以下である。『帝国大学新聞』九九一号。『近代化の歴史的起点』、四六頁。『近代資本主義の起点』、四八頁。服部「「大塚史学」とは――『近代資本主義の系譜』評」、一九四―一九五頁。なお、『著作集』ではこれが「社会科学的」となり、より広い角度から資本の「性格」を考える必要を説くかたちになっているが、本文でも後述するように、かれの「アジア的」という「性格」規定の前提となった「構造的二重性」の枠組みは、「経済学」や「社会学」を超えて使用されている。そのことに鑑みて、あえてここでは『著作集』から引用している。

(53)『共同体の基礎理論』、『著作集』七巻、四一―四二頁。

(54)同上、三八頁。

第V章

(1)「内と外の倫理的構造」(一九五八年)、『著作集』八巻、四七九頁。

(2)この《Piers Plowman》を挙げたのは、大塚によれば、「一三八一年の大農民一揆前後の農村勤労民衆のあいだにひろく読まれ、その意識形態をとおして当時の社会的現実を如実に反映しているように思われる点で貴重な史料」であるからだという。「資本主義の発達・総説」、『著作集』四巻、二一九頁。

(3)たとえば、内田『ヴェーバーとマルクス』はその典型である。

(4)「儒教とピュウリタニズム」論、『著作集』九巻、一一〇―一一一頁。

(5)同上、一一三―一一五頁。

(6)同上、一一一―一一二頁。

(7)「魔術からの解放――近代的人間類型の創造」、『世界』一二号、一九四六年、二―一二頁。副題の削除は一九四八年の『近代化の人間的基礎』に収載されるときである(『近代化の人間的基礎』、八五頁)。『著作集』にはこの変更された標題で入っている(『著作集』八巻、二二二頁)。

(8)「魔術からの解放」、『著作集』八巻、二二三―二二四頁。

(9)同上、二二六―二二八頁。

(10)同上、二三二頁。

(11)同上、二三二頁。

(12)有沢広巳「日本における雇用問題の基本的考え方」、日本生産性本部生産性研究所雇用問題委員会昭和三一年度報告書『日本の経済構造と雇用問題』日本生産性本部、一九五七年、一四頁。

(13) Hein, *Reasonable Men, Powerful Words*, p. 143. 大島訳、一四四頁。

(14) 猪俣津南雄『踏査報告　窮乏の農村』（一九三四年）、岩波文庫、一九八二年、一九〇頁。

(15) 山田盛太郎『日本資本主義分析――日本資本主義における再生産過程把握』（一九三四年）、岩波文庫、一九七七年、一九九頁、一七〇頁。

(16) 第Ⅲ章の註8を参照。

(17) 以上については、橋下寿朗『現代日本経済史』岩波書店、二〇〇〇年、二七―二八頁。当時の農村における革命活動については、安田常雄『日本ファシズムと民衆運動』れんが書房新社、一九七九年を参照。

(18) 香西『高度成長の時代』、一三四頁。

(19) 遠山・今井・藤原『昭和史　新版』、二九〇頁。

(20) 『昭和三一年度　年次経済報告書』（『経済白書』）、一九五六年、「結語」より（インターネット上で確認できる。http://www5.cao.go.jp/keizai3/keizaiwp/wp-je56/wp-je56-010501.html）。香西『高度成長の時代』、一四五頁も参照。

(21) 安場保吉「経済発展論における「二重構造」の理論と「日本資本主義論争」」、『社会経済史学』三四巻一号、一九六八年、七九―九二頁。橋本『現代日本経済史』、六九頁。尾高煌之助「二重構造」、中村隆英・尾高煌之助編『日本経済史　六　二重構造』岩波書店、一九八九年、一三三―一八四頁。南亮進『日本の経済発展』（第二版）、東洋経済新報社、一九九二年、二〇五―二四七頁。

(22) 「内と外の倫理的構造」、『著作集』八巻、四八一頁。

(23) 同上、四八〇頁。大塚がとくに参考にしているとおもわれるのは以下の箇所である。Marx, *Das Kapital*, Dritter Band, S. 368-369. 長谷部訳『資本論』第三部（上）、四七六―四七八頁。*Marx-Engels Archiv*, Erster Band, herausgegeben von D. Rjazanov, Frankfurt am Main, 1925, S. 318-329, 334-340. 野口隆訳「ヴェラ・ザスーリッチへの手紙」、手嶋正毅訳『資本主義的生産に先行する諸形態』国民文庫、一九六三年、九三―一一二頁、一一九―一二七頁。

(24) 仁井田陞『中国法制史』岩波書店、一九五二年、三二―四一頁。

(25) 青山秀夫「ウェーバーの中国社会観序説――マックス・ウェーバーと内藤湖南先生」、『マックス・ウエーバーの社会理論』岩波書店、一九五〇年、二〇八―二〇九頁。
(26) 金子栄一『マックス・ウェーバー研究』創文社、一九五七年、一二二頁。
(27)「内と外の倫理的構造」、『著作集』八巻、四七〇―四七二頁。なお、ここでいう「部落」は「被差別部落」をさしているわけではない。
(28)「危機の診断」（一九六〇年）、『著作集』六巻、三九一頁。
(29)「現代社会の経済史的考察――経済建設の現実的諸条件」、大内兵衛・木村健康・岡義武・大塚久雄・川田信一郎・福武直・大河内一男『学問と現実』東京帝国大学協同組合出版部、一九四七年、七三―九四頁。副題の削除は『著作集』に収められるときである。『著作集』六巻、二九一頁。
(30)「現代社会の経済史的考察」、『著作集』六巻、二九三頁。なお、この「膨張」という言葉はジョン・シーリーの「英国膨張史論」の原書タイトルからのものである。Seeley, John, *The Expansion of England: Two Courses of Lectures* (1883), Cambrige, 2010. 加藤政司郎訳『英國膨張史論』興亡史論刊行會、一九一八年。
(31)「現代社会の経済史的考察」、『著作集』六巻、二九四頁。
(32) Sombart, Werner, *Der moderne Kapitalismus, 2. Auflage, Bd II. Das europäische Wirtschaftsleben im Zeitalter des Frühkapitalismus* (1916), München, 1987, S. 3. 拙論「ヴェルナー・ゾンバルトの保守革命――「資本主義的精神」と「ドイツ社会主義」の精神」、青地伯水編『ドイツ保守革命――ホフマンスタール／トーマス・マン／ハイデッガー／ゾンバルトの場合』松籟社、二〇一〇年、二〇二―二〇三頁も参照。
(33)「現代社会の経済史的考察」、『著作集』六巻、二九四―二九五頁。
(34)『学問と現実』、九四頁。『著作集』でこの箇所は削除されている。
(35)「現代社会の経済史的考察」、『著作集』六巻、二九五頁。かれが参考にしたのは以下の付録「年表」である。平野義太郎『日本資本主義社会の機構』岩波書店、一九三四年。
(36)「現代社会の経済史的考察」、『著作集』六巻、二九六頁。
(37) 同上、三〇〇頁。

(38) 同上、二九九頁には、平野義太郎『日本資本主義社会の機構』とともに、山田盛太郎『日本資本主義分析』第三編の「基柢」が参照されている。
(39) 「現代社会の経済史的考察」、『著作集』六巻、三〇〇―三〇二頁。
(40) 「初版　序」、『株式会社発生史論』(一九三八年)、『著作集』一巻、四頁。なお、「現代社会の経済史的考察」、『著作集』六巻、三〇四頁にこの書の参照が記されている。
(41) 「企業集中論」(一九三四年)、『著作集』一〇巻、三一七―三六八頁。
(42) 「私はいかにして研究対象を捉えたか」、『著作集』九巻、三九四頁。
(43) 「現代社会の経済史的考察」、『著作集』六巻、三〇五頁。
(44) 橋本『現代日本経済史』、一二八頁。
(45) 初出は以下。「農民解放の世界史的意義――経済再建期における経済史の問題」、『帝国大学新聞』一〇〇八号、一九四六年。この論考はその後一九四八年の『近代化の歴史的起点』に収められたときに主題が削除されて副題が主題となった。「経済再建期における経済史の問題」、『近代化の歴史的起点』、八〇―八八頁。その後一九四九年の『近代資本主義の起点』にも収載されている(八二―九〇頁)。『著作集』にはこの改題後のタイトルで入っている。『著作集』四巻、三二一頁。
(46) 「経済再建期における経済史の問題」、『著作集』四巻、三二一頁。
(47) 同上、三二二頁。
(48) 「最終講義」、『著作集』九巻、三〇四頁。大塚が言及しているポスタンの論文は以下。Postan, Michael M., The Fifteenth Century, *The Economic History Review*, vol. IX, No. 2, 1939, pp. 160-167. 佐藤伊久男訳『イギリス封建社会の展開』未来社、一九五九年、五三―七〇頁。
(49) 「ポスタン「十五世紀」」(一九四〇年)、『著作集』三巻、三四四―三五一頁。
(50) 『共同体の基礎理論』、『著作集』七巻、二八頁。
(51) 同上、五二―五三頁。「ヘレディウム」の定義については、同上、三二一―三三頁を参照。
(52) 同上、七一―七二頁。

(53) 同上、八七―八八頁。
(54) 同上、四九頁。
(55) 同上、七一―七六頁。
(56) 同上、一〇〇頁。
(57) 同上、五二―五五頁。
(58) 同上、五六―五八頁。六六―六七頁、七五―七六頁。とくに、「ヘレディウム」がローマ「市民」であるという資格の「物的象徴」として、「アジア的形態」のときよりもはるかに重要な意味を付与されたことは、大塚の見方からすれば「土地所有者としての資格」の強化をしめす典型である(同上、六九頁)。
(59) 同上、八三―八六頁。一〇一―一〇三頁。
(60) 「経済再建期における経済史の問題」、『著作集』四巻、三二六頁。
(61) 「内と外の倫理的構造」、『著作集』八巻、四八四頁。
(62) 同上、四八二―四八四頁。なお、ここでも註23でしめした「ヴェラ・ザスーリッチへの手紙」が参照されている。
(63) 『共同体の基礎理論』、『著作集』七巻、一〇一頁。
(64) 内田『ヴェーバーとマルクス』、三五三―三五五頁。
(65) 『共同体の基礎理論』、『著作集』七巻、六二頁。
(66) 以下、「緒言――われわれは封建制から資本主義への移行過程をどのように問題とするか」(一九六〇年)、『著作集』四巻、一七三―一七五頁を参照。
(67) 同上、一七五―一七六頁。
(68) 「生産力と人間類型」、『著作集』八巻、二五二―二五四頁。
(69) 「生産力と人間類型――近代資本主義発達史研究の基礎論点」、『歴史学研究』一二三号、一九四六年、一〇頁。『近代化の人間的基礎』、一四四頁。
(70) 「歴史のなかのアジア」、『著作集』七巻、三一〇頁。

(71) 内田芳明『ヴェーバー社会科学の基礎研究』岩波書店、一九六八年、一九一頁。さらに内田は金日成もとりあげ、かれにもこうした問題への関心がみられるけれども、「文化革命、思想革命」が「生産力」増進のための決定的条件とみられているかどうかは不明だとしている（内田『ヴェーバーとマルクス』、四七頁）。

(72) 「儒教とピュウリタニズム」論、『著作集』九巻、一三二頁。

(73) 「政治的独立と国民経済の形成」、『著作集』六巻、九〇頁、九四頁。

(74) 「歴史のなかのアジア」、『著作集』七巻、三〇三頁。

(75) 同上、三一六―三一七頁。

(76) 同上、三一九頁。

(77) 一九四一年六月に満員のバスへ最後のほうで乗り込もうとしたとき、押し合いへしあいの反動で大塚はバスの中から数人の客とともに乗降口から放り出され、その人々の下敷きとなった。そのさいに捻った左膝の症状が悪化して、一九四三年一月にかれは左足上腿部の中ほどから下を切断した。具体的な状況については、石崎『大塚久雄　人と学問』、六九―七四頁参照。この左足切断が「大塚史学」にもたらしたものについて、小林昇はつぎのように述べている。「先生は実証史家としての独自の能力をも示されたが、若くして松葉杖の生活を余儀なくされたこともあって、しだいに理論的追及の面に力点を移し、そのため、多読家というよりもむしろ精読家としての特質を示されたように思われる」。福島大学附属図書館編『大塚久雄文庫』のパンフレット（発行年不詳）。

第VI章

(1) 「近代社会の生産力的基盤」、『著作集』六巻、四五頁以下。該当箇所は以下である。Smith, Adam, *An Inquiry into the Nature and Causes of Wealth of Nations*, Indianapolis, 1979, p. 380 and p. 377. なお、翻訳については、大河内一男監訳『国富論　II』中央公論社、一九七八年、一〇頁および五―六頁、水田洋監訳、杉山忠平訳『国富論　二』岩波文庫、二〇〇〇年、一八九―一九〇頁、一八五頁を参照。

(2) Smith, *An Inquiry*, p. 380. 大河内監訳、一〇頁。水田監訳、杉山訳、一八九頁。

(3) 「前期的資本」論文、『著作集』三巻、五四頁。

（4）「戦中『精神』」論文（二）、一〇頁。
（5）中野『大塚久雄と丸山眞男』、三〇九頁。日本のユダヤ人論については、宮澤正典『増補　ユダヤ人論考』新泉社、一九八二年、およびデイヴィッド・グッドマン・宮澤正典『ユダヤ人陰謀説』藤本和子訳、講談社、一九九九年が数すくない詳細な研究といえるが、このなかにさえこの大塚の表現への言及はない。
（6）柳澤『戦前・戦時期日本の経済思想』、二七五—二七八頁。この点に関連して、柳澤「大塚久雄の農村工業論の背景」も参照。
（7）柳澤『戦前・戦時期日本の経済思想』、一六七—一六九頁。
（8）同上、二八六頁。また、我妻や加田らのナチス批判については、同上、Ⅲにくわしい。なお、戦前に反ユダヤ主義批判をおこなった者はこれ以外にも多数いる。くわしくは宮澤の前掲二著参照。
（9）「危機の診断」（一九六〇年）、『著作集』六巻、三八〇頁。
（10）柳澤『戦前・戦時期日本の経済思想』、一六六—一六七頁。
（11）松沢弘陽・植手通有編『丸山眞男回顧談』（上）、岩波書店、二〇〇六年、一九五—一九六頁。なお、本書のもととなる聞き取りは、一九八八年四月から一九九四年一一月にかけておこなわれたという（同上、ⅴ頁）。
（12）野沢「大塚久雄と日本ナショナリズム」、八八頁。
（13）「危機の診断」、『著作集』六巻、三八〇—三八一頁。
（14）武田泰淳『貴族の階段』（一九五九年）、岩波現代文庫、二〇〇〇年、一一七—一二〇頁。
（15）澤地久枝「解説　武田泰淳の視線」、武田『貴族の階段』、三一二頁。
（16）澤地が武田の主題であるとみたのは、二・二六事件前後の社会における「女たち」である。「襲撃で殺された大山巡査の妻が、「蹶起」した青年将校たちを罵倒する場面がもっとも精彩を帯びているところに、作者の書こうとした精髄があるのではないだろうか」（同上、三一二頁）。ここで大山巡査は「天皇陛下バンザイ」といいながら、青年将校たちの銃剣で刺し殺された。かれらに対するつぎのような「罵倒」は、たしかに「精彩を帯びている」が、おそらく当時の天皇制国家では不可能なものだっただろう。「さあ。ものは、ためしだ。天皇陛下バンザイと言ってみろ。言えるか。言えないだろう。なぜ威勢よく、バンザイ三唱やらねえんだよ。バンザイ、

バンザイ、大バンザイ。得意のバンザイを、さっさとやったらどうだい。お前たちの天皇陛下は、今ごろ、イソギンチャクかナマコの夢でも見て、いい気持ちでいびきをかいているわい。さあ、お前たちは、うちのひとを殺した。言ってみろ。忠勇無双の、うちの亭主を、よってたかって、なぜ殺しやがった。天皇陛下のためか。大日本帝国のためか。さあ、なぜ殺しやがったんだ。言えるものなら、言ってみろ。こん畜生め。てめえら、どぶ川の杭みてえに、何すっとんきょうな面して、突っ立っていやがるんだ……」。武田『貴族の階段』、二七〇―二七一頁、二八二頁。

(17)「私はいかにして研究対象を捉えたか」、『著作集』九巻、三九七頁。

(18) 牧野雅彦『歴史主義の再建――ウェーバーにおける歴史と社会科学』日本評論社、二〇〇三年、一三三―一四三頁は、ゾンバルトが『近代資本主義』初版（一九〇二年）の段階で、近代資本主義へとつながる中世の資本形成の究極原因は「商業」にある、と主張していたことを指摘している。

(19) 徳永恂『ヴェニスのゲットーにて』みすず書房、一九九七年、二四七頁。

(20) Sombart, Werner, *Deutscher Sozialismus*, Berlin, 1934, S. 130. 難波田春夫訳『ドイツ社会主義』（一九三六年）、早稲田大学出版部、一九八二年、一六一頁。拙論「ヴェルナー・ゾンバルトの保守革命」、とくに二一三―二一六頁も参照のこと。

(21)「社会変革とは何か」（一九六九年）、『著作集』九巻、三三三頁。

(22)「ゾムバルト著、梶山力訳『高度資本主義』」（一九四一年）、『著作集』四巻、四二六頁。

(23)「戦中『精神』」論文（二）、一六―一七頁。「戦後『精神』」論文、一三六―一三七頁にも同様の記述があり、加筆はあるが内容に変化はない。

(24) Weber, Die protestantische Ethik, S. 43. 大塚訳、五四頁。本書第Ⅳ章第2節(2)も参照。

(25)「自由主義に先立つもの」、『著作集』八巻、一八九―一九〇頁。

(26) 同上、一九三頁。「カルヴァン派」と「自由派」との対立関係を「中産的生産者層」と「前期的資本」との対立としてとらえる見方は、すでに戦前・戦時期の議論で登場している。『株式会社発生史論』、『著作集』一巻、三八九―三九四頁。「ウィルレム・ウセリンクスの眼に映じた東インド貿易」（一九三九年）、『著作集』三巻、二三六—二四〇頁。

(27)「戦中『精神』」論文（二）、一〇頁。

(28) Weber, Die protestantische Ethik, S. 181. 梶山力訳、二一九頁。梶山訳、安藤編、三一九頁。大塚・梶山訳（下）、一九八頁。大塚訳、三二〇頁。

(29) *ibid.*, S. 182. 大塚訳、三二六頁。

(30) *ibid.*, S. 182. 大塚訳、三二六頁。

(31) 内田『ヴェーバーとマルクス』、二四〇頁。ちなみに、「ユダヤ」と日本を類型的にむすびつけるこうした「倫理の二重構造」認識は、ヴェーバーにもとづかない別のかたちでも戦時期に展開されていた。その典型が谷口吉彦の『新体制の理論』にみられる。「一方には、国家のためには自分の身命を擲っても惜しまないといふ神の如き一面があると共に、他方には、利益のある所ならば何ものも顧みないといふ、極端に言へば猶太人的な性質が、日本の国民にも相当にあるといふことを、迂闊ではあるが今日始めて知ったといふ訳である。是は日本の国民性の二重性といふか、二重人格を持つてゐて、半面は非常に立派であるが、半面にはダークサイドがある」。そして、谷口は「日本人の猶太人的な性質を根絶せしめる」ということを課題にあげている（谷口吉彦『新体制の理論』千倉書房、一九四〇年、二三四—二三五頁）。まるでゾンバルトの『ドイツ社会主義』における「ユダヤ的精神」からの解放論を思わせる記述である（Sombart, *Deutscher Sozialismus*, S. 195. 難波田訳、二四三頁）。もちろん大塚が谷口と同じように「日本の国民性」のなかに「国家のためには自分の身命を擲っても惜しまない」ような「精神」をみいだしていたかどうかは疑問である。しかし、日本の現状批判と「ユダヤ人」批判がパラレルな関係にある論理の運びにおいて、大塚と谷口にある種の相同性を読みとることは牽強付会といえまい。そもそも、思想的立場が異なっても論理の運びにおいて近似することは十分にありうる。牧野邦昭『戦時下の経済学者』中公叢書、二〇一〇年、一四一—一四四頁。なお、この谷口の書物は刊行後またたく間に一五〇刷を重ねたという。本書の内容については、柳澤『戦前・戦時期日本の経済思想』、三二八—三二九頁を参照。

(32) サイードの『オリエンタリズム』のなかには、「セム族」を「諸悪の根源」とみる思考にもとづいて、ナチス台頭以前は「ユダヤ人」が憎悪の対象とされていたけれども、イスラエル建国以降はその対象が「アラブ人」

に変わったことが記されている。Said, Edward W., *Orientalism*, New York, 1978=1994=2003, pp. 284-286. 板垣雄三・杉田英明監修、今沢紀子訳『オリエンタリズム』(下)、平凡社ライブラリー、一九九三年、一九七—二〇一頁。ヴェーバーが『宗教社会学論集』をだしていたナチス台頭以前の時期は、「ユダヤ人」が「オリエント」の民族と扱われていたことをしめす記述として興味ぶかい。こうした「ユダヤ」と「オリエント」の不分明な記号的関係を、日本のヴェーバー受容者たちが「ユダヤ」と「アジア」というかたちで再定義したのだということができるかもしれない。

(33) 福武直「農村部落の共同体的性格とその民主化の方向」、『思想』四三七号、一九六〇年、五四—五五頁。この号には、さきに第Ⅰ章第4節で検討した大塚の論考「民主主義の形成と経済構造」も収録されている。

(34) 福武が念頭においている著作は、きだみのる『氣違ひ部落周游紀行』吾妻書房、一九四八年である。

(35) 福武は大塚の共同体論にたいしては学問的な批判を加えていたとされるが(富永『戦後日本の社会学』、三章二節)、「共同体的なものからの解放」という観点については大塚とおなじスタンスをとっている。

(36) きだみのる『日本文化の根底に潜むもの』講談社、一九五六年、二八—二九頁。

(37) Weber, Die protestantische Ethik, S. 182.

(38) 上山安敏『宗教と科学——ユダヤ教とキリスト教の間』岩波書店、二〇〇五年、一四八頁。

(39) Rehberg, Karl-Siegbert, Bild des Jüdentums in der frühen deutschen Soziologie: “Fremdheit” und “Rationalität” als Typusmerkmale bei Werner Sombart, Max Weber und Georg Simmel, in: Horch, Hans Otto (hg.), *Judentum, Antisemitismus und europäische Kultur*, Tübingen, 1988, S. 183.

(40) 「戦中『精神』」論文(二)、一〇頁。Weber, Die protestantische Ethik, S. 178-181. 梶山訳、安藤編、三一七—三一九頁。梶山・大塚訳(下)、一九六—一九八頁。大塚訳、三一八—三二〇頁。

(41) 「戦後『精神』」論文、『著作集』八巻、四六—四七頁。

(42) 「巨万の富——歴史における富豪と民衆」(一九五五年)、『著作集』三巻、四四八頁。

(43) 同上、四五一頁。なお、この時期は「財閥の復活」が話題になっていた。樋口弘『財閥の復活』内外経済社、一九五三年をみると、同年九月に初版を刊行後、二カ月も経たぬうちに再版となっている。

(44)「巨万の富」、『著作集』三巻、四五八頁。
(45)『欧州経済史』、『著作集』四巻、五八頁。
(46)「生物と歴史の間――川喜田愛郎『生物と無生物の間』を読む」(一九五六年)、『著作集』九巻、二五〇頁。
(47) グッドマン・宮澤『ユダヤ人陰謀説』、二二二―二二七頁。
(48)「出版者の序」、ヴィクトール・フランクル『夜と霧』霜山徳爾訳、みすず書房、一九五六年、一―四頁。
(49) 霜山徳爾「解説」、『夜と霧』、九頁。
(50) なお、『夜と霧』のみすず書房版は以下の旧版の訳である。Frankl, Viktor E., *Ein Psycholog erlebt Konzentrationslager*, Wien, 1946. のちにフランクルは一九七七年にこの改訂版を以下の書物に収めており、これについても現在は邦訳がある。Frankl, Viktor E., *... trotzdem Ja zum Leben sagen — Ein Psycholog erlebt Konzentrationslager* (1977), München, 2008, S. 14-148. 池田香代子訳『夜と霧 新版』みすず書房、二〇〇二年。池田の指摘によれば、じつは旧版では「ユダヤ」という言葉が一度も使われていないのだという。その理由を池田はつぎのように推測する。「まずなにより、フランクルはこの記録に普遍性を持たせたかったから、そうしたのだろう。一民族の悲劇としてではなく、人類そのものの悲劇として、自己の体験を提示したかったからだろう。さらにフランクルは、ナチの強制収容所にはユダヤ人だけでなく、ジプシー(ロマ)、同性愛者、社会主義者といったさまざまな人びとが入れられていた、ということを踏まえていたのではなかろうか。このことに気づいたときは、思わず姿勢を正したくなるような衝撃をうけた」(池田香代子「訳者あとがき」、一六六―一六七頁)。大塚は旧版の『夜と霧』の訳を読んだときに「さりげない叙述のなかに見えかくれする太い、強靭な科学的精神」に「感銘」をうけたと述べているが、もしかするとこうした「普遍性」もふくめていたのかもしれない。
(51)「戦中『精神』」論文(二)、一〇頁。「戦後『精神』」論文、四七頁。
(52) Sombart, Werner, *Die Juden und das Wirtschaftsleben*, Leipzig, 1911, S. 86. 長野敏一抄訳『ユダヤ人と資本主義』国際日本協会、一九四三年、一二八頁。金森誠也監訳、安藤勉訳『ユダヤ人と経済生活』荒地出版社、一九九四年、一二九―一三〇頁。もちろん、そうだからといってゾンバルトの「ユダヤ人」論がナチスのそれとかなり近接していることは否定できない。しかし、そうだとしても、これだけでヴェーバーに比較してゾンバルトを低く評価するのは不当であろう。この引用でもわかるように、ゾンバルトは、ヴェーバーの著作ではあまり表に出てこない、「中世」における「ユダヤ人迫害」の側面を論じているからである。それゆえに「必要なのは、現在ではそもそも反ユダヤ主義的であるので危険あるいは信憑性が低いとみられている当時の議論さえも、現代の差別の問題を解明する、より精確な視角をもつために、偏見ぬきで検討することである」(Tsuneki, Kentaro, Die Einflüsse der Wertpapierlehre auf die Disputationen über Juden im Kaiserreich: — noch aufzuklärende Fragen aus japanischer Sicht —, *Journal der Juristischen Zeitgeschichte (JoJZG)*, 2008, Heft 1, S. 22.)。

(53) 梶山・大塚訳、二〇六頁。

(54) 梶山訳、二二一頁。

(55) 大塚訳、三二七頁。

(56) 安藤編、梶山訳の「倫理」論文では(梶山訳にはなかったので安藤が訳している)、»In der Tat«(拙訳では「実際」)を訳していないためその点に問題はあるが、本稿が論点としている箇所の意味については正確にとらえた訳になっている。「つねに留保条件はつけなければならないが、対立関係は次ぎのように定式化してよいであろう」(安藤編、梶山訳、三二四—三二五頁)。以前の拙稿で筆者はこの箇所を引用したが、そこでは安藤訳に引きずられて»in der Tat«の訳が抜け落ちていた。ここで訂正しておきたい。拙論「大塚久雄のなかのユダヤ人——日本思想史のひとつの裏面」、神戸・ユダヤ文化研究会編『ナマール』九号、二〇〇五年、四三頁。拙論「前期的資本の理論とナチズム——「大塚史学」の思想構造」、黒滝正昭・相田愼一・太田仁樹編『ポスト・マルクス研究——多様な対案の探求』ぱる出版、二〇〇九年、二一七頁。

(57) 「二つの自由——ツヴァイク『権力とたたかう良心』をめぐって」(一九六三年)、『著作集』八巻、五七八頁。Zweig, Stefan, *Castellio gegen Calvin oder Ein Gewissen gegen die Gewalt* (1936), Frankfurt am Main, 1987. 高杉一郎訳『権力とたたかう良心』(一九六三年)みすず書房、一九七三年。以下、本書に言及するさいは『権力とたたかう良心』と表記する。

(58) 同上、五七八—五七九頁。

(59) もう一箇所、おなじように大塚は「まだ読んでいませんし」と発言している(同上、五八〇頁)。

(60) 同上、五七九頁。
(61) 「ジャン・カルヴァン——宗教改革の民衆的意義」(一九四六年)、『著作集』八巻、四一六—四一七頁。なお、現論文で主題は「ジョン・カルヴィン」とされていたが、これは当時の「通例の慣習に従つて英語式に書き記すこととした」ためである。この「英語式」の呼びかたは一九四八年の『宗教改革と近代社会』に収められてから一九六四年の四訂版にいたるまでずっと踏襲されていた(ただし、さきほどの但し書きがある「まへがき」は一九四八年の段階で削除されている)。『宗教改革と近代社会』みすず書房、一九四八年、一二三頁。『宗教改革と近代社会 四訂版』みすず書房、一九六四年、七一頁。
(62) 「ジャン・カルヴァン」、四〇四頁。
(63) 同上、四一六頁。
(64) *Zweig, Ein Gewissen gegen die Gewalt*, S. 9-10. 高杉訳、六頁。
(65) 「二つの自由」、五七九—五八〇頁。
(66) 同上、五八〇頁。
(67) 同上、五八一—五八三頁。
(68) 黒崎幸吉『ジョン・カルヴィン伝』一粒社、一九三〇年、一六二頁。傍点は原著者のもの。以下すべての引用における傍点は原著者による。
(69) 「ジャン・カルヴァン」、四一三頁。
(70) 黒崎幸吉『ジョン・カルヴィン伝』、一九四—一九六頁。
(71) *Zweig, Ein Gewissen gegen die Gewalt*, S. 17. 高杉訳、一六—一七頁。
(72) 山口知三『ドイツを追われた人々——反ナチス亡命者の系譜』人文書院、一九九一年、六八頁。『エラスムスの勝利と悲劇』に関する検討は別稿に譲る。
(73) *Zweig, Ein Gewissen gegen die Gewalt*, S. 17-18. 高杉訳、一七—一八頁。
(74) *ibid.*, S. 12-13. 高杉訳、一〇—一一頁。
(75) 河原忠彦『シュテファン・ツヴァイク——ヨーロッパ統一幻想を生きた伝記作家』中公新書、一九九八年、一八三―一八四頁、二〇一―二〇四頁。山口『ドイツを追われた人々』、七五―七七頁。

(76) 「二つの自由」、『著作集』八巻、五八三頁。

(77) 同上、五八四頁。

(78) 同上、五八五―五八六頁。

(79) 同上、五八六―五八七頁。

(80) Zweig, *Ein Gewissen gegen die Gewalt*, S. 223. 高杉訳、三一四―三一五頁。

(81) *ibid.*, S. 15. 高杉訳、一四頁。

(82) 「ジャン・カルヴァン」、『著作集』八巻、四〇八頁。

(83) Zweig, *Ein Gewissen gegen die Gewalt*, S. 65-66. 高杉訳、八四―八五頁。

(84) *ibid.*, S. 67-69. 高杉訳、八五―八九頁。

(85) *ibid.*, S. 40-41. 高杉訳、四九―五〇頁。

(86) *ibid.*, S. 222. 高杉訳、三一三頁。

(87) *ibid.*, S. 224. 高杉訳、三一六―三一七頁。

(88) 佐野誠『ヴェーバーとリベラリズム』、八九―一〇八頁。

(89) 「二つの自由」、『著作集』八巻、五八七―五八八頁。

(90) 同上、五八九頁。

(91) 同上、五八九―五九〇頁。

(92) 同上、五九〇―五九一頁。

(93) ここでいう「政治」は黒崎が述べる「政治」とは質を異にする。黒崎の観点でみた「政治」とは「国体」の護持や「私有財産制」の擁護といったものであり、「信仰の自由」は「政治」から切り離されたものとして議論されている。それにたいし、ここで想定する「政治」とは、まずもって「人権」の保護と「民主主義」の擁護であり、「信仰の自由」の保証もまた「政治」に含まれる。このことは、戦前の大日本帝国憲法下において黒崎が想定した「政治」の意味した内容と、戦後の日本国憲法下において前提されるべき「政治」の条件とのちがいをあらわしている、とみることも可能であろう。

終章

（1）中野『大塚久雄と丸山眞男』、二九—三二頁、八一—八八頁。
（2）中野「戦時動員と戦後啓蒙」、一九九頁。
（3）中野『大塚久雄と丸山眞男』、八九頁。
（4）「»Betrieb«と経済的合理主義」（一九六五年）、『著作集』九巻、四六五頁。
（5）このシンポジウムの記録が大塚久雄編『マックス・ヴェーバー研究』東京大学出版会、一九六五年である。
（6）中野敏男『マックス・ウェーバーと現代——〈比較文化史的視座〉と〈物象化としての合理化〉』三一書房、一九八三年、一五頁。
（7）「経済的合理主義」、『著作集』九巻、四六五頁。なお、「管理社会」という言葉の加筆は『著作集』に収められるときのものである。大塚久雄編『マックス・ヴェーバー研究』、三三〇頁以下。
（8）中野『マックス・ウェーバーと現代』、一六頁。
（9）山之内『ヴェーバー体験』、六九頁、七〇頁。
（10）内田芳明『ヴェーバー受容と文化のトポロギー』リブロポート、一九九〇年、二一七頁、二一八頁。
（11）同上、二一七頁。山之内『ヴェーバー体験』、七〇頁も参照。山之内はその根拠として、石田雄と住谷一彦によるこのシンポジウムの「総括」において大塚の「近代批判者ヴェーバー」という問題提起が抜けおちていることをあげている（住谷一彦「日本におけるヴェーバー研究の動向」、大塚編『マックス・ヴェーバー研究』、一七三—一八五頁、石田雄「現代日本におけるマックス・ヴェーバー研究」、同上、一八七—一九九頁）。たしかに、この「総括」をみるかぎりでは、シュヴェントカーが述べるように「日本のヴェーバー研究の基本的な問題設定——封建制から近代資本主義への移行における日本の社会史的・精神的分析を、マックス・ヴェーバーが自身の宗教社会学と『学問論』において定式化したのと同じ問題把握の助けを借りておこなうこと——が、東京会議〔ヴェーバー生誕百年シンポジウム〕でいまいちどはっきりと表明された」（Schwentker, *Max Weber in Japan*, S.

303. 野口・鈴木・細井・木村訳、二四六頁）ということになり、「近代批判者ヴェーバー」の側面は消えてしまう。しかし、この「総括」はあくまでもシンポジウム第一日目のものであり、大塚がさきの問題提起をおこなったのはシンポジウム第二日目のことであった。シンポジウムの「忠実な記録」としてこの書物が編まれたことを考えれば、「総括」にこの提起が汲み取られていないのは当然のことであった（「はじめに」、同上、i―v頁）。報告の時間的前後関係にたいする慎重さの欠けた批判であるといわざるをえない。その点で、内田は第二日目の大塚の報告がおこなわれたあとの「討論」をとりあげて、この問題への関心の希薄さを指摘しており、前後関係の把握は正確になされている（「討論」、同上、三三五―三七九頁）。

(12) 大塚編『マックス・ヴェーバー研究』、三七二―三七六頁。

(13) 内田『ヴェーバー受容』、二二〇頁、二一七―二一八頁。

(14) 山之内『ヴェーバー体験』、六八―六九頁。

(15) Weber, Die protestantische Ethik, S. 204. 梶山訳、安藤編、三五七頁。梶山・大塚訳（下）、二四六頁。大塚訳、三六六頁。

(16) 牧野雅彦『マックス・ウェーバー入門』平凡社新書、二〇〇六年、一〇七頁。

(17) 山之内『ヴェーバー入門』、九五―九六頁。

(18) 内田芳明『ヴェーバー――歴史の意味をめぐる闘争』岩波書店、二〇〇〇年、一九四―二〇一頁。

(19) 折原浩『危機における人間と学問――マージナル・マンの理論とウェーバー像の変貌』未来社、一九六九年、第一一章と第一二章、とくに四一八頁と四三五頁参照。

(20) この点にかんし中野は、折原の「《覚醒予言》性」論を、「没意味化」という概念が大塚批判を意識したものである点はみとめつつも、「なお「没意味化から意味覚醒へ」という啓蒙主義的な枠組みを前提にしているかぎりで大塚的な近代批判の地平を超えていない」と批判して、大塚とおなじ「啓蒙主義」の地平に折原がいるとみている（中野『大塚久雄と丸山眞男』、三一一頁）。ここでかれは、かつて「近代化論的な見地に立ってウェーバーに内在した場合の窮極の限界点」から「新たなる方向へと展開する可能性を開いた」とした手放しでの評価（中野『マックス・ウェーバーと現代』、一七頁）を修正している。

(21) 本章註15参照。折原浩「マックス・ウェーバーの宗教社会学とその《覚醒予言》性」、内田義彦・小林昇編『資本主義の思想構造――大塚久雄教授還暦記念 Ⅲ』岩波書店、一九六八年、三七二頁。折原『危機における人間と学問』、四三六頁。折原浩『デュルケームとウェーバー――社会科学の方法』三一書房、一九八一年、一〇七頁。なお、安藤『歴史社会学の出立』、四六一頁にその経緯はくわしい。

(22) Weber, Die protestantische Ethik, S. 204. 梶山訳、安藤編、三五九頁。梶山・大塚訳(下)、二四八頁。大塚訳、三六八頁。

(23) 安藤『歴史社会学の出立』、四六二頁。

(24) 折原『デュルケームとヴェーバー』、一〇七頁。

(25) 「世界史において、その将来については確信を持って期待はできないとしても、少なくとも過去の経験的事実において、「予言者」「思想」「理想」が出現したのだとすれば、彼らは世界史の中でまさに「歴史の意味」を支えるような、どんな意義をもち、決定的に重大な役割を果したのか、ということが先ず問題となるからです」(内田『歴史の意味』、二二〇頁)。

(26) 「忘れ得ぬ断章――M・ヴェーバーの『プロテスタンティズムの倫理と資本主義の精神』」(一九六二年)、『著作集』八巻、一三一頁。

(27) 同上、一二九頁。『社会科学における人間』(一九七七年)、『著作集』一二巻、一二八―一二九頁。

(28) 「戦後『精神』論文、『著作集』八巻、一〇〇頁。

(29) Zweig, *Ein Gewissen gegen die Gewalt*, S. 219-220. 高杉訳、三一〇頁。

(30) Weber, Die protestantische Ethik, S. 197-198. 大塚訳、三五五頁はこの箇所にでてくる »Krampf« (痙攣)を「熱狂」と訳している。「痙攣」にかかわる言葉がヴェーバーにとって重要であったことについては、折原『デュルケームとウェーバー』、一二二頁参照。ただし、そこでは「痙攣」がヴェーバーにとってけっしてネガティヴな意味だけではなかったことが示唆されている。

(31) 「マックス・ヴェーバーにおける資本主義の「精神」」、『著作集』八巻、九九―一〇〇頁。

(32) Fromm, Erich, *Escape from Freedom* (1941), New York, 1994. 日高六郎訳『自由からの逃走』(一九五一年)、

東京創元社、一九六五年。安藤『歴史社会学の出立』、二九四頁、三一五頁。なお、フロム研究の代表的なものには、出口剛司『エーリヒ・フロム――希望なき時代の希望』新曜社、二〇〇二年がある。

(33) 渡辺尚「日本の危機状況と危機認識」、渡辺尚・今久保幸生・ヘルベルト・ハックス・ヲルフガング・クレナー編『孤立と統合――日独戦後史の分岐点』京都大学学術出版会、二〇〇六年、一七頁。この論点との関連で、「模範／手本としての近代西洋、その頂点にたつ英国という表象、来しかた行くすえのたしかな「世界史の法則」、すなわち文明の発展段階論と生産力史観」を前提とした「日本人の近代およびイギリスへのまなざしという点で決定的だったのは、大塚久雄の歴史学、いわゆる「大塚史学」である」としながらも、その見方をもふくめた「戦後史学」を「第二次世界大戦のあと一世代のあいだに隆盛をきわめた学問ととらえるだけでは、限定しすぎであり、また「すでにその核心が一九三〇年代に胚胎していたというだけ」でもなく、「じつは幕末・明治いらいの近代日本人による、世界史のなかの渾身の自己了解の到達点でもあった」という近藤の見解（近藤『文明の表象　英国』、二九頁）は、渡辺のいう「生産の優位」を思想史的な観点から指摘したものとして注目に値する。

(34) 中野『大塚久雄と丸山眞男』、二八七頁。

(35) 本山美彦『金融権力――グローバル経済とリスク・ビジネス』岩波新書、二〇〇八年、一八〇―一八二頁。

(36) 八木『社会経済学』、二一二頁。

(37) 「私はいかにして世界を捉えたか」、大河内他『私は何を学んだか』、一四八頁。

(38) 「ジャン・カルヴァン」、『著作集』八巻、四一八―四一九頁。

(39) 「ロビンソン・クルーソウの人間類型――その歴史的意義と限界」、『時代』二巻七号、一九四七年、二二頁、二六頁。副題はのちに『近代化の人間的基礎』に入る段階で削除された。『近代化の人間的基礎』、白日書院版、六九頁。ここでの引用文言は、『著作集』八巻、二二二頁に拠った。

(40) 「「経済人」のユートピア的具象化としてのロビンソン物語」（一九六六年）、『著作集』八巻、三〇〇頁。

(41) ただし、これをすぐに大塚の「オリエンタリズム」や植民地主義への感覚欠如として即座に批判することには留保が必要である。たしかに、大塚のなかになおヨーロッパで達成された「封建制からの近代化過程」が現代世界のうちでヨーロッパ外の地域で「さまざまな、歴史的また地理的な要因による歪みを伴いながらも、いわば横倒しになって同時的に現れているのである」という、「縦の世界史」（つまり「近代化過程」）の「横倒しにされた世界史」なるイメージがあり（『予見のための世界史』（一九六四年一一月）、『著作集』九巻、二〇七―二〇八頁）、アジア、アフリカ、ラテンアメリカ諸地域での革命を「後進的」とみる観点が存在する以上、その視点の根幹に「オリエンタリズム」があったという批判は根拠をもつ。同時期にこのような「オリエンタリズム」批判につうじる観点から大塚と「鋭い対照」をなす議論があったことを考えればなおさらである（成瀬『世界史の意識と理論』、二一六―二二三頁）。こうした「オリエンタリズム」的な大塚の認識への批判が「終戦」の直後からおこっていたことについては、三苫「「近代的人間類型」と「戦後」日本」、一〇〇―一〇二頁。ただ三苫のように、大塚がこうした観点を「終戦」直後から捨てる決断をおこなったと主張することは容易でない。第Ⅰ章や第Ⅴ章でも確認したように、戦後の大塚のなかに「従属理論」的なアプローチにもとづく「経済的帝国」論が、大塚のいう「後進」諸国や「南」の国々の問題にアクチュアルに応答しようとするなかで構想されていたことを考えれば、即座に「植民地主義」の問題がまったく抜け落ちていたとまではいえない。中野や姜、三苫などによる大塚の「オリエンタリズム」にたいする批判は、こうした「戦後」に展開された大塚の世界経済認識をふまえているとはいいがたい。かれの「経済的帝国」論をふまえた、さらなる丁寧な検討と批判が必要であろう。

(42)「近代的人間類型の創出」、『著作集』八巻、一七一頁。

(43)「経済建設の実体的基礎」、『改造』二八巻三号、一九四七年、一七頁。

(44)「新しき権威の確立」、『改造』二八巻三号、五―六頁。

(45) 有沢らがその思想的支柱をなしていた日本社会党がゼネストに当初から消極的だったのとは対照的である（中北『経済復興と戦後政治』、六三―六四頁）。なお、註43でしめした引用箇所は、『近代化の歴史的起点』、『近代資本主義の起点』においてはほぼ全文が掲載されていた（ただし、『近代資本主義の起点』においては「根なし草的な貿易」の箇所が「根なし草的な買弁的貿易」と改変されている。『近代化の歴史的起点』、一一五―一一六頁。『近代資本主義の起点』、一一七―一一八頁）。しかし、一九五二年の『富』においてこの箇所は大幅に削られ、以下のように「歴史的」教訓を述べるものとなった。「ともあれ、経済建設はどのような歴史的段階にあっても、つねに農→工の「自然な」構造的順序を追って遂行され、内から充実されゆくものでなければならない。

当面の歴史的現実に即して云えば、農民解放＝土地改革という歴史的条件の整備の上に、何れにしろ、社会的自存性を十分にもつところの生産力の建設として着手されなければならない。つまり、経済建設の実体的基礎は根無し草的な買弁的貿易ではなく、何よりもそうした国内における自存的生産力と交易諸関係の上に置かれなければならないと云うのである」（『富』、五五―五六頁）。その後わずかな加筆はあるものの、基本的に『国民経済』でもこの文章が結論部をなしている（『国民経済』、一〇三―一〇四頁。『著作集』六巻、六四頁）。

(46) 柳澤『戦前・戦時期日本の経済思想』、三四七頁。〇による傍点強調は引用者による。以下同じ。

(47) 同上、三六三頁。

(48) 「経済倫理の問題的視点――工業力拡充の要請にふれて」、『帝国大学新聞』九八三号、一九四四年。『著作集』においてこの箇所に特筆すべき加筆はない。『著作集』八巻、三五二頁。

(49) 「最高度〝自発性〟の発揚――経済倫理としての生産責任に就いて」、『大学新聞』二号、一九四四年。

(50) 以上につき、『帝国大学新聞』九八三号、『大学新聞』二号、および『著作集』八巻、三四四頁を参照。なお、「経済倫理の問題的視点」の稿了日について、『著作集』八巻にその記述はない。

(51) 柳澤『戦前・戦時期日本の経済思想』、三五二頁。

(52) 「大学紛争に思うこと」、『世界』二七八号、一九六八年、二三五頁。

あとがき

差別論の角度からドイツの反ユダヤ主義と資本主義論史の関係を研究するつもりでいた私が大塚久雄を意識しだしたのは、ゾンバルトの『ユダヤ人と経済生活』に触れてからのことである。

そのあまりにも反ユダヤ主義に無防備な議論のうちにふくまれていた、近代資本主義のもつ排除の構造についての鋭利な考察に打ち抜かれた私は、高校時代から慣れ親しんできた大塚のゾンバルト批判につよい疑問を抱くようになった。大塚は「生産」に携わる「勤労民衆」のおこなったユダヤ人迫害の側面を見落としているのではないか。さらにいえば、正当化しているのではないか。

そのことをある研究会で話したとき、あるご高齢のキリスト者が眦《まなじり》を決して私に訴えた。大塚さんは、戦時下のつらいなかで決死の覚悟で抵抗してきたのです。学問的な批判はかまいませんが、日本社会の病理にずっと向き合い闘ってきたかれの魂を無下にあつかうことは許せません。

その方はユダヤ人問題に高い関心をもち、それにたいするキリスト者のありようを真摯に考えてこられた人でもあった。だから、大塚のこうした姿勢がおかしいことは明瞭だろうと私は端から思い込んでいたので驚いた。おもわず、やはりおかしい、大塚は資本主義成立における商業・金融の役割を過小評価しているし、そもそも商業・金融を蔑視しているではないか、と反論した。

そして数年後。博士課程に入ったとき、私は報告者としてもういちどその方とお会いした。そこで私は、大塚が反ユダヤ主義的発言をおこなった証拠とその書き換え箇所を明示して突きつけた。ふと、その方の顔をみた。涙されていた。ただひとこと、「あなたのおっしゃりたいことがわかりました」とだけ告げ、その場から立ち去られた。私はただ、じっと見送ることしかできなかった。それ以来、ずっとその出来事が心の片隅から離れなかった。大塚について論じ、きびしい批判をうけるたびに、その記憶が頭をよぎった。学問的に鬼籍に入ったとみなされ、その「ユートピア」的近代主義を非難され、あげくにオリエンタリズムや植民地主義、さらには反ユダヤ主義への感度の低さを痛烈に批判されるこの人物が、なにゆえにいまもすくなからぬ人々に敬愛されるのか。

もともと理論史の志向が強かった自分の姿勢を改め、徹底的に文献学的な角度から日本現代史や西洋思想受容との相関を意識しつつ大塚を検討することに決めたのは、そうした事情からだった。大塚の動機にかかわる表現のひだを拾い上げながら、歴史との関係で検討していく。その作業なしに、大塚がそこまで敬慕の念を集めた理由を理解することは不可能だろう。シュテファン・ツヴァイクにたいする論評などの、従来の学説史的な観点からでは瑣末にみえるものまで検討に付したのは、大塚史学のデモーニッシュな力の根源を、文献実証的に跡づけるためにほかならない。

その意味で本書は、その方の流された涙にたいする学問的応答である。もっとも、これだけの紙幅を費やしても不十分なところがあるとは自覚している。生産力論や植民論、株式会社論、ナショナリズム論については未検討の論点がのこっている。また、戦争末期の「近代の超克」をめぐる大塚の議論の変遷についても、さらに詳細な研究が必要である。それでも、かつてよりは大塚やかれを敬愛する人々の「エートス」に誠実に向きあってきたことは、伝わってくれると信じたい。

いま書き終えての第一感は、大塚史学はまず「思想」として評価されるべきであり、かつその「戦後啓蒙」の理念は日本現代史の一断面を映すものとして記憶されるべきだということである。

大塚の視野は、個々の学説史のなかに閉じこめられない内容をもっている。かれの限界を批判的に論ずるさいにも、まずは大塚史学の問題圏の広さとその深みを意識する必要があるだろう。また、その内容は日本の戦前から戦後の同時代史に深くコミットしている。今回の研究では日本現代史の諸業績の恩恵に預かる部分が多かったが、逆に本書が日本現代史のうえでも何らかの貢献をなしうるとすれば幸いである。また、西洋思想受容と日本現代史との関係の一端を解明してきたところもある。こうした作業がさらなる比較思想研究にわずかなりとも役立つことを願うものである。

本書は二〇一〇年に京都大学大学院人間・環境学研究科に提出した博士論文「「大塚史学」の展開とその問題意識の変遷——「他所者」としての「前期的資本」」に大幅な加筆を加えたものである。出版にあたっては、平成二四年度京都大学人間・環境学研究科人文・社会系若手研究者出版助成をうけている。関係者のみなさまに深謝する次第である。

上梓にあたり、指導教員である大川勇先生に厚く御礼を申し上げる。先生の中欧精神史論が提示された〈ユートピアの反ユートピアへの反転〉という視座は、本書の隅の首石となっている。博士論文を審査してくださった長屋政勝先生、間宮陽介先生、大黒弘慈先生は、社会理論上で専門的なご指摘をくださった。また、京都大学大学院経済学研究科においては、私の出席を許してくださった八木紀一郎先生と今久保幸生先生から重要な論点のご教示をいただけた。

京都大学大学院法学研究科ではCOE研究員として二〇〇七年度に二一世紀COEプログラムにかかわり、大石眞先生、小野紀明先生をはじめ、法学研究科の方々からは多大なご援助をいただいた。また、髙山佳奈子先生は博士論文執筆段階から本書の中核にかかわる部分で数多くの有益なコメントをくださった。京都府立大学では共同研究員として二〇〇八年度から二〇一一年度まで青地伯水先生やスタッフの方々にひとかたならぬお世話になった。そして、今年度より日本学術振興会特別研究員として私を受け入れてくださっている小川浩三先生からは、本書執筆のみならずその後の研究の方向性についてもご指導をいただいている。本書はこれら研究支援制度の成果である。

ホームグラウンドである神戸・ユダヤ文化研究会では、私を反ユダヤ主義研究に導いてくださった小岸昭先生、代表の徳永恂先生、副代表の細見和之先生、そして会員の諸氏から専門分野を超えた刺激をうけつづけている。太田仁樹先生主宰のポスト・マルクス研究会からは、本書の骨格をなす論文の執筆機会をいただいた。季報『唯物論研究』の田畑稔先生、故中村稔さんからは本書についてのご助言から出版社のご紹介にいたるまでお世話になった。新泉社編集部の安喜健人さんには原稿改訂やタイトル決定などで細やかなアドバイスをいただけた。みなさまに心より感謝したい。

そして、坂見富美子さん。あなたの涙、私は絶対に忘れません。

最後に、ずっと見守ってくれた両親、そしていまは亡き妹に、本書を捧げたい。

二〇一三年二月二日　大阪・茨木にて

恒木健太郎

著者紹介

恒木健太郎（つねき・けんたろう）

1979年，兵庫県生まれ.
京都大学院人間・環境学研究科博士後期課程研究指導認定退学.
博士（人間・環境学).
京都大学大学院法学研究科COE研究員，京都府立大学文学部共同研究員等を経て，現在，日本学術振興会特別研究員（PD).

主要論文
「「生産力」から「生産倫理」へ――大塚久雄の言説の変遷とその経済史的背景」(『社会思想史研究』29号，2005年).
Die Einflüsse der Wertpapierlehre auf die Disputationen über Juden im Kaiserreich – noch aufzuklärende Fragen aus japanischer Sicht –, *JoJZG (Journal der Juristischen Zeitgeschichte)*, 2. Jahrgang, Heft 1, 2008.
「前期的資本の理論とナチズム――「大塚史学」の思想構造」(黒滝正昭・相田愼一・太田仁樹編『ポスト・マルクス研究――多様な対案の探求』ぱる出版，2009年).
「ヴェルナー・ゾンバルトの保守革命――「資本主義的精神」と「ドイツ社会主義」の精神」(青地伯水編『ドイツ保守革命――ホフマンスタール／トーマス・マン／ハイデッガー／ゾンバルトの場合』松籟社，2010年).

「思想」としての大塚史学――戦後啓蒙と日本現代史

2013年3月30日　初版第1刷発行

著　者＝恒木健太郎
発行所＝株式会社 新 泉 社
東京都文京区本郷2－5－12
振替・00170－4－160936番　TEL 03(3815)1662　FAX 03(3815)1422
印刷・製本　萩原印刷

ISBN978-4-7877-1307-0　C1010